ÅF508889

CLÉMENT MYIONNET

PREMIER MEMBRE

DE LA CONGRÉGATION DES FRÈRES DE SAINT-VINCENT DE PAUL

SA VIE — SES ŒUVRES

(1812-1886)

D'APRÈS SON AUTOBIOGRAPHIE, ANNOTÉE ET COMPLÉTÉE

PAR

Charles MAIGNEN

PRÊTRE DE LA MÊME CONGRÉGATION

PARIS

LIBRAIRIE LETOUZEY ET ANÉ

87, BOULEVARD RASPAIL, 87

1925

6ᵉ Édition

CLÉMENT MYIONNET

DE LA CONGRÉGATION DES FRÈRES DE SAINT-VINCENT DE PAUL

SA VIE - SES ŒUVRES

1812-1886

CLÉMENT MARYONNET

CLÉMENT MYIONNET

PREMIER MEMBRE

DE LA CONGRÉGATION DES FRÈRES DE SAINT-VINCENT DE PAUL

SA VIE – SES ŒUVRES

(1812-1886)

D'APRÈS SON AUTOBIOGRAPHIE, ANNOTÉE ET COMPLÉTÉE

PAR

Charles MAIGNEN

PRÊTRE DE LA MÊME CONGRÉGATION

PARIS

LIBRAIRIE LETOUZEY ET ANÉ

87, BOULEVARD RASPAIL, 87

1925

DÉCLARATION

Conformément aux prescriptions du Saint-Siège, je déclare que, toutes les fois que j'ai employé, dans le présent ouvrage, les mots : saint, sainteté, miracle, ou autres équivalents, je l'ai fait sans vouloir en aucune façon préjuger des décisions de l'Église.

INTRODUCTION

Un moine sous l'habit laïque; un anachorète vivant à Paris, en plein milieu du XIXe siècle; un géant, humble et bienfaisant, élevant les orphelins, secourant les pauvres et les déclassés de la grande ville, tel est, en peu de mots, celui dont on va lire l'histoire.

Cette histoire, il l'a écrite lui-même, — et c'est le seul écrit qui soit sorti de sa plume; il l'a écrite par obéissance à son confesseur, sans autre plan que le fil de ses souvenirs, sans autre but que de dire la vérité, même et surtout quand elle lui semblait de nature à diminuer l'estime qu'on avait de lui.

Clément Myionnet a été le premier et pendant plus d'une année le seul membre de l'Institut des Frères de Saint-Vincent de Paul, dont M. Le Prevost et Maurice Maignen furent, avec lui, les fondateurs. C'est son plus beau titre de gloire; et la constance dont il fit preuve est une merveille de la grâce de Dieu.

Mais laissons-lui la parole :

« Mon Dieu, que ce travail, que vous me commandez, soit fait pour l'amour de vous, pour le salut des âmes et non au détriment de la mienne!

« Je ne doute pas que mes supérieurs, en me le demandant, ne vous aient consulté. En leur obéissant dans une chose qui me semble si singulière, c'est à vous que j'obéis.

« Quelle chose singulière de commander à quelqu'un d'écrire sa propre vie! Mes supérieurs se sont imaginé, sans doute, que, pour que Dieu m'ait choisi pour un des premiers instruments dont il s'est servi pour la fondation de notre Congrégation, il devait y avoir en moi quelques grandes vertus ignorées de tout le monde.

« J'ai eu la simplicité de chercher en moi pour quelle qualité ou vertu le Bon Dieu n'avait choisi plus qu'un autre, pour une œuvre dont la portée peut être si grande. Ce n'est qu'après bien des années que, priant à la chapelle de la Salette et regardant ces deux petits enfants à qui la sainte Vierge a confié une si grande mission, je me suis dit : « Pauvres petits ignorants, qui ne savaient « même pas leurs prières, quel titre avaient-ils à « une si grande faveur? Je n'ai pas plus de titres « qu'eux aux grâces que le Bon Dieu m'a faites : « mon ignorance et ma bonne volonté. »

Comment M. Chaverot [1] *m'a obligé de faire ce travail.*

« Je crois qu'il est bon que je commence par dire comment je me trouve obligé d'écrire ce que j'écris.

« A la suite d'une conversation où mon directeur me demandait quelques renseignements sur les commencements de notre Congrégation, il me dit et me pria même d'écrire ma vie. A cette proposition à laquelle j'étais loin de m'attendre, deux

1. M. Michel Chaverot, des Frères de Saint-Vincent de Paul, son confesseur.

sentiments contraires se manifestèrent intérieure-
ment en moi : l'un d'humilité, l'autre d'amour-
propre. Celui de l'amour-propre fut le plus fort :
mais il ne fut pas long. Je répondis à mon directeur
que je ferais ce qu'il me demandait, sans lui faire
d'observations. Mais, à peine sorti de sa chambre,
je me sentis troublé de ce que je venais d'accorder
si facilement. Je me rendis à là chapelle et là, aux
pieds de notre divin Sauveur, je lui demandai
pardon de ce premier sentiment d'amour-propre
qui avait traversé mon âme. Le danger auquel
j'allais être exposé, en mettant au grand jour les
quelques bonnes actions que j'ai pu faire dans ma
vie, me parut si grand que je pris la résolution
d'écrire à mon directeur un petit mot d'excuse, en
le priant de ne pas insister pour me faire faire ce
qu'il m'avait demandé.

« Mon directeur ne m'en ayant plus parlé, je
restai tranquille.

« Or il arriva que, deux ou trois mois après, je
lui demandai la permission de me donner la discipline et de jeûner une fois par semaine pour déterminer la vocation de Paul[1]. Je croyais que ce
jeune homme pourrait rendre de vrais services à la
Communauté. J'avais même demandé à Dieu qu'il
me prît, moi qui désormais ne pouvais plus être
utile à la Communauté, et qu'il lui donnât ce jeune
homme à ma place.

« A cette demande, mon confesseur me répondit :

« Pour ce qui est de votre vie, laissez le Bon Dieu

---

1. Paul Myionnet, docteur en médecine, qui entra dans
l'Institut, devint prêtre et mourut à Angers le 6 juillet 1903.

« faire ce qu'il voudra. Pour la pénitence dont vous
« demandez l'autorisation, je vous l'accorde, à la
« condition que vous écrirez votre vie, comme je
« vous l'ai demandé. »

« Sur cette nouvelle instance de mon confesseur et
à cause du désir ardent que j'avais d'obtenir cette
vocation, je promis tout ce qu'on me demandait.

« Mais, après m'être retiré du confessionnal, je
fus, comme la première fois, effrayé de la promesse
que je venais de faire. Cette nouvelle instance de
mon confesseur me semblait un ordre de la volonté
de Dieu; d'un autre côté, depuis deux mois, je n'a-
vais pas été sans penser sérieusement à ce que l'on
demandait de moi et, plus j'y pensais, plus j'avais
de répugnance à le faire. Dans cette anxiété, je fus
trouver notre Père général [1]. Je lui fis part de ce
qu'on demandait de moi et de la répugnance que
j'éprouvais à le faire. C'était une prière qu'on m'a-
vait faite, et non un ordre que l'on m'avait imposé :
il me répondit qu'il ne croyait pas que j'y fusse
obligé en conscience.

« Sur cette réponse, je pris le parti d'écrire
encore à mon directeur, le priant de m'excuser si
je ne répondais pas à sa prière. Je lui écrivis que
j'en avais parlé au Père général.

« J'ajoutai que cependant je ne voudrais pas
m'opposer aux ordres de Dieu et que je ferais ce qu'il
me dirait, quand il aurait vu le Père supérieur.
C'est pourquoi je lui donnai toute permission de lui
dire, comme confesseur, tout ce qu'il jugerait à
propos de lui dire.

---

1. Le supérieur général des Frères de Saint-Vincent de Paul
était alors le R. P. Louis Lantiez.

« Là-dessus, je restai de nouveau tranquille. Mais, en attendant, ne pouvant pas faire la pénitence dont j'avais demandé l'autorisation, puisqu'elle était conditionnelle, je trouvai moyen d'en faire une autre peut-être plus douce en apparence, mais non moins pénible à la nature, et pour laquelle il me semblait que je n'avais pas besoin d'autorisation. C'était de me lever au *Benedicamus Domino*, c'est-à-dire cinq ou dix minutes avant le son de la cloche : ce que je n'avais fait que rarement jusque-là, étant très paresseux à me lever. De plus, comme je me réveillais ordinairement au milieu de la nuit, je m'imposai de me lever pour réciter à genoux au pied de mon lit six *Pater*, six *Ave*, et six *Gloria Patri* pour le père du jeune homme en question, afin que, s'il était déjà en Paradis, il intercédât pour la vocation de son fils, à laquelle il avait donné son consentement de son vivant; si, au contraire, il était encore en Purgatoire, je demandais qu'il en fût délivré par les indulgences du scapulaire bleu, et qu'ensuite il nous aidât dans le Ciel à obtenir la vocation de son fils.

« J'ai été fidèle à ces prières et mortifications pendant plus de deux ans, au bout desquels j'ai enfin obtenu ce que je demandais. Plusieurs fois pendant ces deux années, surtout au moment où les choses semblaient aller au rebours de ce que je désirais, je disais à Dieu, priant au pied de mon lit :

« *Je ne céderai pas, vous donnerez Paul à la Con-* « *grégation.* » Au bout de deux ans, c'est le Bon Dieu qui a cédé.

« Quelques semaines après, mon directeur me dit qu'il s'en était entretenu avec M. le Supérieur général et que je n'avais plus qu'à me mettre à l'ouvrage.

« J'ai pensé que je n'avais plus qu'à me résigner et à faire du mieux que je pourrais ce qui m'était demandé.

« Résister plus longtemps eût été résister à l'ordre de Dieu.

« Lorsque mon confesseur m'en parla la première fois, je lui répondis que : du bien dans ma vie, je n'en trouverais guère, mais du mal beaucoup. Il me répondit : « C'est bien, vous mettrez tout. »

« Je demande donc à Dieu de me donner assez d'humilité pour tout dire, même les choses les plus humiliantes, bien propres à diminuer la bonne opinion qu'on peut avoir de moi.

« Mon Dieu, faites-moi la grâce de parler avec humilité et sincérité comme si j'étais aux pieds de mon confesseur. Si ce travail devait nuire en quelque chose à votre gloire et à mon salut, affligez-moi de quelque maladie ou suscitez une difficulté quelconque qui m'empêche de le faire. »

Vie de Clément Myionnet

Premier Frère de Saint=Vincent de Paul

CHAPITRE PREMIER

L'ENFANCE. — LES COLLÈGES DE BEAUPRÉAU ET DE BAUGÉ, ETC.

*Époque de ma naissance. — Quelques mots
sur ma famille.*

« Né à Angers le 5 septembre 1812 à onze heures
du soir, je fus baptisé le lendemain, ayant pour par-
rain mon frère aîné, Étienne, et pour marraine ma
sœur cadette, Suzanne. J'étais le sixième et dernier
enfant de la famille. Le Bon Dieu m'a fait la grâce
insigne de naître de parents chrétiens, faveur dont
je ne pourrai jamais assez le remercier. Mon père,
dévoué à son Dieu, le servait sans respect humain.
Il communiait souvent, et même tous les jours, les
dernières années de sa vie. Dévoué à son roi, il
aima mieux donner sa démission de juge de paix que
de prêter serment à Louis-Philippe, qui venait
d'usurper le trône. Il sut élever tous ses enfants
dans ces nobles sentiments de fidélité et de dévouement à Dieu et au roi.

Je suis né à la campagne.

« Je n'ai pas eu, comme mes frères et sœurs, le bonheur d'être nourri par ma mère. Je dis « bonheur », car j'ai toujours pensé qu'en même temps que la mère nourrit son enfant de son lait, il se fait entre elle et lui un échange de tendres affections, dont l'influence est grande pour toute la vie. Mais les commotions révolutionnaires et les cinq enfants qu'elle avait déjà nourris l'avaient fatiguée ; elle céda aux instances qui lui furent faites, et on m'envoya en nourrice. De braves gens, fermiers de mon père, qui lui étaient bien dévoués, furent choisis.

Manière dont j'ai été élevé chez mes parents nourriciers.

« Je restai chez eux jusqu'à l'âge de quatre ans. Ils me donnaient tous les soins nécessaires, comme si j'avais été leur enfant ; mais j'étais soigné *rustiquement*, comme le sont les enfants de la campagne, nourri et habillé comme eux. Mon grand plaisir était de courir pieds nus, bêchant, roulant des brouettes, travaillant à la maison et imitant, autant que mon âge le permettait, tout ce que je voyais faire aux grandes personnes. Tous ces exercices, le grand air, une grosse nourriture de pain de seigle, de lait caillé et de lard, faisaient de moi un gros garçon fort et bien portant. A quatre ans, j'étais plus fort que les enfants de Paris à six ans. Déjà fier de ma force (car on ne m'en parlait que trop), je faisais des imprudences comme les enfants de cet âge sans expérience en font continuellement.

Je suis sauvé par la protection de mon ange gardien.

« Sans la protection de mon bon ange, une de ces imprudences m'eût coûté la vie. Un jour, je trouvai dans un champ l'avant-train d'une charrue. Ce n'était pas une de ces charrues légères, comme elles sont aujourd'hui, mais une grosse charrue en bois. Je m'amusai à la faire rouler et je l'amenai au bout du champ, que bordait un large fossé. J'approchai trop près. La charrue verse. Elle m'entraîne. Nous voilà tous les deux dans le fossé, l'un par-dessus l'autre; mais c'est moi qui étais dessous. Aussitôt de crier : je me croyais mort. Ma mère nourrice, avertie par mes cris, arrive à la hâte. Elle ne voit personne. Enfin, dirigée par mes cris qui continuaient toujours, elle arrive au bord du fossé et m'aperçoit sous cette énorme charrue. Elle appelle au secours. On me relève. Je n'avais pas une égratignure. J'en avais été quitte pour la peur. Mon bon ange ne m'avait-il pas gardé?

On m'appelle le petit trappiste.

« Je me rappelle que je n'avais encore que six ou sept ans, deux vieilles domestiques d'une de mes tantes m'appelaient toujours : « Mon petit frère « trappiste. » Je ne sais pourquoi. Était-ce parce que je faisais mes prières avec plus d'attention que d'autres ou tout simplement parce que je parlais moins que les autres enfants de mon âge? Je crois que c'est plutôt pour ce dernier motif. J'étais dans ma jeunesse ce que je suis encore : peu parleur, non par vertu, mais parce que n'ai jamais su m'exprimer.

Celui qui n'a pas d'esprit et qui parle peu prouve au moins qu'il a du jugement en cachant sa bêtise. J'ai pensé que cette espèce de proverbe me convenait très bien.

« Depuis l'âge de six à sept ans jusqu'à l'âge de dix ans, époque à laquelle on m'envoya au petit séminaire de Beaupréau, je fus mis successivement dans deux petites pensions payantes. Le directeur de la première était, je crois, un ancien ami de mon père, ruiné par la Révolution de 1793. L'autre pension où je fus mis ensuite était toute proche de la maison : toutes les deux du reste assez mal dirigées. La surveillance y était nulle. Je ne me rappelle pas qu'on m'y ait fait apprendre mes prières, ni enseigné le catéchisme. Ce que je sais, c'est que je m'y serais perdu, si j'y étais resté plus longtemps. Mais le Bon Dieu, toujours si bon pour moi, avait mis dans ma famille un ange tutélaire qui, avec mon ange gardien, veillait sur moi. C'était une sœur, de quatorze ans plus âgée que moi, ma sœur Victoire, qui, dès l'âge le plus tendre, était un modèle de vertu. A l'époque de sa première communion, vers dix ou onze ans, elle avait ramené mon père à la pratique de ses devoirs religieux, qu'il avait abandonnés à l'époque de la Révolution et qu'il n'avait pas repris depuis.

Souvenir de ma sœur Victoire. — Sa manière de toujours prier.

« Permettez-moi, mon Père, de raconter ici un petit épisode à son sujet, qui pourra être un sujet d'édification pour plusieurs. Pour moi, je l'ai quelquefois mis en pratique et je m'en suis bien trouvé.

« Cette bonne sœur passa les cinq ou six dernières années de sa vie sur son lit de souffrance. Sa faiblesse ne lui permettait de se lever qu'à de rares intervalles, et encore n'était-ce que pour reprendre le lit quelques jours après. Un jour, conversant avec elle de choses édifiantes, je lui dis : « Mais, ma
« bonne sœur, tu dois bien t'ennuyer toujours sur
« ton lit, depuis si longtemps, presque toujours
« toute seule.

« — Mon frère, me répondit-elle, je ne m'ennuie
« jamais. Je ne suis jamais seule, tous les jours je suis
« avec toute la famille. Le matin, je fais mes exercices
« de piété : la prière, la méditation, la sainte messe
« au moins d'intention, puisque je n'ai pas le bonheur
« de pouvoir y aller. Quand je l'entends sonner, je
« prends mon paroissien et je m'unis d'intention au
« prêtre qui dit la messe en ce moment. Je fais la
« communion spirituelle, puis mon action de grâces.
« Alors ma sœur, de retour de la messe, vient faire
« son déjeuner dans ma chambre, puis me laisse seule
« pour aller à ses occupations.

« C'est pendant ces moments-là que je suis le
« moins seule. Je prends mon chapelet. J'en dis une
« dizaine pour chaque membre de ma famille. Frères,
« sœurs, neveux et nièces, tout le monde y passe.
« En disant cette dizaine pour chacun d'eux, je pense
« à ce dont ils peuvent avoir besoin, tant au spirituel
« qu'au temporel.

« Quand mon chapelet est fini, je le recommence.
« Après la famille, ce sont les amis.

« Quand la fin de la journée arrive, je n'ai pas
« encore fini. C'est ainsi que mes journées s'écoulent :
« mes pensées se portent continuellement de la famille
« à Dieu et de Dieu à la famille. Dans les intervalles,

« ma sœur, mes amis viennent me voir : ainsi se
« passent mes journées. »

« Rien que ce récit vous fait voir entre les mains
de qui Dieu avait remis la direction de mes premières
années. C'est cette bonne sœur qui m'a appris mes
prières, mon catéchisme, et m'a préparé à ma première confession. Elle m'a appris à aimer le Bon
Dieu dès mon plus jeune âge.

« Je me rappelle une de mes conversations d'enfant. J'étais sur le point d'atteindre mes sept ans,
époque ordinaire de l'âge de discrétion. Je m'ima-
ginais que c'était à sept ans juste, à l'heure, à la
minute, qu'on a l'usage de la raison. C'est pourquoi,
l'avant-veille de l'anniversaire de ma naissance, je
disais à l'un de mes petits camarades d'école : « Je
voudrais bien mourir demain, parce que je serais sûr
d'aller en paradis; mais après-demain j'aurai sept
ans, et je ne serais pas certain d'y aller. »

Moyen de me faire tenir tranquille à l'église.

« Voici un stratagème dont on se servait pour
me faire tenir tranquille à l'église, où les enfants
ordinairement s'ennuient souvent, surtout quand on
les fait assister au sermon.

« Me gronder ne suffisait pas. Une bonne dame de
notre quartier, voisine de nos places à l'église, et
que mes mouvements impatientaient, disait quelquefois à ma mère, en sortant de l'église : « Madame
« Myionnet, avez-vous vu ce petit garçon qui était à
« l'église, à quelques rangs de chaises au-dessus?
« Comme ce petit enfant se tenait bien! Il est tout
« petit, et il suit déjà la messe dans son livre comme
« un petit ange. — Je voudrais bien que le mien fût

« comme lui, répondait ma mère. » Moi, j'écoutais sans rien dire, et heureux de faire plaisir à ma mère, je me tenais un peu mieux le dimanche suivant. C'est ainsi que, sans gronder et par insinuation, ma mère m'a inspiré un grand respect pour le lieu saint, dès mon enfance.

Une colère. — Punition de ma mère.

« Dans mes jeunes années, je n'étais pas parleur. Je n'étais pas turbulent ni rageur; mais j'étais boudeur. Quand quelque chose ne me convenait pas, je ne voulais parler à personne. Quand mes bouderies me prenaient, ma mère me laissait dans un coin du salon, défendait à tout le monde de me parler et faisait semblant de m'oublier complètement. Quand l'heure du repas était arrivée, elle ne me demandait même pas si je voulais dîner. Cet oubli simulé me ramenait tout de suite.

« Néanmoins, il m'arriva un jour de me mettre en colère tout à fait, voulant obtenir de force ce qu'on ne voulait pas m'accorder, je trépignais, je pleurais, je me débattais. Ma mère, trop sage pour céder à un caprice d'enfant, à bout de patience, me donna quelques gifles et me mit à la porte.

« C'est la seule fois, je crois, qu'elle leva la main sur moi. Je restai ainsi dans un état d'irritation jusqu'au soir. Je montai me coucher sans rien dire à personne. Mais, une fois au lit, je ne pus m'endormir. Le souvenir de ce que j'avais fait, la punition que ma mère m'avait infligée, me revinrent à l'esprit. J'en avais un tel chagrin qu'il m'était impossible de m'endormir.

« Je pleurais à être entendu de toute la maison;

et je ne cessai de pleurer jusqu'à ce que ma bonne mère, à qui je demandai pardon de tout mon cœur de lui avoir fait tant de peine, me pardonnât de son côté.

« J'ai déjà dit qu'à l'âge de six ou sept ans, les domestiques de ma tante m'appelaient le *petit père trappiste*. Cette idée me revint un jour que je faisais une course de quatre lieues dans la campagne, à l'âge de treize ou quatorze ans, avec mon frère Auguste. Il était très gai et parlait beaucoup. Moi, en ce temps-là, comme aujourd'hui, je parlais peu. Il se fâcha, parce que je ne lui répondais pas, et me dit quelques paroles qui me piquèrent un peu. Je fis cette réflexion : « Quand je serai grand, j'irai « chez les trappistes, là on ne me grondera pas pour « ne pas parler ! »

Il paraît que, dès ce temps-là, je savais que les trappistes ne parlent pas.

Mon entrée au petit séminaire de Beaupréau.

« Étant arrivé à l'âge de dix ans, on jugea qu'il était temps de me faire apprendre le latin. Je savais à peine lire et écrire ; mais, comme je l'ai dit plus haut, il était temps de me faire sortir des mauvaises petites écoles où j'avais passé mon enfance.

« Le collège de Beaupréau était dirigé par M. l'abbé Mongazon, excellent prêtre, aimé et vénéré de tous ses élèves. L'esprit du collège était bon. Depuis deux ans, deux de mes frères y étaient. C'est là qu'on m'envoya pour commencer mes études de latinité. Pendant cette première année que j'y passai, rien que de très ordinaire dans mon existence de petit collégien .J'avais alors dix ans. J'étais très *sans-soin*, très paresseux, insensible aux punitions qu'on ne m'épargnait pas. On me donnait dans la main tous les jours. J'y étais devenu aussi insensible que si l'on avait frappé sur un morceau de bois. Je bravais même les punitions.

« J'y appris peu de chose. Je ne dis pas que ce soit la faute de mes maîtres : je n'ai jamais eu de disposition pour l'étude. Je n'étais pas assez instruit, lorsqu'on me mit à étudier le latin. Je ne savais ni assez lire ni assez écrire. D'ailleurs j'avais peu de mémoire et une intelligence très engourdie [1].

« J'arrivais au collège avec bonne intention de bien travailler; mais mon maître ne pouvait pas deviner tout cela. Ce dont il s'aperçut, c'est que mes devoirs étaient mal faits et mes leçons mal sues. Je me rappelle que la première punition qu'il me donna fut de me mettre à genoux au réfectoire. Je pleurai comme une petite Madeleine; mais la punition ne me donna ni mémoire ni intelligence. Mon maître, me croyant paresseux, redoublait les punitions. A la fin j'y devins insensible, et réellement paresseux. Si j'étais devenu insensible aux punitions, je ne l'étais pas au jeu. Si mon maître, au lieu de me donner force patoches, m'en avait donné un peu moins et se fût occupé de moi avec plus de patience, il aurait peut-être mieux réussi à me faire travailler.

---

1. Il ne faudrait pas prendre à la lettre le témoignage que M. Myionnet donne ici contre lui-même; ses manuscrits et ses lettres prouvent, sans doute, qu'il n'avait point d'orthographe et que sa main était peu habituée à manier la plume; mais il suffit de lire ces pages pour se rendre compte des qualités de son esprit non moins que de sa vertu et de son cœur

*Il ne faut pas désespérer des enfants
qui aiment le jeu à l'excès.*

« J'aimais tellement le jeu que je jouais partout. Nous étions une petite bande de trois qui jouions au *chat perché* partout et toujours : au réfectoire, en classe, à l'étude, en récréation bien entendu, au dortoir, même à la chapelle; ce qui ne nous empêchait pas d'aimer le Bon Dieu. On peut être très étourdi et aimer le Bon Dieu tout de même, et j'en suis bien sûr. On peut en juger par ce que nous sommes devenus tous les trois. Heureusement nous avions tous des parents très chrétiens. Un de nous est devenu père de famille et il est resté bon chrétien; le deuxième est entré dans l'état ecclésiastique et devenu supérieur du petit séminaire; le troisième est entré dans la vie religieuse.

« Ce fut M. Mongazon, supérieur du collège, que je choisis pour confesseur. C'est à lui que je m'accusai des fautes que j'avais commises dans l'école où j'avais été placé auparavant. Je le fis avec tant de regret que je me mis à pleurer tout haut dans la chapelle.

Collège de Baugé.

« Après cette première année de collège passée à Beaupréau et mon peu de progrès dans mes études, mes parents jugèrent que, dans un collège moins nombreux, je travaillerais peut-être mieux. Un de mes frères, qui se destinait à l'état ecclésiastique, nommé professeur au collège de Baugé, m'emmena avec lui, me donna des répétitions et me fit avancer un peu plus. J'entrai en septième où nous étions

huit ou dix élèves. Suivi de plus près par mon professeur, talonné par mon frère, je fut obligé de travailler bon gré mal gré. Ma deuxième année de collège
se passa ainsi, mieux que la première, pour plusieurs
raisons. Au collège de Beaupréau, j'étais tombé sous
la conduite d'un maître dur, sans pitié pour ses
enfants. Il était craint de ses élèves et n'était aimé
de personne. A Baugé, mon maître était bon. De
plus, j'avais pour mentor mon frère l'abbé, qui me
suivait de près et m'encourageait.

«L'époque de ma première communion approchait.
J'aurais dû la faire l'année précédente; mais on ne
m'avait pas jugé assez instruit. Dans le diocèse d'Angers, on fait trois communions : la première se fait
dans la onzième année; j'étais dans ma douzième année. Je m'y préparai de mon mieux, avec une grande
joie et des sentiments de piété bien sincères. Mon frère,
qui veillait sur moi comme une véritable mère, ne
négligea rien pour m'y préparer. Ce fut le jour de la
Fête-Dieu 1824, que j'eus le bonheur de recevoir mon
Dieu pour la première fois. Ce fut dans la même église
(l'église paroissiale de la ville de Baugé) que, trois années de suite, à la même époque, j'eus le même bonheur. Dans le diocèse d'Angers, il n'en était pas
comme ici à Paris. On est obligé de suivre le catéchisme pendant quatre ans : un an avant sa première
communion et les trois années suivantes, pendant
lesquelles on fait les communions avec les mêmes
cérémonies que pour la première [1]. On n'est quitte de

---

1. On voit combien les pratiques introduites en France par
le jansénisme étaient encore en honneur à cette époque. En
dehors de la cérémonie du « renouvellement » qui s'accomplis-
sait chaque année, les enfants étaient impitoyablement éloignés
de la sainte communion.

suivre les catéchismes qu'après la troisième communion. Je ne me rappelle pas à laquelle de ces trois
communions je dois rattacher la pensée qui me vint,
pour la première fois, de me donner au service du Bon
Dieu. Déjà la crainte de ne pas pouvoir me sauver
au milieu des dangers du monde m'avait facilement
impressionné. Cette pensée, qui me revint à des
intervalles plus ou moins rapprochés, ne m'a jamais
quitté totalement depuis.

Ma visite à Baugé en 1876.

« Permettez-moi d'anticiper sur le temps, en
racontant une visite que j'ai faite à Baugé, cinquante
ans après ma première communion. Depuis que
j'étais sorti du collège, j'avais toujours gardé le
désir d'aller revoir cette église où, pour la première
fois, j'avais eu le bonheur de recevoir mon Dieu;
et ces lieux où, pour la première fois, j'avais reçu
la bonne inspiration de me consacrer à Dieu. Je
voulais l'en remercier dans l'endroit où il me l'avait
envoyée : cette occasion se trouva enfin.

« Ma bonne sœur, âgée de soixante-seize ans,
avait obtenu de notre bon Supérieur que j'allasse
prendre près d'elle quinze jours ou trois semaines de
repos. Je profitai de ce séjour dans ma famille pour
aller à Baugé. Trois choses me pressaient d'y aller :
d'abord revoir les lieux où j'avais fait ma première
communion, remercier Dieu de toutes les grâces dont
il n'avait cessé de me combler depuis cette époque,
et lui demander d'y correspondre. Je communiai
à la même place où, cinquante ans auparavant, j'a-
vais communié pour la première fois. Il me fut
permis de rester deux heures à cet endroit, à genoux

sur les mêmes dalles. Je ne pouvais me retirer de ce lieu béni : l'église, le clocher, les bancs, l'autel, rien n'avait changé.

Visite chez un bon vieillard qui ne voulait pas se confesser.

« La seconde chose qui m'attirait à Baugé était la conversion d'un bon monsieur de quatre-vingts ans : le beau-frère de mon frère Auguste. Ce bon vieillard, éloigné des sacrements de l'Église, remettait toujours au lendemain pour se confesser et ne se confessait jamais. Toute sa famille le pressait; mais les instances étaient inutiles. Mes nièces, qui étaient aussi les siennes, me conseillèrent d'aller le voir, en me disant qu'il avait conservé de moi un bon souvenir et que j'aurais peut-être quelque influence sur lui. Après avoir bien prié Dieu, j'allai lui faire visite. Il me reçut très bien. Nous causâmes longtemps. Je revins à plusieurs reprises sur la grande affaire. Il ne s'y refusait pas; mais, comme toujours, il remettait l'affaire à plus tard. Je revins à Paris sans avoir rien obtenu; mais, en arrivant, je racontai l'affaire à mes petits enfants de l'orphelinat, qui firent pour la conversion de ce bon vieillard neuvaine sur neuvaine et finirent par gagner la victoire. Ce bon monsieur se confessa et mourut quelques mois après.

Visite des lieux où j'avais passé une partie de ma jeunesse.

« La troisième chose qui m'attirait était de revoir tout ce pays de Baugé où j'avais passé des jours si heureux; le collège où, sous la direction d'un supérieur qui était pour nous un véritable père, j'avais appris à connaître et à aimer Dieu. Dans ce petit collège où nous n'étions que trente pensionnaires, pendant les six années que j'y ai passées, je n'ai jamais entendu une mauvaise parole. Je voulais revoir tous ces lieux de promenade, ces bois, ces prairies, où nous jouions si gaiement; cette petite rivière, ou plutôt ce ruisseau, où nous pêchions les écrevisses. Je revis aussi avec bonheur cette chapelle de l'hôpital, où j'allais me confesser. Partout c'était la même chose; mais les hommes n'y étaient plus. Tous ceux que j'y avais connus étaient morts : curé, vicaire, supérieur, professeurs, confesseur, tous avaient disparu.

Je veux me faire missionnaire.

« J'ai dit plus haut qu'à l'époque de ma première communion j'avais la pensée de ne plus vivre dans le monde, dans la crainte de n'y pouvoir faire mon salut. Quelques années après, comme j'étais encore au collège de Baugé, je me rappelle que cette même pensée me revint; mais avec cette autre pensée de rendre ma vie utile aux autres. La première pensée est toujours restée fixée; la seconde a souvent varié jusqu'au moment de son application définitive, qui eut lieu en 1845, lorsque je fis à Paris la rencontre de M. Le Prevost.

« La première fois que ce désir me vint à l'esprit, c'est après avoir lu les Annales de la Propagation de la Foi ou les Missions du Paraguay. J'eus le désir de me faire missionnaire. J'avais à peu près quinze ans. A ce moment, nous étions plusieurs à l'infirmerie enflammés du même désir, tous prêts à affronter le martyre. Je me rappelle que nous nous enfoncions des épingles dans les bras et dans les jambes pour nous accoutumer à la douleur. Ce n'était sans doute que de l'enfantillage ; néanmoins il y avait chez moi une pensée sérieuse et constante en tout cela : celle de me dévouer à quelque chose pour le service de Dieu.

Je veux me faire soldat.

« Un peu plus tard, après avoir lu la vie de Turenne, de Bayard, de Duguesclin, j'écrivis à mon père que je voulais être soldat. Les belles qualités de ces héros avaient enflammé mon imagination. Je voulais, comme eux, servir mon Dieu, mon roi et mon pays. Je priais mon père de me retirer du collège de Baugé pour me faire entrer au collège militaire de La Flèche. Mon père, tout en me félicitant de mes sentiments religieux et patriotiques, plus calme que moi, me dit d'attendre, ajoutant qu'à dix-huit ans je serais peut-être plus réfléchi, et qu'à cette époque il me ferait entrer à Saint-Cyr.

Mon entrée dans la Congrégation de la sainte Vierge

« J'ai passé six ans dans ce bon petit collège de Baugé. Je puis dire que ce sont, jusqu'à l'âge de trente-deux ans (époque à laquelle le Bon Dieu m'a fait la grâce de m'appeler à son service), ce sont, dis-je, les plus heureuses années de ma vie. Pendant les trois premières, j'ai fait mes trois premières communions. Pendant les trois autres, déjà un peu grand, je jouissais de la confiance de mes maîtres, de l'affection et de l'estime de mes camarades, puisqu'ils me désignèrent par le suffrage universel pour le prix d'honneur. Si j'avais peu de disposition pour l'étude, j'en avais beaucoup pour les jeux de toute espèce. J'y apportais un esprit de droiture qui plaisait à mes camarades. Aussi, dans les petits différends qui surgissent inévitablement dans les jeux, venaient-ils demander mon avis comme à un juge impartial et expérimenté. Cette qualité que le Bon Dieu avait mise en moi avait été développée par le bon esprit de famille.

« Ce fut dans les deux dernières années passées dans ce collège que j'eus le bonheur d'être reçu congréganiste de la sainte Vierge. C'est dans la chapelle de l'hôpital de cette ville que je fis ma consécration à cette bonne Mère, qui m'a toujours protégé depuis, d'une manière si particulière.

« Mes parents me trouvaient si bien dans ce petit collège qu'ils m'y laissèrent jusqu'à ma seconde inclusivement.

« Je me rappelle que, dans cette dernière classe, nous n'étions que deux élèves. Comme je n'étais pas fort et que j'avais encore assez d'amour-propre pour ne pas dire que j'étais le dernier, lorsqu'on me demandait mes places, je répondais : « Je suis quelquefois le premier, plus souvent le second ; mais jamais le troisième »; et ainsi, sans mentir, j'échappais à la honte de dire que j'étais le dernier. A la fin de la sixième année (j'étais alors dans ma dix-septième année), au mois d'août 1829, il fallut quitter ce bien-aimé collège, dire adieu à mes maîtres, et à ce bon M. Levaché, le principal, qui avait toujours été pour moi un véritable père.

« A la fin des vacances, je fis mon entrée au collège royal d'Angers.

Une année au collège royal d'Angers.

« Les heureuses années que j'avais passées au collège de Baugé étaient finies.

« Mes parents me firent entrer au collège royal d'Angers, qui avait alors une très bonne réputation. Il était dirigé par M. l'abbé Régnier [1] qui en était le proviseur. Mais quelle différence avec Baugé ! J'étais demi-pensionnaire. Mes camarades, demi-pensionnaires comme moi, étaient presque tous très bons. Notre maître d'études, M. l'abbé Vallé, était excellent. Mais les externes ! mais les pensionnaires ! Que de jurements, que de blasphèmes, que d'ordures il a fallu entendre pendant cette année-là !

« Mais le Bon Dieu, qui m'avait fait naître dans une famille chrétienne, veillait sur moi. En rentrant dans ma famille, j'y retrouvai ma bonne sœur Victoire, qui avait dirigé mon enfance. J'y retrouvai mon frère Charles, l'abbé, que le mauvais état de sa poitrine avait forcé d'interrompre ses études de théologie. Mes parents me mirent sous sa direction. Il la prit et il y donna tous les soins possibles. Il me fit un vrai règlement de religieux :

« A 5 heures 30, lever.

« A 6 heures, prière, méditation.

« A 6 heures 30, étude de mes leçons.

« A 7 heures 30, déjeuner.

« A 7 heures 45, départ pour le collège.

« Arrivée au collège à 8 heures pour la classe.

1. Plus tard cardinal, archevêque de Cambrai.

Pendant toute la journée, je suivais le règlement du collège, d'où je partais le soir à 7 heures.

« A 7 heures 30, souper.

« A 8 heures, récréation avec la famille.

« A 9 heures, prière et coucher.

« Pendant toute l'année, il m'a fallu suivre ce règlement. Mon frère, qui avait neuf ans de plus que moi, était bon. Il m'aimait beaucoup; mais il était ferme et inflexible, et il m'a rendu, cette année-là surtout, les plus grands services : c'est une des années où j'ai couru les plus grands dangers.

« Je dois dire en passant combien les personnes qui veillent sur les enfants doivent être prudentes. Ce bon frère, plein de sollicitude sur ma conduite, m'a fait plusieurs fois des questions bien imprudentes, qui ont excité ma curiosité et plus tard m'ont causé de fortes tentations. Ces instructions étaient certainement très bonnes; mais, comme j'étais, grâce à Dieu, très ignorant sur toutes ces choses, c'était de nature à faire travailler mon imagination[1].

Utilité pour moi de passer cette année de 1829 à 1830 dans ma famille.

« C'est en écrivant ces lignes que je reconnais davantage encore combien Dieu a été bon à mon égard et de quelle utilité a été pour moi de passer cette année, de dix-sept à dix-huit ans, dans ma famille.

« Mes parents étaient très chrétiens, voyant peu de monde. Leurs amis l'étaient généralement aussi,

1. Conseils trop méconnus depuis par les partisans de ce qu'on est convenu d'appeler : « l'éducation de la pureté. »

à des degrés divers, les uns voyant beaucoup la société, les autres moins. Mes parents n'allaient pas au spectacle; mais quelques-uns de leurs amis y allaient. Ils ne fréquentaient presque jamais les grandes soirées; mais il en était souvent parlé. Toutes ces conversations se passaient inévitablement devant moi, et n'étaient pas sans exciter en moi le désir de prendre part à tous ces plaisirs du monde.

« Mais les six années passées au collège de Baugé, surtout ces petits entretiens du soir du bon supérieur qui étaient très instructifs et très pratiques, m'avaient prémuni contre ces premières atteintes du monde. Ces premiers désirs furent donc, avec le secours de Dieu, assez faciles à comprimer. D'ailleurs le règlement un peu serré que m'avait fait mon frère Charles, et que je suivais rigoureusement, ce lever matinal, toutes ces raisons réunies firent que je ne suivis le monde que d'un peu loin : ce qui me mit dès lors en défiance pour éviter ses plaisirs.

A la Révolution de 1830, mon père m'envoie au collège de Beaupréau pour faire ma philosophie.

« Le Bon Dieu jugea qu'une épreuve d'un an était suffisante à ma faiblesse et que j'avais besoin de me fortifier dans la pensée de ne pas vivre dans le monde : pensée qui ne me venait que de loin en loin, à des intervalles de six à dix mois, peut-être davantage; mais qui cependant persistait toujours.

« La Révolution de juillet arriva. La religion et la royauté étaient persécutées. Un jour que mon père nous racontait ce qui se passait, quoique d'un caractère assez calme ordinairement, je ne pus m'empê-

cher de lui dire : « Quel bonheur d'avoir dix-sept ans,
« je pourrai au moins prendre la défense de Dieu et
« du Roi! » m'imaginant que la guerre de Vendée
allait recommencer. Mais les choses fort heureusement n'en vinrent pas là.

« Mon père me retira du collège royal d'Angers.
M. l'abbé Régnier, le proviseur, et M. l'abbé Juret,
le censeur, venaient de donner leur démission. La
direction allait devenir exclusivement laïque. L'enseignement qui allait y être donné ne rassurait pas
mon père. Il préféra m'envoyer au collège de Beaupréau faire ma philosophie.

« Les bons souvenirs que j'avais gardés de cette
maison, ceux que mon frère Auguste y avait laissés,
me firent accepter cette résolution de mon père.

« Pendant les vacances, j'allai faire visite à mon
cher collège de Baugé que j'avais quitté l'année
précédente.

« Dans les premiers jours d'octobre, je pris le
chemin de Beaupréau en compagnie d'une douzaine
d'élèves d'Angers, qui s'y rendaient également,
faisant la route, moitié en bateau à vapeur, moitié
à pied, en traversant la Vendée.

« Sitôt arrivé, ma première visite fut pour ce
bon M. Mongazon, qui me reçut comme un de ses
enfants.

« Dans la cour, quelques-uns de mes anciens camarades que j'avais connus en huitième vinrent m'embrasser ; des amis de mon frère vinrent me serrer la
main. Dès les premiers jours, j'étais comme au
milieu d'une nouvelle famille. Je revis ce bon
M. Lambert qui était un peu rude quelquefois,
mais dont le cœur était si bon !

« Quelle différence avec le collège royal. Là, je

ne voyais plus de mauvais livres circuler dans les classes; je n'entendais plus blasphémer. Nous nous aimions tous, nous aimions tous nos supérieurs, nous aimions tous notre maison : le collège de Beaupréau était vraiment une grande famille.

« Pour en donner la preuve, permettez-moi, mon Père, de raconter ce qui se passa dix-huit ans plus tard. Cela ne sera peut-être pas inutile. Vous verrez ce qu'était le collège de Beaupréau en 1831. Puisque le Bon Dieu nous destine à nous occuper de l'éducation des enfants, ce récit nous fera apprécier plus encore combien il est bon de faire pénétrer ce bon esprit de vraie fraternité chrétienne dans toutes nos œuvres.

« Le collège de Beaupréau fut confisqué au profit du gouvernement de Louis-Philippe en 1831. Plus tard le diocèse fut indemnisé et le collège demeura propriété de l'État jusqu'en 1852 à peu près. Le gouvernement de Louis-Philippe était inquiet de voir ainsi au milieu de la Vendée trois cents jeunes gens, étudiants. Mais Napoléon III, moins craintif, ne fit pas de difficulté pour rendre le collège au diocèse. Seulement il exigea le remboursement de l'indemnité qui avait été donnée dans le temps. La somme était considérable et au-dessus de ce que le diocèse pouvait fournir. Les anciens élèves de Beaupréau se rassemblent et nomment une commission chargée de réunir des souscriptions. En très peu de temps, une somme de quatre-vingt mille francs est réunie et portée à Mgr l'évêque. Le collège est mis en adjudication et racheté par l'évêché. Il devint le troisième petit séminaire du diocèse. Quelques mois après, Mgr Angebault s'y trouvait, au milieu de deux ou trois cents anciens élèves souscripteurs, pour la bénédiction de la chapelle.

« Quelle joie pour Monseigneur! quelle joie pour tous ces anciens camarades qui ne s'étaient pas revus depuis vingt à trente-cinq ans!

« Aujourd'hui encore, tous les survivants de ce temps-là se réunissent tous les ans, font dire une messe pour ceux qui sont morts, passent la journée ensemble et se séparent en se donnant rendez-vous pour l'année suivante chez l'un d'entre eux; et cela, quoiqu'ils soient séparés les uns des autres par des distances de dix à quarante lieues. Mon frère Auguste réunissait encore tous ses anciens amis de collège, avant de mourir en 1863.

« Après avoir vu cela, vous pouvez vous expliquer comment, dans toutes les œuvres que j'ai eu à diriger, quelque chose de cet esprit de famille s'est fait remarquer : c'est dans cet esprit que j'ai été élevé.

« Dans ma famille, véritable esprit de famille; à Beaugé, esprit de famille; à Beaupréau, esprit de famille; je ne pouvais faire autrement que de l'inculquer aux autres. Ce n'a été chez moi ni calcul ni vertu; un cornichon confit dans du vinaigre en communique le goût dans toutes les sauces où on l'emploie.

« Aujourd'hui, mon bien cher Père, que, forcé par le travail que vous m'avez commandé, je repasse en ma mémoire les différentes circonstances de ma vie, je suis tout surpris et confus de l'abondance des grâces que j'ai reçues de Dieu, et effrayé du compte sévère qu'il lui en faudra rendre.

Ma philosophie au collège de Beaupréau.

« On me fit entrer en philosophie, parce que, l'année précédente, j'étais en rhétorique; mais, si j'avais eu à subir un examen, on m'aurait placé en quatrième ou en troisième, car je n'étais pas fort. Je me laissai faire. J'en fus quitte pour subir l'humiliation d'aller tous les jours au commencement de la classe dire à mon professeur que je ne savais pas ma leçon. Il exigeait cela de ses élèves et ne donnait pas d'autre punition. Il ne punissait que lorsqu'on manquait de le prévenir. Aussi je n'y manquais jamais. C'est vous dire que je n'ai rien appris. Cependant je travaillais plus que bien d'autres de mes condisciples; mais je ne pouvais rien retenir, faute de mémoire. Si je ne réussissais pas en classe, je réussissais parfaitement en récréation. Je jouais de tout mon cœur. Aussi quelques-uns de mes condisciples, plus philosophes que moi, le trouvaient mauvais et disaient que j'aimais mieux les barres que la philosophie. Ils avaient bien raison : je me trouvais plus souvent avec les rhétoriciens qu'avec les philosophes, parce que ceux-là jouaient beaucoup.

La Congrégation.

« Ce ne fut que vers le milieu de l'année que je me présentai pour faire partie de la Congrégation de la sainte Vierge. Je ne sais pas pourquoi je ne me présentai pas plus tôt. Je fus reçu sans difficulté, en ayant déjà fait partie au collège de Baugé. A partir de ce moment, je me trouvais entouré de tout ce qu'il y avait de meilleurs élèves dans le collège.

Le préfet de la Congrégation était alors un élève nommé Fruchaud, qui est mort, il y a quelques années, archevêque de Tours.

« Les conversations édifiantes que nous avions ensemble et la visite des pauvres me firent avancer en piété, en me faisant voir avec une certaine appréhension le moment où il faudrait rentrer dans le monde.

« La retraite annuelle du collège me fit faire des réflexions sérieuses sur le choix de l'état que j'aurais à prendre en sortant de pension. Comme je l'ai fait remarquer plus haut, la Providence avait permis que je passasse une année dans le monde, pour me laisser apercevoir les dangers que j'aurais à y courir et me faire prendre de plus fortes résolutions.

Désir de mon père
de me voir entrer dans l'état ecclésiastique.

« Mon père désirait beaucoup voir un de ses enfants entrer dans l'état ecclésiastique. Mon frère Charles, qui avait commencé ses études théologiques atteint d'une maladie de poitrine, se trouvait forcé d'abandonner pour toujours ses études. Mon père me fit pressentir son désir; mais je ne me sentais aucunement attiré vers le sacerdoce. Quoique plein de vénération pour un état aussi sublime, je ne désirais pas devenir prêtre, n'ayant aucune disposition pour apprendre.

Je n'ai plus la pensée d'être soldat.

« Il n'y avait plus lieu de penser à être soldat. Un soldat chrétien peut, il est vrai, faire beaucoup de bien, et c'était là toujours ma pensée dans les différents états qui me passaient par la tête. Mais nous avions changé de régime, et je n'aurais pas voulu servir la Révolution de Juillet. La pensée de la vie religieuse venait bien au travers de tout cela ; mais toujours faible, vague, pas assez forte pour me faire prendre un parti définitif.

« Au milieu de tant de pensées diverses, je pris le parti de prier le Bon Dieu de m'éclairer ; et, pendant plus de la moitié de l'année, je fus fidèle à aller tous les jours, au commencement de la récréation de midi et demie, à la chapelle, réciter la prière qui est dans la *Journée du Chrétien* sur le choix d'un état.

« J'ai souvent depuis attribué à la fidélité et à la sincérité que j'ai mises à réciter cette prière pendant six mois la conduite toute paternelle et toute providentielle de Dieu à mon égard, pour me faire arriver là où je suis en ce moment.

Ma visite à la Trappe de Bellefontaine.

« Vers la fin de l'année, on nous permit, à quatre ou cinq congréganistes et à moi, d'aller visiter les trappistes de Bellefontaine, à deux ou trois lieues de Beaupréau. La visite du monastère, la vue de ces hommes austères, voués à la vie pénitente et laborieuse, le silence perpétuel qui y règne, me firent une profonde impression... La pensée de m'éloigner du monde augmenta en moi, sans aller jusqu'à me le faire quitter.

« Cependant l'impression fut profonde et me resta toujours.

Résolution de retraite.

« Je me rappelle que, pendant la retraite dont j'ai parlé plus haut, une de mes grandes préoccupations était ma persévérance. Persévérer au collège n'est pas bien difficile ; mais je faisais ma dernière retraite, quand pourrais-je en faire une autre ? Où la ferais-je ? C'était chose difficile à prévoir. L'année que je venais de passer dans le monde m'avait assez fait entrevoir les dangers auxquels un jeune homme est exposé même au milieu d'une famille chrétienne. J'étais préoccupé des moyens d'assurer ma persévérance. J'écrivis des résolutions que j'ai gardées pendant longtemps : car je les ai relues encore, quand je suis venu à Paris en 1845. Elles ont été égarées depuis, à mon grand regret.

« Les points principaux portaient sur la fréquentation des sacrements, la fuite des mauvaises compagnies, l'éloignement des lieux dangereux comme les cafés, bals et spectacles. Avec la grâce de Dieu, j'y ai été fidèle pendant les treize années que j'ai passées dans le monde, sauf quelques exceptions.

« J'ai été deux fois au spectacle. Ce fut assez pour le connaître et en être dégoûté ; une fois au bal, même résultat ; jamais au café. Les mauvais jeunes gens, je les ai toujours évités avec soin, autant que possible, sans cependant paraître trop sauvage.

Ma sortie du collège de Beaupréau.

« C'est dans ces dispositions que je me trouvais à la fin de l'année scolaire 1831. Je m'en allai en vacances avec plaisir ; mais non sans verser des larmes, en embrassant pour la dernière fois mes bons professeurs et surtout notre bon Père supérieur, M. Mongazon. Je ne quittais pas le collège sans avoir le désir, et même sans garder un certain espoir d'y revenir. J'aurais volontiers redoublé ma philosophie, malgré ma répugnance pour l'étude, afin de reculer mon entrée dans le monde. Je me rappelle qu'au milieu de ces pensées sérieuses et très sérieuses, il se glissait une pensée frivole et d'enfant. Une des choses que je regrettais, c'était la partie de barres : pensée indigne d'un philosophe. Cela fait voir que je n'étais pas de mon siècle !

« Il fallut partir ! Pendant les vacances, je fis part de mon désir à mon père qui ne l'agréa pas et me dit : « Puisque tu n'as pas de pensée fixe sur le choix « d'un état, tu entreras comme commis chez tes « frères. »

CHAPITRE II

LA JEUNESSE. — VIE DE FAMILLE. — PREMIÈRES ŒUVRES

Ma première année dans le monde.

« Mes deux frères tenaient un magasin de fers à Angers. La première année dans le monde ne fut pas trop périlleuse sous le rapport de mon salut. Le Bon Dieu, connaissant ma faiblesse et mon bon désir, avait tout disposé pour mon plus grand bien. En entrant chez mes frères, dont l'un était marié, j'entrais dans une famille chrétienne. Sanctification du dimanche dans tout son entier : grand'messe, vêpres, sermon et salut; jeûne et abstinence, tout était observé. Il m'était facile de garder mes dernières résolutions de retraite. Quelques amis sortis comme moi de Beaupréau faisaient ma société. Une société (ce que l'on appelle cercle aujourd'hui), dont mon père et mes frères faisaient partie, m'était ouverte. Mon père et ma mère, prévoyant bien que les soirées, les bals, les spectacles étaient un grand danger pour les jeunes gens, s'étaient entourés de quatre ou cinq familles bien pensantes, dont les enfants étaient fort réservés. Tous les dimanches soir, à tour de rôle, chacun recevait; on jouait, on chantait, on dansait, le tout simplement, convenablement. A dix heures, tout était fini. C'est ainsi que se passait la soirée du dimanche. On l'attendait avec impatience. On n'avait pas le désir des grandes soirées et on ne parlait même pas de spectacle. Si parfois ma mère attentive apercevait ou entendait quelque chose qui lui déplût, dès le lendemain elle appliquait le contre-poison.

Mort de mon père et de ma mère.

« C'est ainsi que je passai les deux années qui suivirent ma sortie du collège, préservé de bien des dangers et de bien des épreuves. Je restai à peu près fidèle à mes résolutions. Je ne parle pas ici des graves événements qui se passèrent dans nos contrées de 1830 à 1833, et de la position difficile dans laquelle je me trouvais. La guerre civile étant près d'éclater, il fallait prendre parti, ou dans la garde nationale contre les légitimistes, ou dans le parti légitimiste contre la garde nationale. A l'âge de vingt ans, il n'y avait pas de milieu entre ces deux extrémités, ou bien il fallait s'en aller dans un autre pays. Dieu nous a préservés de ce malheur : qu'il en soit béni, à jamais! C'est dans ce même temps que j'eus le malheur de perdre mon père et ma mère, à peu de distance l'un de l'autre. Mon père surtout était très bon chrétien : il faisait la communion quotidienne. J'espère que tous les deux reçoivent maintenant la récompense des soins qu'ils ont donnés à leurs enfants. Ils ont donné à l'Église six enfants qui sont toujours restés fidèles à leurs devoirs.

« Que l'union dans les familles, cimentée par la religion, est belle; et combien par là elle en fait le bonheur!

« Cette union, qui régnait entre nous tous, ne fut pas altérée un seul instant, après la mort de nos bons parents. Mon père, quelques années avant sa mort, avait fait le partage de sa fortune et avait assigné son lot à chacun de nous, sans toutefois nous obliger à accepter ces lots tels qu'il les avait faits. A l'ouverture du testament, chacun, par respect pour notre père, que nous vénérions comme un saint, accepta avec joie et bonheur ce qu'il avait fait, sans la moindre observation, ni modification. Cette union qui existait entre nous et qui faisait le bonheur de nos bons parents, n'a jamais cessé après leur mort.

« Je pris ainsi, au milieu de ma famille, des habitudes assez régulières de vie chrétienne. Je me fis à ce nouveau genre de vie et ne pensai plus, pendant plusieurs années, à entrer en religion.

Voyage à Paris, vers 1834.

« Je fis un voyage à Paris, accompagné de mon frère aîné. C'était un simple voyage de curiosité. Comme tous les curieux, je me promenais depuis le matin jusqu'au soir. Ce fut dans cette circonstance que j'allai au théâtre deux fois : une fois au grand Opéra, l'autre fois à un petit théâtre du boulevard du Temple. Mais j'en sortis si peu édifié de ce que j'avais vu, que je dis à mon frère : « Tu peux y aller « seul. Pour moi, je n'y retourne plus. » Et je tins parole, je n'y suis jamais allé depuis. Je revins à Angers, bien aise d'avoir vu Paris; mais me promettant bien que jamais je n'y viendrais habiter.

Mort de mon frère Charles.

« Vers 1836, ou 1837, le Bon Dieu appela à lui mon frère Charles, celui de mes frères qui s'était le plus occupé de moi. Il avait été mon guide dans mes premières années de collège. Constamment il me donnait de bons conseils, veillant sur moi, écartant les dangers. C'est à lui en grande partie que je dois ma persévérance. Après une longue maladie, il a remis doucement son âme entre les mains de son Créateur. Quelques heures avant sa mort, j'étais près de son lit. Il me demanda à le changer de côté. Il était si faible que je craignais en le tournant de hâter son dernier soupir. « Bon frère, lui dis-je, Notre Seigneur sur la croix n'a pas demandé à changer de côté. » Alors il s'est tu et n'a plus rien demandé. Quelques instants après, ma belle-sœur lui demandant un dernier avis pour la conduite de ses enfants, il lui répondit : « Qu'ils fuient les mauvaises compagnies. » Ce furent ses dernières paroles, qui me regardaient aussi bien que mes neveux; ce dernier conseil m'a été bien salutaire. De 1836 à 1839, je tombai dans le relâchement; je ne communiais qu'aux grandes fêtes, je négligeais de renouveler mon scapulaire, je satisfaisais ma curiosité d'une manière quelquefois dangereuse. Dans mille circonstances, je sentais que le respect humain l'emportait.

« Sentant ma faiblesse, j'aurais dû toujours chercher à éviter les occasions dangereuses. Je l'ai fait bien des fois ; mais malheureusement pas toujours. Je me demande comment le Bon Dieu a pu jeter les yeux sur un pareil fumier, pour m'appeler à devenir un des premiers membres de notre Congrégation. Il me semblait parfois que mon bon ange me disait : « Tu n'es pas assez fort pour vivre « dans le monde, va en communauté. » C'est pendant ces moments de faiblesse et d'abattement

que la pensée de m'éloigner du monde me poursuivait; mais malheureusement cela ne durait pas
longtemps.

Une maladie grave.

« Ce fut à peu près vers 1836 ou 1837 que je fis
une maladie très grave. Lorsque le danger fut passé,
mes sœurs me firent part de l'inquiétude qu'elles
avaient eue. Je me rappelai les précautions qu'on
avait prises pour me faire confesser, tout en me
cachant l'état dangereux dans lequel j'étais. C'est
alors que je leur fis reproche d'avoir été si craintives.
Je leur fis promettre, si je me trouvais un jour en
pareil danger, de m'avertir tout de suite, sans craindre de m'effrayer. Ces bonnes sœurs, sensibles aux
reproches que je leur faisais, me le promirent et me
firent également promettre d'agir avec la même
hardiesse à leur égard, si elles tombaient dangereuse-
ment malades. Deux de mes sœurs sont mortes,
depuis que je suis entré en communauté. Je n'ai
pu remplir ma promesse à leur égard; mais elles y
ont été fidèles entre elles.

Mon isolement.

« Ce fut après cette maladie que je me trouvai
dans le plus grand isolement. Mes amis de
collège s'étaient ou mariés ou éloignés d'Angers.
D'autres n'étaient pas restés fidèles à leurs principes de chrétiens. Dieu m'avait donné assez de
grâces pour avoir le courage de ne plus les fré-
quenter. Je restai seul : mes sœurs habitaient Ro-

chefort [1], mes frères étaient mariés. Avec la mort de mon père et de ma mère, avaient cessé ces réunions de famille dont j'ai parlé. A un jeune homme, il faut une société. Sans cela, il tombe dans l'ennui, dans la mélancolie : c'est ce qui m'arriva. C'est un état dans lequel on tombe peu à peu, sans s'en apercevoir. Mais ma famille s'en apercevait bien. On voyait que je ne sortais plus, que je n'avais plus d'amis. « Je le sais bien, répondis-je une fois à ma belle-sœur qui me faisait cette réflexion; mais j'aime mieux ne pas en avoir que d'en avoir qui ne me conviennent pas. »

La séparation de mes amis du monde.

« Je ne m'éloignai pas de mes amis tous à la fois; mais, à mesure que leurs conversations devenaient plus légères, que la fréquentation des sacrements devenait plus rare ou plutôt était nulle, je les laissais de côté. Le dernier fut pour moi la séparation la plus sensible. Nous avions été au collège ensemble. Presque tous les soirs, j'allais faire une petite visite à sa famille, qui était très bonne. Tous les dimanches, après les offices, nous allions nous promener ensemble; nous n'aimions pas les promenades publiques. Il entra dans une usine comme employé; les conversations, les mauvais exemples qu'il avait sous les yeux, les sollicitations des autres

1. Rochefort-sur-Loire, où la famille Myionnet possédait une maison qui servit d'asile aux prêtres fidèles pendant la Terreur. Dans une tourelle, à l'angle de cette maison, des prêtres se tenaient cachés et célébraient les saints mystères. Il arriva plus d'une fois que des troupes républicaines occupèrent le rez-de-chaussée, sans s'apercevoir que des « réfractaires » logeaient au premier étage.

commis l'entraînèrent bientôt au mal. La confession
et la communion devinrent rares. Malgré les quelques
avis que je lui donnais, il persista à suivre la mauvaise route dans laquelle il était entré; je me vis
obligé de m'éloigner de lui. Ce fut le sacrifice qui
me fut le plus pénible; mais je savais que j'étais
faible et que je courais risque de me laisser entraîner
plutôt que de le retenir. Ce pauvre jeune homme,
après avoir été la désolation de sa famille, est tombé
dans la misère par son inconduite, et il a payé bien
tristement l'abus des grâces qu'il avait reçues dans
sa jeunesse.

« Plusieurs fois j'ai raconté son histoire à mes
enfants, pour leur faire voir où conduit l'abus des
grâces que le Bon Dieu nous accorde quand nous
sommes jeunes.

« Je sais bien que mon isolement n'était pas
complet, je vivais au milieu de ma famille : frères et
sœurs, que j'aimais beaucoup et qui ont toujours
été pour moi bien au delà de ce que je méritais, car
je n'ai jamais été aimable de ma vie. Mais mes frères
étaient mariés, j'avais vingt et quelques années;
mes goûts n'étaient pas les leurs. Il me fallait un
ou deux amis bons chrétiens. Le Bon Dieu, qui savait
l'acte si dur de courage que j'avais fait, en m'éloi-
gnant de ceux qui ne me convenaient pas, m'en envoya un d'abord, puis deux, puis trois, puis dix enfin.
Quand je parlerai de la fondation de la Conférence
de Saint-Vincent de Paul à Angers, je dirai comment.

Ma première visite des pauvres.

« Avant de parler de cette fondation, je raconterai
ma première visite des pauvres. Il semble que Dieu

voulut me préparer de loin à ce qu'il voulait faire de moi, et me faire goûter le bonheur de visiter les pauvres. Je ne me rappelle pas comment la pensée me vint d'aller les visiter. Je crois que c'est après en avoir entendu parler à M. l'abbé Ducreux, qui prêchait une retraite à la cathédrale. Il disait que des jeunes gens à Paris allaient les visiter , ce qui fit sur moi une puissante impression. Il était si rare, dans ce temps-là, de voir des hommes faire preuve ouverte de christianisme. Je ne puis pas dire que, jusqu'à cette époque de ma vie, j'avais aimé les pauvres. Je donnais, quand on me demandait, plutôt à cause de la personne qui me demandait que par charité. Mes parents m'avaient habitué à donner aux pauvres, quand il s'en présentait. Mon frère Charles surtout me l'avait souvent recommandé; mais je ne donnais pas, à beaucoup près, ce que j'aurais pu donner. Je pensais à augmenter ma petite fortune, en mettant chaque année quelques centaines de francs de côté. Le véritable esprit de charité était nul. Ce fut le sermon de M. l'abbé Ducreux qui le réveilla en moi.

« Ma belle-sœur était dame de charité à la paroisse de la Trinité à Angers. Je lui fis part de la résolution que j'avais prise, de donner plus généreusement aux pauvres, et je la priai de m'indiquer deux familles que j'irais visiter. L'une se composait de deux pauvres vieillards de quatre-vingt et quelques années, et l'autre d'une pauvre veuve et de quatre ou cinq enfants en bas âge. Je me rappelle que cette famille demeurait au moins à une demi-lieue de la maison. Ce qui m'avait décidé à la visiter, c'était l'affreuse misère de cette pauvre femme, l'intérêt que tout le monde lui portait dans le quartier, et précisément son éloignement de chez moi. En allant la visiter, je me rappelais l'histoire de ce bon solitaire qui entendait un ange compter ses pas, lorsque, chargé de sa cruche, il allait chercher de l'eau à la fontaine, qui était très éloignée de sa cellule. Si le Bon Dieu, me disais-je à moi-même, comptait les pas de ce bon solitaire qui n'allait chercher que de l'eau, combien ne comptera-t-il pas les miens quand je vais porter du pain à ses amis? La suite a prouvé combien cette pensée de foi, en visitant ma première famille, a été pour moi une source de bénédiction. Pour l'autre famille, les deux vieillards, ils étaient à prendre leur petit café, lorsque j'arrivai. Après avoir causé avec eux de leur petit-fils, âgé de dix-huit ans, qui était leur unique soutien, charmant jeune homme, je laissai, sur le bout de la table, sans être vu, une pièce de cinq francs. Je suis bien sûr que, lorsqu'ils l'auront trouvée, ils auront été moins heureux que celui qui l'avait laissée. Comme je le disais plus haut, voici comment, après avoir quitté tous mes amis, parce qu'ils avaient abandonné le Bon Dieu, le Bon Dieu m'en a donné d'autres bien meilleurs.

La Conférence de Saint-Vincent de Paul d'Angers.

« Après une année environ d'un isolement presque complet, je vis revenir à Angers un ancien camarade de collège, M. Florestan Hébert, avec qui je me liai d'une étroite amitié. Il venait de finir ses études de droit à Rennes. Il avait eu pour directeur spirituel M. l'abbé Brossais Saint-Marc, alors grand vicaire, depuis évêque, puis archevêque, puis cardinal. M. Hébert était un fervent chrétien. Il avait été à Rennes membre de la Société de Saint-Vincent de Paul. Curieux de connaître l'œuvre des conférences, je le questionnai beaucoup. Non seulement je fus satisfait, mais enthousiasmé de ce qu'il m'apprit.

« Je lui demandai si nous ne pourrions pas en établir une à Angers. La proposition fut aussitôt acceptée. Il ne s'agissait plus que de trouver des membres pour la composer. Cette société, formée à Paris depuis cinq ou six ans, répandue déjà dans deux villes de province, n'était composée que de jeunes gens des écoles ou du commerce. C'était là où il nous semblait que nous devions les chercher et les trouver. Là était la difficulté. Nous allâmes trouver d'abord les vicaires de notre paroisse, qui étaient tous de nos anciens camarades de Beaupréau. Nous leur demandons de nous aider dans notre projet; mais leur réponse nous aurait désespérés, si notre pensée ne nous était venue de Dieu.

« Des jeunes gens chrétiens sur notre paroisse, à peu près dans votre condition? Nous ne connaissons que vous deux. En voyez-vous d'autres à l'église? — Jamais! »

« Cependant, tout en causant, sur la paroisse Saint-Maurice, nous en découvrons deux autres. L'un était absent six mois de l'année et par conséquent ne pouvait être d'un grand secours ; l'autre était un jeune avocat arrivant de Paris. Nos bons vicaires, très sympathiques à la chose, mais peu encourageants, nous dirent qu'à Angers nous ne nous développerions pas, parce qu'il n'y avait pas assez de jeunes gens chrétiens.

« Pour toute réponse nous leur dîmes : « Si nous « ne sommes que quatre, nous serons au moins

« quatre amis, unis par la charité. Nous aurons
« l'agrément de nous voir toutes les semaines, et le
« bonheur de faire un peu de bien, en mettant nos
« aumônes en commun, ne portant pas nos vues
« plus loin. »

« Une visite fut faite à M. d'Andigné et à M. Beauchêne, qui acceptèrent de venir à une première
réunion chez M. Hébert, en mars 1839, si j'ai bon
souvenir. Nous convînmes ensemble de constituer
une conférence de Saint-Vincent de Paul et d'accepter purement et simplement le règlement de la
société établie à Paris, règlement que nous avions
fait venir par l'intermédiaire de M. Le Prevost, que
M. Beauchêne connaissait un peu. Nous formâmes
notre bureau. M. Hébert, quoique le plus jeune de
nous quatre, fut nommé président, comme ayant
déjà fait partie de la conférence de Rennes. M. Beauchêne, jeune avocat, prit la place de secrétaire qui
lui convenait bien. On me confia la place de trésorier, comme employé de commerce. M. d'Andigné
refusa toute charge, devant prochainement partir
pour la campagne. Du reste, il n'y en avait pas
d'autre à donner pour le moment. Parmi les clauses
que nous ajoutâmes au règlement qui était propre à
la localité, il en est une que je mentionnerai.

« Nous comprenions que cette société, suscitée
de Dieu parmi les étudiants et les jeunes gens du
commerce, devait avoir pour but principal d'être
utile aux jeunes gens. En effet, sous le couvert de la
charité, ils auront bien plus de force pour vaincre le
respect humain : ce qui surpasse de beaucoup le
bien matériel qu'ils peuvent faire aux familles en
leur donnant quelques bons de pain.

« Pour obtenir ce résultat, il était nécessaire que

notre conférence se développât parmi les jeunes gens. Il fallait mieux les attendre que d'y introduire, dès le commencement, des personnes âgées qui, par leur âge et par leur position, n'auraient pas laissé aux jeunes gens le mouvement et la spontanéité dont ils ont besoin pour prendre intérêt à une œuvre. C'est pourquoi nous avons établi pour clause que nous ne prendrions personne au-dessus de trente ans. Il était bien entendu que ceux qui entreraient au-dessous de trente ans ne seraient pas obligés de se retirer lorsqu'ils atteindraient cet âge. Cette règle fut maintenue pendant quelque temps, mais non sans quelques exceptions. M. Victor Pavie, dont le cœur ne vieillit pas, fut un des premiers membres de notre conférence, quoiqu'il eût dépassé la trentaine. Nous ne fûmes pas longtemps sans nous recruter. Nous trouvâmes dans l'École de Médecine de très bons jeunes gens sortis du petit séminaire de Combrée, que nous nous empressâmes d'accueillir. Nous en trouvâmes d'autres dans le commerce, dans la bourgeoisie et la noblesse. Je me souviens que les plus zélés étaient les jeunes gens du commerce. Habitués par leur position à faire le sacrifice de leur temps et de leur personne, ils savaient faire pour Dieu et les pauvres ce qu'ils étaient obligés tous les jours de faire pour leurs patrons. Au bout de l'année, nos confrères étaient une vingtaine. Les quêtes à domicile, le placement des billets d'une loterie et son tirage public dans les salles de la préfecture les compromirent si bien qu'il n'y avait plus moyen de ne pas se montrer chrétiens, quand l'occasion s'en présentait.

« Voilà un des grands biens qu'a produits la réunion de ces jeunes gens, que nous ne pouvions trouver un an auparavant, et que personne ne connaissait comme chrétiens. Les voilà aujourd'hui se produisant devant tout ce qu'il y avait de mieux dans la ville, comme membres d'une société essentiellement chrétienne. Presque tous jeunes, nos réunions étaient parfois un peu animées. Il y avait des discussions un peu vives. C'est ce qui en faisait la vie : nous ne nous en aimions pas moins. Rien n'était délicieux comme d'aller nous promener en été sur les bords de la Maine, lorsque la séance était finie, sur les neuf heures environ. Nous allions par groupes de sept ou huit, le long de la grande et belle prairie de Saint-Serge. A dix heures, chacun rentrait chez soi, heureux d'avoir pu faire un peu de bien et d'avoir causé avec quelques jeunes gens chrétiens, avec lesquels on pouvait dilater son cœur.

« En hiver, nous ne pouvions plus aller nous promener sur les bords de la Maine. J'avais fait approprier une petite chambre, où je me faisais un plaisir de recevoir ces bons jeunes gens tous les dimanches soir. Nous faisions également quelques parties de plaisir. Mon frère possédait près de la ville une petite maison de campagne très agréable [1], sur les bords de la Maine. J'y réunissais quelquefois nos jeunes confrères. Mgr Angebault a eu la bonté de venir nous y dire la messe et d'y déjeuner avec nous.

« Ce bon évêque aimait en toute occasion à nous donner des marques de sympathie et d'encouragement. Il venait presque à toutes nos réunions générales et nous prêtait sa chapelle pour des retraites particulières, pendant lesquelles il m'avait nommé sacristain.

---

1. La Papillaie.

« J'avais pour ma part beaucoup contribué à
l'établissement de ces retraites pour la Société de
Saint-Vincent de Paul, et particulièrement pour les
jeunes gens qui suivaient peu les stations de l'avent
et du carême. Les instructions qu'ils recevaient
dans ces retraites étaient plus intimes et, comme
membres de la société, ils se croyaient plus obligés
d'y venir. Le peu de bien que je pouvais faire dans
la Société de Saint-Vincent de Paul me fit oublier
pendant plusieurs années la pensée de me donner
tout à fait à Dieu. Ce qui y contribua encore davantage, ce fut la réponse que me fit mon confesseur,
M. l'abbé Régnier, depuis archevêque de Cambrai.

Mon confesseur me conseille d'ajourner mon projet
d'entrer en Communauté.

« A la fin d'une retraite prêchée à la cathédrale,
je me sentis pressé de me rapprocher davantage
du Bon Dieu, trouvant que je remplissais bien
mollement mes devoirs de chrétien. Le désir de
quitter le monde me pressa davantage. J'en parlai
pour la première fois à mon confesseur. Il me fit
cette réponse : « Vous faites du bien dans le monde,
restez-y encore. »

« Mon confesseur avait parlé. C'était pour moi
la voix de Dieu. Je n'y pensai plus pendant quelques
années.

« La pensée de me marier ne m'est jamais venue;
mais celle de me faire une position et d'augmenter
ma petite fortune me vint à l'esprit. Jusqu'à ce
moment, j'étais resté commis chez mes frères, qui
tenaient un magasin de fers. J'y étais très heureux.
J'avais fait quelques économies, je pensais en faire

encore, sans cependant me préoccuper beaucoup de l'avenir.

« La pensée de quitter le monde me passait toujours par la tête de temps en temps. Mais la réponse de mon confesseur me fit penser davantage à mon avenir. Aimant la vie de famille, et vivant dans le plus parfait accord avec mes deux frères, j'eus la pensée de m'associer à leur maison de commerce.

« Je proposai à mes frères de m'associer avec eux. Après y avoir réfléchi deux ou trois jours, voici la réponse qu'ils me firent : « Les bénéfices que nous faisons suffisent pour le moment à nos dépenses; mais ils deviendront insuffisants si, au lieu de les partager en deux, nous sommes obligés de les partager en trois. »

C'était juste; mais il y avait une autre raison qu'ils ne me donnèrent pas, pour ne pas me faire de peine : c'est que je n'étais pas assez intelligent, ni assez actif pour réussir dans le commerce. Au moment même, j'en fus un peu contrarié.

« Mais je reconnus plus tard, et je reconnais surtout aujourd'hui, qu'ils avaient raison : je n'avais pas de disposition pour le commerce. Ce refus me fit penser à autre chose.

Je pense à venir à Paris, commis dans la nouveauté, pour m'établir plus tard en cette partie.

« Un jeune homme de la Société de Saint-Vincent de Paul me fit un jour, en sortant de la Conférence, la proposition de nous associer dans une partie qu'il connaissait parfaitement, mais que, moi, je ne connaissais pas du tout. Nous en causâmes plusieurs fois. J'allais m'y décider.

« Pour cela, il me fallait venir à Paris travailler
pendant quelques années dans la nouveauté. Il
m'en coûtait de quitter ma famille et la Conférence

« Quels sacrifices ne fait-on pas dans le monde,
pour gagner de l'argent !

« A ce moment, je ne pensais plus à la vie religieuse. Le motif pour lequel mon confesseur avait
fait obstacle à ma vocation allait disparaître aussi,
puisque, au lieu de faire du bien aux jeunes gens qui
m'entouraient, j'allais m'éloigner d'eux. Et à quel
danger de me perdre n'allais-je pas m'exposer en
allant travailler dans ces magasins de nouveautés
de Paris? Cependant, j'étais tout disposé à le faire.
Toutes mes dispositions étaient prises. Je n'en avais
plus qu'une : c'était de laisser une procuration à
mes frères pour donner quittance à mes fermiers
pendant mon absence. C'est alors que la divine
Providence, qui veillait sur moi et qui me conduisait, vint détruire en un instant tous mes projets
et mettre à néant tout ce que j'avais fait jusqu'à ce
jour. Ce n'est que plusieurs années après, et depuis
que je suis entré en religion, que j'ai réfléchi sur
les bontés dont Dieu m'avait comblé.

« J'ai vu alors de quel épouvantable danger il
m'avait tiré ce jour-là : danger de perdre ma vocation et mon âme. La veille du jour fixé pour mon
départ, je vais donc chez le notaire pour faire cette
procuration. Ce notaire était un ami de ma famille.
« Que vas-tu faire, Clément, me dit-il, aller à Paris,
travailler dans la nouveauté pour t'établir ensuite
à Angers? J'ai quelque chose qui te convient mieux
que cela. Mes voisins, MM. Guibert, sont âgés. Ils
ont fait leur fortune dans les ornements d'église. Ils
sont dans l'intention de céder leur fonds : voilà ce

qui te convient. Ton frère et toi avez fait vos études au petit séminaire de Beaupréau. Vous êtes connus de la moitié du clergé du diocèse. C'est là ton affaire. Veux-tu que j'aille leur en parler? » — J'accepte la proposition. Il part. Il n'y avait que la rue à traverser. Ces Messieurs Guibert acceptent aussi, sauf à régler ultérieurement les conditions et l'époque; mais, pour le moment du moins, il y avait motif raisonnable pour ne pas partir le lendemain.

« Je retourne chez mes frères, bien content de l'ajournement, et eux aussi. Je me remets au travail, tout en ne perdant pas de vue l'affaire Guibert. Mais ces bons Messieurs, très lents à prendre une décision, me remettent de six mois en six mois. Que de fois j'ai remercié le Bon Dieu d'avoir pris mon affaire en mains dans cette circonstance, et de l'avoir conduite tout différemment de ce que je voulais!

« Mon Dieu, soyez-en mille et mille fois béni! J'ai dit que ces Messieurs ne se pressaient pas beaucoup de céder leur commerce. J'allais les voir de temps en temps, sans les presser beaucoup non plus. Je me trouvais si bien chez mes frères!

Diminution de mes appointements. Mon attrait
pour les œuvres de charité.

« Je prenais de plus en plus goût aux œuvres de la Conférence : à ce point que je priai mes frères de me laisser un peu plus de temps pour vaquer aux œuvres de charité, leur disant que volontiers je consentirais à une diminution dans mon traitement, afin de leur donner facilité de prendre un second commis qui viendrait me décharger un peu. Ils y consentirent, à ma grande satisfaction; car je me serais fait un cas de conscience de distraire sur le temps que je leur devais un seul instant, sans leur permission, pour le consacrer aux œuvres de charité.

Mouvement donné aux décorations de la Fête-Dieu.

« Avec l'amour des pauvres, naissait en moi un autre désir : celui de voir le Bon Dieu plus glorifié. Une chose m'était pénible : c'était de voir diminuer sensiblement chaque année les honneurs que les populations rendaient au Saint Sacrement. Je me rappelais ce que j'avais vu à l'âge de cinq ou six ans, combien cette procession était belle : les rues que parcourait le Saint Sacrement couvertes de toiles, des couronnes et des torches sans nombre, des guirlandes sans fin, le canon qui tonnait au moment où le Saint Sacrement passait près du vieux château. Et cette procession, toute belle qu'elle était, n'était rien en comparaison de celles qui se faisaient avant 1793. Aujourd'hui, ce n'était plus rien : plus de tentes au-dessus des rues, plus de guirlandes; à peine quelques draps avec une fleur par-ci par-là. Cette indifférence me peinait. Je dis un jour à ma belle-sœur que, si les autres ne faisaient rien, il nous fallait faire quelque chose, et que notre exemple serait peut-être suivi par quelques bonnes personnes.

« Notre voisin d'en face et nous, avions, de chaque côté de la rue, un superbe balcon. Il veut bien se prêter à tout ce que nous désirons. Je dresse un plan de ce que j'avais la pensée de faire. Ma belle-sœur se met à l'ouvrage, invite ses amis et, le jour de la Fête-Dieu, nous avions une décoration qui,

relativement aux autres, était magnifique, tellement magnifique que Mgr Angebault envoya son
secrétaire me complimenter. Je fus tellement flatté
de cette démarche de sa part qu'à partir de ce jour
je me crus un homme de bon goût. Je ne revins de
mon erreur que lorsque, à Paris, je me trouvai avec
MM. Le Prevost et Maignen.

« Je continuai tous les ans. Mon exemple fut suivi
comme je le désirais et, chaque année, les rues étaient
de mieux en mieux décorées. J'ai parlé un peu plus
haut d'une petite maison de campagne que mon frère
avait sur les bords de la Maine. Par l'union qui existait entre nous, j'en disposais comme si elle eût
été la mienne. J'y invitais tous nos jeunes confrères
de Saint-Vincent de Paul. Mon frère, aussi zélé que
moi, que dis-je? plus zélé, voyait tout ce mouvement
religieux avec le plus grand plaisir. Trop occupé par
son commerce, il m'aidait cependant et m'encourageait autant qu'il pouvait. A cette maison était
attenante une petite chapelle, où j'aimais à prier le
soir, après le travail accompli. Pendant la belle
saison, cette petite course, à vingt-cinq minutes de
marche de la ville, était une vraie promenade.

*La pensée de quitter le monde me revient
plus souvent.*

« Vers l'année 1842, l'envie de quitter le monde
me revenait plus souvent. C'est surtout lorsque
j'éprouvais quelque contrariété que cette pensée me
poursuivait davantage. Mais, lorsque la contrariété
était passée et que le calme était rentré dans mon
âme, je me disais que ce n'était pas dans un état
d'agitation qu'il fallait prendre une pareille déter-

mination. Je comprenais que cela devait se décider dans le recueillement. La lecture de la vie des saints, que je prenais plaisir à faire, m'y poussait. Quelques circonstances imprévues fixèrent mon attention de ce côté. Quelques mots d'édification, quelques passages de l'*Imitation* que j'avais lus bien des fois sans y faire attention, me frappaient davantage.

Bonne inspiration à la vue des Frères des Écoles chrétiennes.

« Je me rappelle qu'un jour, après le dîner, je prenais un petit moment de repos sur le balcon de la salle à manger. Je vis passer les Frères des Écoles chrétiennes, qui conduisaient leurs enfants à la distribution des prix. La bonne tenue de ces enfants, l'air modeste des Frères me frappèrent singulièrement. Je les avais vus bien d'autres fois; mais la grâce qui me poursuivait me fit remarquer ce jour-là ce à quoi je n'avais jamais fait attention auparavant. « Voilà des hommes, me dis-je en moi-même, qui se « rendent bien plus utiles que moi par leur travail. « Ils donnent des enfants à l'Église, et moi je travaille « toute la journée pour gagner de l'argent, que je « laisserai en mourant, tandis qu'ils retrouveront « dans le Ciel les enfants au salut desquels ils auront « contribué. » Cette pensée et d'autres semblables me revinrent de plus en plus souvent à l'esprit.

« D'autres causes me faisaient encore penser à me donner à Dieu. Un bon jeune homme, commis dans une maison de commerce d'Angers, quitta le monde vers la même époque. Il chercha à m'entraîner avec lui. Je ne m'en sentis pas encore le courage; mais néanmoins, il en augmenta le désir.

D'un autre côté les concessions que, par faiblesse, je croyais devoir faire aux usages du monde, inquiétaient de plus en plus ma conscience. Je désirais voir approcher le moment où je n'aurais plus ce combat à soutenir; mais je reculais toujours.

Retraite à la Trappe.

« En 1843, à peu près au temps des vacances, pressé davantage de sortir du monde, je fus avec un de mes amis faire une retraite chez les trappistes. Tous les deux, nous y allions dans la même pensée, sans nous la communiquer, car je ne disais à personne ce qui se passait en moi. Si je dis que tous les deux nous y allions dans la même pensée, c'est-à-dire pour étudier notre vocation, c'est que tous les deux, un an après, nous avions pris notre détermination. Mon ami entrait à la Trappe, et moi je commençais mon premier essai avec M. Le Prevost. Chose singulière! je crois que, si l'on avait dit à tous nos amis : « Beauchêne et Myionnet sont tous les deux en retraite pour étudier leur vocation; l'un d'eux va entrer à la Trappe et l'autre va commencer la Communauté des Frères de Saint-Vincent de Paul; devinez dans quelle communauté chacun d'eux va entrer, tous, sans exception, auraient dit : « Myion-« net sera trappiste et Beauchêne Frère de Saint-« Vincent de Paul. »

« Il est vrai qu'à ce moment-là, j'avais eu la pensée de me faire trappiste. J'avais lu la vie de saint Bernard, celle de l'abbé de Rancé et l'histoire de la Trappe. Je m'y sentais aussi attiré par goût. Le silence, le recueillement, le travail des champs : tout semblait m'y convier. J'y passai huit jours en retraite. C'est alors que je pris une détermination sérieuse de quitter le monde. Je le dis au Père prieur, qui me dirigeait pendant cette retraite. Il me demanda si j'avais de l'attrait pour leur genre de vie. Je lui répondis que je l'admirais, que je n'avais aucune répugnance pour l'embrasser, que le silence et leur vie austère ne m'effrayaient pas, au contraire; mais que, je ne sais pourquoi, je ne me sentais pas pressé à entrer chez eux. Alors je me souviens qu'il me fit cette question : « Peut-être pensez-vous que « nous sommes des égoïstes, que nous ne pensons « qu'à faire notre salut, mais que nous nous soucions « peu de tant d'âmes qui se perdent dans le monde? » Je lui répondis qu'effectivement, sans bien m'en rendre compte, il y avait quelque chose de cela dans mon esprit. Je croyais bien que le cloître était une bonne chose; mais, dans le temps où nous vivions, il me semblait que l'Église avait besoin d'une milice qui, ainsi que les éclaireurs d'une armée, pénétrât dans les rangs ennemis pour en arracher de pauvres âmes qui se perdent. Il me fit quelques réflexions sur l'efficacité de la prière. Il m'expliqua que l'Église manquait toujours d'hommes d'oraison et de pénitence, et que les ordres voués à la prière étaient comme des paratonnerres sur lesquels la trop juste colère de Dieu se déchargeait doucement.

« Il est vrai que tout ce qu'il me dit me fit mieux comprendre que je ne l'avais fait jusqu'alors les effets de la prière; mais néanmoins ce ne fut pas suffisant pour me déterminer à rester à la Trappe.

« Dans la réponse que je fis, on peut apercevoir l'idée de ce que je devais faire plus tard. Je dirai cependant que je n'en avais alors aucune prévision. En parlant de communautés qui travaillaient à la conquête des âmes dans le monde, je voulais parler des Frères des Écoles chrétiennes ou des Frères de Saint-Jean de Dieu, ou d'autres communautés semblables et non d'une communauté à former. Peu après, M. Beauchêne était au noviciat de la Trappe; moi, je cherchais encore ma voie.

Voyage à Solesmes.

« Sept ou huit mois plus tard, j'allai à Solesmes voir l'ami dont j'ai parlé plus haut. Pour me faire partager son bonheur, il s'efforçait de me persuader que je n'avais rien de mieux à faire que de l'imiter en me faisant bénédictin. Je n'aurais pas eu l'intention ni la prétention de me livrer à l'étude, pour laquelle je n'avais aucune disposition; mais, dans toute communauté, il y a place pour tout le monde. En me retirant, je me demandai : « Est-ce ici que « Dieu me veut? » Mais je m'y sentais moins d'inclination que pour la Trappe. Un autre de mes amis pensait à entrer chez les Frères de Saint-Jean de Dieu. J'eus un moment la pensée de le suivre. On me dit que j'étais trop âgé; d'ailleurs je ne me sentais pas assez fortement attiré pour prendre un parti définitif. Dans toutes ces tergiversations, il y avait toujours une pensée fixe : celle de mettre mon salut en sûreté en quittant le monde. Mais dans quelle communauté entrer? Là était mon incertitude, Cependant il y avait encore ici une idée fixe : c'était d'entrer dans une communauté où l'on travaillât au salut des âmes, pour la vie entière. J'ai déjà parlé de la petite chapelle où j'aimais tant à aller prier. Là, dans le recueillement et dans le silence, devant une statue de la sainte Vierge, je m'entretenais doucement avec le Bon Dieu et la bonne vierge Marie du bonheur que l'on doit goûter à les servir. La pensée de quitter cette famille, que j'aimais tant et dont j'étais beaucoup aimé, traversait aussi mon esprit et me faisait répandre des larmes. Je me rappelle combien elles étaient douces, ces larmes! Ce n'étaient point des larmes de chagrin. C'étaient des larmes d'affection et d'amour pour ces deux objets qui se disputaient mon cœur : Dieu et la famille. C'était encore la vue de la séparation qui, bien qu'indéterminée, me semblait devoir être prochaine. Chère petite chapelle qui me rappelle tant de souvenirs et dans laquelle j'aimais tant à prier! C'est là que, dans la méditation, ma vocation s'affermissait de plus en plus. Ce n'est pas que, dans ces mêmes lieux, des pensées bien différentes ne traversassent mon esprit : non pas la pensée du mariage, auquel je n'ai jamais songé sérieusement. J'avais une vie tellement heureuse que je ne sais pourquoi j'y aurais pensé. Je vivais au milieu d'une famille aimée et j'avais tous les charmes de cette vie, sans en avoir les responsabilités. Mes neveux et nièces m'aimaient comme si j'eusse été leur père, et je les aimais comme s'ils eussent été mes enfants.

« Maison de campagne, cheval et voiture, canot de pêche appartenant à mes frères : j'en avais la jouissance, comme si nous avions vécu en communauté de biens. Leurs domestiques me servaient, comme si j'avais été leur véritable maître : rien, ce semble, ne me manquait pour être heureux. D'ailleurs presque tous mes moments de loisir étaient consacrés aux œuvres de charité. Quitter tout cela était dur à la nature. Le diable avait beau jeu à me tenter.

Combat entre l'affection de la famille
et le service de Dieu.

« Cette vie si heureuse au milieu de ma famille n'était pas la seule raison qui m'éloignait du mariage. Vivant au milieu de personnes mariées, je comprenais mieux l'importance de la bonne éducation des enfants, la responsabilité qui retombe sur les pères et mères, à cause des dangers auxquels sont exposés les enfants par suite des rapports de parenté et de société. J'envisageais le chagrin que j'éprouverais, si j'avais des enfants qui s'éloignassent de la bonne route. La mémoire me rappelait les fautes que mes parents, tout bons qu'ils étaient, avaient faites dans mon éducation. Et, après toutes ces réflexions, je me demandais : « Puis-je prétendre faire mieux qu'ils « n'ont fait ? Et si, par ma faute, un de mes enfants « venait à se perdre, quel compte à rendre à Dieu ! »

« Dans certains moments, toute mon ambition se bornait à travailler encore quelques années chez mes frères, augmenter par mes économies ma petite fortune de quelques mille francs et vivre au milieu d'eux, à leur petite campagne, ou chez mes sœurs à Rochefort, en faisant un peu de bien autour de moi. Mais le Bon Dieu, qui me voulait à son service, me fortifiait et me faisait comprendre que vivre d'une telle vie était vivre en égoïste. Je me disais que c'était vivre pour soi, et je me demandais ce que j'aurais à présenter à Dieu pour entrer dans le Paradis, après quinze, vingt ou trente ans d'une telle vie. Aussitôt tous ces rêves de vues et d'affections naturelles s'évanouissaient. La pensée de me donner à Dieu et de me consacrer à son service dans les œuvres de charité reprenait toute sa force. Cela ne m'empêchait pas de faire, au milieu de tous ces combats, quelques malheureuses concessions au monde; de me satisfaire, par exemple, lorsque l'occasion se présentait d'aller au cirque. Il m'arriva aussi d'aller une fois au bal et de faire bien des actes de lâcheté.

« Par une contradiction inconcevable, pendant ces dernières années qu'il y avait en moi cette lutte, je faisais des dépenses insensées pour me meubler dans ma chambre, comme si j'avais dû y demeurer toujours. C'est ainsi que se passèrent les deux dernières années qui ont précédé ma sortie du monde. Je voulais toujours et n'avançais jamais. Le Bon Dieu voyait ma bonne volonté, et il savait que le retard que j'apportais était seulement l'effet de cette nature molle, qui a toujours été le fond de mon caractère. C'est pourquoi il m'a poussé lui-même par diverses circonstances que j'ai racontées ailleurs, dans une notice faite à la demande de M. l'abbé Gillet [1]. »

1. Notice faite en double et envoyée à M. l'abbé Gillet, aumônier de l'hôpital de Beaufort, pour lui servir de renseignement sur la part que Mgr Angebault a prise à la fondation de l'Institut des Frères de Saint-Vincent de Paul. On va la reproduire dans le chapitre suivant.

CHAPITRE III

LA VOCATION

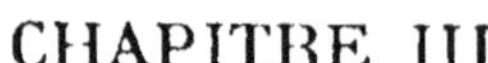

NOTICE SUR LA FONDATION DES FRÈRES DE SAINT-VINCENT DE PAUL
ET LA PART QU'Y PRIT Mᵍʳ ANGEBAULT

Dans cette notice, que Clément Myionnet rédigea sur l'ordre de ses supérieurs, avant d'avoir fait son autobiographie, il commence par s'excuser de parler de lui-même. Il le fait en termes analogues à ceux que l'on a lus dans l'introduction. Puis, en quelques lignes, il donne un aperçu de sa vie d'enfant et de jeune homme.

Il continue ainsi :

Maison de famille à Angers.

« Pour qu'on reconnaisse bien l'action de la Providence dans la fondation de notre Congrégation, je crois qu'il est utile de remonter à ce qui a été la cause déterminante de ma vocation.

« A l'une des réunions de la Conférence de Saint-Vincent de Paul à Angers dont je faisais partie, M. l'abbé Maupoint, vicaire de la paroisse Notre-Dame, depuis évêque de l'Ile Bourbon, vint nous proposer une bonne œuvre, la fondation d'une Maison de famille pour y recevoir les jeunes ouvriers qui partent de nos campagnes bons chrétiens, et viennent se perdre dans nos villes.

« Nous prouver l'utilité de la chose n'était pas bien difficile à l'éloquence entraînante du bon abbé; mais trouver les hommes et l'argent nécessaires pour la mettre sur pied, c'était autre chose. A cette proposition inattendue, personne n'osa répondre. M. le trésorier, consulté, répondit que les ressources ordinaires de la Conférence ne permettaient pas de prendre une pareille charge : 3 000 francs d'aumônes pour frais d'installation, c'était impossible.

« M. l'abbé Maupoint, voyant que sa proposition allait être rejetée, la tourna autrement: « Je demande « seulement que l'un d'entre vous, Messieurs, me « prête ces 3 000 francs; je lui en payerai les intérêts : « chargez-vous de l'installation et de la surveillance « de la maison. » Nous nous laissons gagner. MM. Pavie et Renier se chargent de la partie religieuse ; moi, comme trésorier de la Conférence, de la partie financière. Comme à ce moment j'avais quelques fonds disponibles, je les prêtai à M. l'abbé Maupoint.

« Quelques années après, ce bon abbé fut nommé curé de ma paroisse (la Trinité); j'avais occasion de le voir très souvent. Comme il ne me parlait jamais de mes 3 000 francs, pas plus que des intérêts, je le lui rappelai un jour. Il se mit à rire et me dit : « Quand j'aurai soulagé toutes les misères de ma « paroisse, je penserai à vous. » C'était me dire : « Ne pensez plus à vos 3 000 francs. » J'aurais dû m'en défier, parce qu'il avait déjà la réputation d'une charité sans bornes. J'avoue que je n'ai pas fait ce sacrifice de bon cœur; mais enfin je l'ai fait et, tout imparfait qu'il ait été, le Bon Dieu l'a pris en considération, puisque c'est cette Maison de famille, qui m'a donné tant de peine et occasionné tant de désagréments, qui a été véritablement la cause déterminante de ma vocation.

« Notre Maison de famille, située rue Courte, était ouverte depuis un an environ. Nous y avions préposé un brave homme, âgé de trente et quelques années. Sa femme, plus âgée que lui, faisait la cuisine; pour lui, il avait la surveillance de la maison. Deux membres de la Conférence venaient tous les soirs faire la prière, et s'entretenir avec les jeunes gens. Moi, j'y venais pour prendre connaissance du mouvement du personnel, recevoir le paiement des pensions et pourvoir aux dépenses. La maison était déjà trop petite, tout semblait bien marcher, lorsque je reçus une lettre d'un de nos jeunes gens m'avertissant de désordres qui se passaient. Je porte la lettre à M. Renier, secrétaire de la Conférence, qui avec moi s'était particulièrement occupé de la fondation de cette maison. Dans notre désolation, nous nous demandions quel remède apporter à un pareil mal. Notre concierge, tout brave homme qu'il était, n'était qu'un concierge, n'entendant rien à la surveillance qu'exigeait une pareille œuvre. Trois partis étaient à prendre : faire la surveillance nous-mêmes, en offrir la direction à une Communauté, ou fermer la maison.

« Les confrères qui s'en occupaient avec moi étaient mariés; moi seul étais garçon. Je ne me sentais pas le courage d'accepter cette tâche. Offrir la direction à une communauté, c'est ce que nous fîmes, en même temps que nous fermions la maison. Quelques mois se passèrent dans cet état de choses; les réponses des communautés arrivaient lentement : toutes étaient négatives.

« Renier et moi étions désolés; une œuvre si utile, qui nous avait demandé tant de soins, l'abandonner, c'était pour nous une peine de cœur. Nous avions là, sous les yeux, la preuve de notre impuissance, nous, membres de la Société de Saint-Vincent de Paul, pour mener à bonne fin des œuvres semblables, qui demandent la vie tout entière des hommes qui s'y dévouent.

« Toujours préoccupé de cette malheureuse maison, j'allais souvent, après mon travail, faire une petite visite à Renier. Tous les deux, dans son salon, au coin de son feu, nous nous désolions de ne recevoir aucune réponse favorable. Un soir surtout, plus affligé que jamais je lui dis, en le quittant : « Mon ami! il n'est pas possible que le Bon Dieu ne « veuille pas une œuvre comme celle-là. Si j'avais un « compagnon, je crois que j'aurais le courage de m'y « livrer tout entier. » Et Renier de me répondre : « Si je n'étais marié, je serais votre homme. » Nous en restâmes sur ces bons désirs, tout en continuant d'offrir la direction de notre maison à différentes communautés, qui toutes nous refusaient.

« Quelques mois se passèrent ainsi, lorsque Renier m'avertit, par un petit mot, qu'il avait une bonne nouvelle à m'apprendre; je cours chez lui : « Bonne « nouvelle, me répéta-t-il, en me serrant la main; j'ai « votre homme. » Je connaissais Renier pour être un peu prompt à s'enthousiasmer. Je lui demande avec calme quel était ce jeune homme, d'où il venait, ce qu'il faisait. A dire vrai, je n'avais pas renoncé à faire ce que j'avais dit quelques mois auparavant, un peu dans le feu de la conversation; mais ce feu s'était un peu refroidi; des réflexions sérieuses étaient survenues. Tous les sacrifices qu'il me faudrait faire s'étaient présentés devant moi, comme des barrières, sinon infranchissables, du moins difficiles à surmonter.

« Ce jeune homme, me répondit Renier, vient d'Orléans où il s'est occupé de plusieurs bonnes œuvres ; il est en ce moment à X... où il est allé faire ses offres de service au directeur pour soigner les malades. Il est accompagné de cinq autres jeunes gens, tout disposés comme lui à se consacrer à Dieu et au service des bonnes œuvres, quelles qu'elles soient. Il doit assister à la réunion générale de la Conférence de Saint-Vincent de Paul dans quelques jours : il y parlera, vous le jugerez. »

« Il y vint effectivement ; tout le monde le trouva fort bien ; les jours suivants, j'eus plusieurs conférences avec lui : nous nous comprenions parfaitement. Il n'entra pas à X... ; nous l'installâmes provisoirement dans les bâtiments d'une ancienne communauté, avec les cinq jeunes gens qui l'accompagnaient. Ils commencèrent à y réunir le dimanche les jeunes garçons des environs, presque tous travaillant dans les ardoisières. Je contribuai à leur acheter une partie de leur mobilier, le considérant comme un acompte de ce que j'aurais à faire plus tard, persuadé que c'était eux que le Bon Dieu me destinait pour premiers compagnons. De leur côté, ils me regardaient comme un des leurs ; ils ne s'agissait plus que de fixer l'époque de notre réunion.

« Ce jour-là, je le reculais toujours ; Renier me pressait : « Cher ami, lui dis-je un jour, jusqu'ici je « n'ai suivi que l'impulsion de mon cœur ; mais avant « de prendre une décision définitive dans une affaire « de cette importance, dans la ville que j'habite, au « milieu de ma famille, il est prudent, je crois, de

« prendre conseil d'une personne grave et compé-
« tente en la matière.

« — Eh bien! me dit Renier, je vais demain à
« l'évêché, j'en parlerai à Monseigneur; personne ne
« peut être plus compétent que lui. Voulez-vous? »

« J'étais pris, il fallait répondre oui ou non;
j'hésitais.

« Ce ne sont pas des enfantillages, lui dis-je; une
« fois entre les mains de Monseigneur, il faudra
« marcher. — Certainement, » me répondit Renier.

« J'hésitais encore. Enfin, comme emporté par
ce bon ami qui me pressait de sortir de ma torpeur
habituelle, de répondre à l'appel de Dieu et de
marcher, je lui dis : « Eh bien! faites ce que vous
« voudrez. »

Visite à Mgr Angebault.

« Dès le lendemain matin, il était chez Monseigneur,
lui racontant toute l'histoire de notre Maison de
famille, tout ce qui s'était passé depuis sa fondation.
Il lui parla particulièrement des six jeunes gens qui
venaient d'Orléans et que je voulais rejoindre.
Monseigneur écouta tout avec attention et lui dit de
m'engager à aller le voir.

« L'appel de Monseigneur était pour moi celui de
Dieu; j'aurais dû me presser, y courir; je fis le contraire. Sachant bien qu'avec Monseigneur il faudrait
marcher droit au but, je voulus me procurer pour
la dernière fois une jouissance du monde, celle
d'aller au cirque, et je remis la visite à deux jours de
là. Combien de fois ai-je demandé pardon à Dieu de
cette faute ? Combien l'ai-je remercié de sa grande
miséricorde et de sa patience à attendre sa misérable

créature pendant trois jours, au lieu de l'abandonner
à ses vains amusements, pour ne rien dire de plus,
et aller en chercher un autre plus docile, plus em-
pressé de répondre à ses desseins :

« Le troisième jour enfin je fus voir Monseigneur,
qui me reçut avec son affabilité ordinaire. Il me fit
plusieurs questions auxquelles je répondis, autant
qu'il m'en souvient, de la façon suivante :

« Quel est le but que vous vous proposez? —
« Monseigneur, les tristes résultats de notre essai de
« la Maison de famille, résultats dont Renier vous a
« entretenu, m'ont donné la certitude que nous,
« membres de la Société de Saint-Vincent de Paul, ne
« pouvions rien faire de sérieux, quand il s'agissait
« d'une œuvre qui demandait beaucoup de temps, de
« soins, et surtout une surveillance continuelle. Cette
« triste épreuve, dis-je, a fait surgir en moi le désir de
« voir naître une Congrégation qui fût, parmi les
« hommes, ce que sont les Sœurs de Charité parmi les
« femmes. Ne trouvant pas de communautés qui
« voulussent se charger de prendre la direction de
« notre Maison de famille, j'ai eu la pensée de me
« donner tout entier à des œuvres de ce genre, si je
« trouvais quelqu'un qui voulût se joindre à moi.

« — Pour accomplir de semblables œuvres, avez-
« vous eu la pensée d'embrasser la vie religieuse dans
« toute sa rigueur? — Oui, Monseigneur, je ne crois
« pas qu'on puisse faire rien de solide sans cela.

« — Mais la pensée d'embrasser la vie religieuse
« date-t-elle du moment où vous avez eu celle de vous
« donner à ces œuvres de charité? — Monseigneur, la
« pensée d'entrer en communauté date de ma plus
« tendre jeunesse; à l'époque de ma première commu-
« nion, ou à peu près, les dangers du monde me fai-

« saient peur, quoique élevé par des parents très chré-
« tiens. Cette pensée m'a toujours poursuivi, à des
« intervalles assez éloignés, aux principales époques
« de ma vie, l'année qui a précédé ma sortie du collège,
« par exemple; pendant une retraite, il y a trois ou
« quatre ans; enfin, l'année dernière, me sentant plus
« pressé de me donner à Dieu, j'en ai fait une pour
« étudier plus à fond ma vocation à la Meilleraye, chez
« les trappistes. La vie de la Trappe n'avait rien qui
« me répugnât, au contraire. J'admirais et aurais aimé
« cette vie silencieuse; le travail des mains et particu-
« lièrement de l'agriculture, accompagné de la prière,
« me plaisait. Tout en reconnaissant l'utilité de ces
« maisons de pénitence, il me semblait que la société
« actuelle avait besoin de congrégations militantes,
« qui se jetassent dans la mêlée pour combattre
« l'impiété, l'indifférence et l'ignorance corps à corps;
« c'est dans cette pensée que j'ai terminé ma retraite.
« Je revins dans ma famille, toujours déterminé à
« entrer en communauté, mais toujours dans le
« vague quant au choix.

« — Savez-vous ce que c'est que la vie religieuse,
« les sacrifices qu'elle demande de vous, l'obéissance,
« particulièrement ? — Monseigneur, pendant la
« retraite que j'ai faite à la Trappe, je m'en suis fait
« une idée. Quant à l'obéissance, je n'ignore pas que
« c'est ce qu'il y a de plus pénible; c'est précisément
« ce qui me plaît le plus.

« — Connaissez-vous quelqu'un qui ait la même
« pensée que vous, outre M. X... dont Renier m'a
« parlé? — Je ne connais personne, Monseigneur.

« — Le P. Chaignon est ici, je lui parlerai de tout
« cela. Le connaissez-vous? Vous connaît-il? C'est un
« homme de Dieu. — Je ne le connais que fort peu.

« — Mgr Régnier est ici également; vous le con-
« naissez, il vous connaît aussi? — Beaucoup Mon-
« seigneur; il m'a confessé pendant bien des années;
« il connaît toute ma famille.

« — Je les consulterai tous les deux; revenez me
« voir dans huit jours. Quant à M. X..., tenez-vous
« sur la réserve de ce côté; j'attends des renseigne-
« ments sur son compte; nous en parlerons à votre
« prochaine visite. »

« Les huit jours écoulés, je fus, cette fois, fidèle
à son appel.

« Mon cher enfant, me dit Monseigneur, en me
« faisant asseoir près de lui, j'ai prié pour vous, j'ai
« vu Mgr Régnier, le P. Chaignon; tous les trois nous
« sommes du même avis, c'est une pensée de Dieu, il
« ne faut pas l'abandonner. En me quittant, je vous
« conseille d'aller voir Mgr Régnier. Pour M. X...,
« les renseignements que j'ai reçus sont très mau-
« vais; les jeunes gens qu'il a avec lui sont bons, mais
« dupes de son hypocrisie. »

Direction de Mgr Angebault.

« Dans les visites qui suivirent, Monseigneur me
fit comprendre que, pour me donner une direction
plus éclairée, il serait bien que je m'adressasse à
lui en confession. Plus tard, il me dit de chercher si
quelques jeunes gens ne voudraient pas s'adjoindre
à moi.

« A cette proposition, je lui fis connaître tout mon
embarras.

« Monseigneur, lui dis-je, vous ne connaissez pas
« toute mon incapacité pour conduire une pareille
« œuvre. Le Bon Dieu ne m'a rien donné de ce qui est

« nécessaire pour cette fin. Je pourrais peut-être aider
« quelqu'un, mais conduire moi-même, impossible. »

« Monseigneur me fit cette réponse remarquable
que je n'oublierai jamais :

« Les œuvres de Dieu ne sont pas comme celles
« des hommes. Quand un architecte veut construire
« une maison, il fait ses plans à l'avance; il se rend
« compte de tout avant de rien commencer; il fait
« bien, la prudence le demande. Mais, dans les œuvres
« de Dieu, il n'en est pas de même; c'est lui qui est
« l'architecte, nous ne sommes que ses instruments.
« Soyez comme la pierre que le voyageur rencontre
« sur sa route; il la pousse avec le pied, elle roule à
« droite ou à gauche, peu lui importe. »

« Ces paroles allaient si bien à mon âme, elles
étaient si à propos, qu'elles furent pour moi comme
une révélation. Cette hésitation dans laquelle j'étais
depuis bien des années, au sujet du choix de l'état
religieux que je devais embrasser, cessa complètement. Ma confiance en Dieu devint si grande, qu'à
partir de ce moment je ne doutais plus de l'existence
future de notre communauté!

« A mesure que nous avancions, Monseigneur exigeait plus de moi dans la vie spirituelle : lever
à 4 heures et demie; assistance à la messe tous les
jours à 5 heures; la communion fréquente, la récitation du petit office de la sainte Vierge, la mortification. Il me demandait de temps en temps si je
trouvais quelques associés; ma réponse était toujours : « Personne. » Pour être trappiste, frère de
Saint-Jean de Dieu, bénédictin, j'en avais trouvé
quelques-uns; mais pour commencer quelque chose
qui n'existait pas encore, absolument personne. Je
restai ainsi cinq ou six mois sous la direction de

Monseigneur, cherchant toujours, mais inutile-
ment.

« Il semblait tout naturel que Monseigneur, con-
firmé par les avis de Mgr Régnier et du P. Chaignon,
eût compris tout le bien que pourrait faire une congrégation tout spécialement vouée à l'amélioration
de la classe ouvrière, et désirât voir naître et se
développer cette congrégation sous sa direction.
Mais Dieu en avait décidé autrement. Elle devait
poindre et prendre son essor à Paris; il s'y était
choisi un homme à qui il devait confier cette mission, et à qui il en avait fait une sorte de révélation,
un jour qu'il priait au pied de la châsse de saint
Vincent de Paul. Cet homme était M. Le Prevost,
un des fondateurs de la Société de Saint-Vincent de
Paul. Celui-ci était doué de tout ce qu'il fallait pour
faciliter la fondation d'une telle œuvre. Mais ces
deux hommes, Mgr Angebault et M. Le Prevost,
qui représentaient déjà dans sa conception les deux
éléments destinés à être les deux principes constitu-
tifs de son existence, et la subordination qu'ils
devaient avoir l'un à l'égard de l'autre, ne se connaissaient pas. Ils demeuraient à quatre-vingts lieues de
distance. Il fallait, pour qu'ils fussent à même de
donner vie et mouvement au nouvel Institut, qu'ils
se connussent et entrassent en relations. Dieu a bien
voulu se servir de moi, quoique indigne, pour faciliter
cet ouvrage. J'ai été cette pierre, comme me l'avait
si bien dit Monseigneur, qui devait se laisser rouler.
C'est lui-même qui l'a lancée sur Paris, où elle est
venue s'arrêter au pied de la châsse de saint Vincent
de Paul, et où l'attendait M. Le Prevost. C'est cette
même pierre que M. Le Prevost, quelques mois
plus tard, jetait dans la fondation de la Congréga-

tion. Monseigneur arrivait bientôt d'Angers, et bénissait tout à la fois et la pierre, et l'ouvrier, le 3 mars 1845.

Départ pour Paris.

« Voici comment je vins chercher à Paris celui que Dieu destinait à être le fondateur de notre communauté.

« Dans une de mes visites à Sa Grandeur, je lui dis :

« Toutes mes recherches sont infructueuses, Je « vous prie, Monseigneur, permettez-moi d'aller à « Paris; je dois trouver dans cette grande ville « quelqu'un qui a la même pensée que moi; j'en ai « l'intime conviction. » Je ne savais en aucune façon, à ce moment, que M. Le Prevost était travaillé par Dieu de la même pensée.

« Monseigneur voyait bien, dès lors, qu'à Angers il n'y avait nul espoir de réaliser quelque chose de solide; il consentit à mon départ. Dès ce moment, je pris toutes mes dispositions pour partir sans donner l'éveil en quoi que ce fût, soit à ma famille, soit à mes amis, si ce n'est à Renier que je tenais au courant de tout. Je ne me souviens pas si, à ce moment, ce dernier était à Angers, ou s'il ne se trouvait pas déjà en route pour Paris, où il devait subir une opération aux yeux. Toujours est-il que je le priai de s'informer si, dans cette capitale, parmi les confrères de Saint-Vincent de Paul, il n'y en aurait pas quelques-uns qui eussent la même pensée que nous. Vers le mois de juin 1844, il m'écrivait de Paris :

« Bonne nouvelle, M. Le Prevost, président de la « Société de Saint-Vincent de Paul de Saint-Sulpice, « et M. de Baudicourt désirent voir se réaliser ce que

« nous projetons. Venez me trouver à Paris, j'ai des
« détails très intéressants à vous communiquer ;
« vous pourrez voir ces Messieurs et vous entendre. »

« C'était un nouveau motif pour hâter mon départ.
Un prétexte pour m'éloigner d'Angers et de ma
famille, sans éveiller de soupçons, se présentait
providentiellement : un de mes amis, chirurgien de
marine [1], ancien membre de la Société de Saint-
Vincent de Paul, passant par Angers, m'engagea à
l'accompagner à Brest. Il se faisait fort de me montrer
le port, les navires de guerre, et de me procurer une
promenade sur mer. Il n'en fallait pas davantage
pour avoir une raison de m'absenter. J'avais à Brest
des parents que je ne connaissais pas, et que j'étais
bien aise de voir. La proposition est donc acceptée;
il devait me prendre à son retour, dans un mois environ. J'employai ce temps à faire mes préparatifs de
voyage, à prévenir ma famille qui, ne se doutant de
rien, l'approuva beaucoup. Je prévins aussi Monseigneur, qui me donna de sages conseils sur ma conduite à tenir pendant cette excursion, afin qu'elle
ne fût pas pour moi un sujet de dissipation.

« Ne vous laissez pas trop distraire dans votre
« route, me dit-il, et surtout ne vous arrêtez pas pour
« satisfaire votre curiosité; ne négligez aucunement
« vos exercices de piété : la méditation, la sainte
« messe, la visite au Saint Sacrement. Vous empor-
« terez avec vous la Vie de saint Vincent de Paul, de
« saint Ignace, les Constitutions des Sœurs de Saint-
« Gildas que j'ai établies en Bretagne, celles des Frères
« des Écoles chrétiennes. Vous prendrez des notes sur
« tous ces ouvrages que vous me remettrez à votre

1. M. Chasseloup de Châtillon.

« retour, et, de plus, vous me ferez le journal de
« votre itinéraire. »

« Il semble que Monseigneur, par une inspiration
divine, pressentait qu'au lieu de trois ou quatre jours
de séjour que je me promettais à Paris, j'y demeu-
rerais trois semaines, ce qui expliquait le nombre
d'ouvrages qu'il me donnait à lire, et il ajouta :

« Je vais vous remettre des lettres de recomman-
« dation pour MM. les abbés Caron et Véron, ainsi
« que pour M. Levasseur, supérieur des prêtres de la
« Miséricorde. Vous ferez bien d'aller voir le curé
« de Notre-Dame des Victoires et le Fr. Philippe,
« supérieur général des Frères des Écoles chrétiennes.
« Vous leur parlerez du motif qui vous amène à Paris,
« et leur demanderez leur avis. Ne vous livrez pas à
« tout le monde; vous trouverez des hommes qui
« parlent beaucoup, font des projets superbes, et
« puis, quand le moment de l'exécution arrive, il
« n'y a plus personne. »

« C'est muni et fortifié par de semblables conseils,
que je partis d'Angers, vers le 6 ou le 7 août 1844,
pour me rendre à Brest, ou plutôt à Paris par Brest,
en compagnie de mon chirurgien de marine. En des-
cendant la Loire sur le bateau à vapeur, ce bon
jeune homme me dit :

« Mon congé ne finit que le 16 de ce mois, seriez-
« vous d'avis de nous arrêter à Quimper? Nous y
« ferions une retraite de huit jours, chez les Pères
« Jésuites. »

« Faire une retraite : pour moi, rien ne venait plus
à propos. Une retraite, c'était le calme, le temps des
réflexions sérieuses, en un mot, c'était faire une
retraite d'élection. Le Bon Dieu me la ménageait
avant mon arrivée à Paris, où j'avais à m'occuper

d'une affaire si importante. Avec empressement, j'adopte la proposition de mon ami. Le 8 août, nous commencions notre retraite, sous la direction du Père supérieur, dont je ne me rappelle plus le nom. Réconforté par la grâce, je terminai les saints exercices plus résolu que jamais à me donner tout entier à Dieu, et à m'abandonner à tout ce qu'il exigeait de moi. Le 15 août au soir, nous partions pour Brest, où nous arrivions le 16, à 4 heures du matin.

« J'y restai trois ou quatre jours dans une famille excellente, très chrétienne. Par l'intermédiaire de M. Chasseloup de Châtillon, j'y fis la connaissance de plusieurs officiers de marine très bons, entre autres celle du capitaine Marceau. Celui-ci, ayant appris que je me rendais à Paris, m'offrit de me prendre à son bord ; il était en partance le lendemain pour Cherbourg. Je me rends à son offre bienveillante ; sur les 7 heures du soir, nous levions l'ancre ; une partie de la nuit s'écoule à nous faire part mutuellement de nos projets. Entre cœurs dévoués à Dieu, la confiance s'établit bientôt. Pour lui, il s'agissait de la Société Marceau à constituer, pour le transport des missionnaires dans leurs missions respectives. Le mien était celui que nous connaissons. Le 22 août 1844, nous entrions dans le port de Cherbourg ; le 23, je partais pour le Havre ; le 24, je traversais Rouen, en route pour Paris. Je ne m'arrêtais à chaque station que le temps nécessaire pour changer de vapeur ou de train.

Séjour à Paris.

« Arrivé à Paris à 4 heures, je me fais conduire à l'hôtel, rue Neuve-des-Bons-Enfants ; j'y dépose seulement ma malle, et me rends aussitôt à Notre-Dame des Victoires, pour remercier Dieu de mon heureux voyage, et placer sous la protection de Marie tout ce qui me restait à faire.

« Je me dirigeai ensuite vers l'hôpital de la clinique où devait se trouver Renier. En traversant le Palais-Royal, je pris à la hâte un peu de nourriture. Dieu me pressait d'aller trouver ce bon ami, qui mettait plus de zèle et d'activité à la réalisation de nos desseins que je n'en mettais moi-même.

« Vous arrivez juste à temps, me dit-il en m'abor-
« dant, nous n'avons que peu de moments à causer
« ensemble, l'hôpital ferme à 8 heures. Mes yeux
« vont bien; l'opération a bien réussi. Je pars demain
« matin, mais j'ai des renseignements très précieux à
« vous communiquer. Nous ne sommes pas les seuls
« à penser à notre projet; M. le Prevost, président de
« la Conférence Saint-Sulpice, et M. de Baudicourt
« s'en sont ouverts à moi, et voici comment :
« Je suis allé, il y a quelque temps, au Conseil de
« tous les présidents des Conférences de Paris. M. Le
« Prevost, qui n'y va presque jamais, s'y trouvait ce
« jour-là. M. Gossin, président général, me demanda,
« comme membre des Conférences de province, si
« j'avais quelques communications intéressantes à
« faire au Conseil. Je fis part alors à ces Messieurs de
« la pensée qui nous occupait, et je les engageai à en
« dire un mot dans le *Bulletin de la Société*, ce qui
« pourrait grandement aider à son développement.
« Ma motion fut jugée inopportune, et on la rejeta
« en disant: « La Société ne doit s'occuper que de la
« visite des pauvres; aller au delà, en général, n'est
« pas sa mission. C'est à Dieu à déterminer les voca-
« tions; faire autrement, ce serait jeter la défiance

« chez les pères de famille ; ceux-ci s'imagineraient
« qu'on attire leurs enfants pour en faire des religieux.»

« La séance terminée, je me retirais comme tout
« le monde, lorsque M. Le Prevost, que je ne con-
« naissais pas encore, m'aborde en me disant : « Vous
« venez d'émettre une pensée qui me préoccupe
« depuis longtemps, et que je souhaite ardemment
« voir mise à exécution. »

« Renier me parla aussi de M. de Baudicourt ;
mais l'heure de nous séparer était venue, on allait
fermer. Je le quittai, remerciant Dieu des précieux
renseignements que je venais de recueillir.

« Avant de poursuivre ce récit, je ferai remarquer
combien il est évident que, dans tout ce voyage,
depuis mon départ d'Angers, Dieu me conduisait
comme par la main. Monseigneur m'avait dit : « Ne
vous arrêtez pas pour satisfaire votre curiosité. »
Outre les trois jours que la bienséance demandait
que je passasse dans ma famille, je ne crois pas avoir
perdu un quart d'heure ; et, si j'étais arrivé à Paris
une demi-heure plus tard, j'eusse été privé des
renseignements si importants que Renier venait de
me communiquer, importants pour les renseignements eux-mêmes, importants également pour moi,
parce qu'ils me soutinrent dans les instants de
troubles et de ténèbres survenus plus tard en mon
esprit, comme nous allons le voir.

« Bonté et miséricorde de mon Dieu ! puissé-je
faire connaître à tous quel était l'homme que vous
vouliez employer pour l'accomplissement de vos
grands desseins. Au moment même, ô Seigneur, où
vous me donniez une preuve évidente que j'étais par
vous récompensé de mon exactitude à suivre le
conseil de l'évêque d'Angers, en me m'arrêtant point

en route pour satisfaire ma curiosité, alors même je
cède à la première occasion que je rencontre dans la
capitale.

« Trois ecclésiastiques d'Angers, de ma connaissance, que je trouvai le lendemain de mon arrivée
au Palais-Royal, m'invitèrent à les accompagner
à Versailles (c'était les grandes eaux) et à visiter
ensuite les jours suivants plusieurs monuments pour
lesquels ils avaient des cartes d'entrée. Je me laisse
entraîner : me voilà parti. Cette curiosité, bien inno-
cente pour tout autre que moi, aurait pu me coûter
bien cher, si Dieu m'avait traité comme je le méritais. Ne pouvait-il pas, pendant que j'étais à me
satisfaire en de vaines frivolités, charger de ma mission un autre, bien plus apte à réaliser ses vues ?
Je vois aujourd'hui de quelle abondance de grâces
j'aurais été privé par ma faute.

« Je passai donc ainsi deux jours; le troisième,
mécontent de moi-même, je n'y tins plus. Je quittai
le quartier trop bruyant où j'étais, pour venir en
habiter un autre plus tranquille et plus rapproché
des ecclésiastiques à qui j'avais été recommandé.
Pour cela, je pris domicile à l'hôtel des Missions
étrangères, rue du Bac. Ma première course fut
d'aller voir M. Le Prevost, rue du Cherche-Midi, 95.
J'appris qu'il était en vacances pour quinze jours
ou trois semaines. Je pris le parti de l'attendre, et
passai ce temps dans une petite chambre mansardée,
où personne ne pouvait venir me chercher. Je ne
voyais que le ciel et le toit des maisons voisines. Là,
je partageai mes journées entre la prière, la méditation, la lecture des livres que Monseigneur m'avait
dit d'emporter, et à prendre des notes. Mes sorties
se bornaient à aller à la messe le matin, à faire une

visite au Saint Sacrement dans l'église des Missions et, le soir, à prendre un peu l'air sur le boulevard des Invalides. Je fis aussi quelques visites, dans la journée, aux personnes à qui j'avais été recommandé. Je ne trouvai que MM. les abbés Caron et Véron, qui avaient bien une connaissance vague que M. Le Prevost et quelques-uns de ses amis avaient fait des conférences sur le sujet qui me préoccupait; mais ils n'en savaient pas assez pour me donner des renseignements un peu précis. Le conseil qu'ils me donnèrent fut simplement de retourner à Angers et de revenir vers le mois de novembre ou décembre, après les vacances. Peu satisfait de cet avis, je me décidai à attendre à Paris. J'allais souvent voir si M. Le Prevost ne serait pas bientôt de retour. J'étais dans la capitale depuis le 24 août, je commençais à m'ennuyer; le diable me poussait à suivre le conseil que l'on m'avait donné. M. Le Prevost ne devait revenir que le 15 septembre ; il fallait encore attendre sept ou huit jours, c'était bien long.

« Le 8 septembre, fête de la Nativité, je vais à l'office du soir à l'archiconfrérie de Notre-Dame des Victoires. J'y entends recommander un grand nombre de bonnes œuvres. Le lendemain, il me vient à l'esprit d'y aller recommander l'œuvre à laquelle je pensais, et de me faire inscrire moi-même à l'archiconfrérie. J'étais troublé, inquiet; je trouvais que les choses ne marchaient pas au gré de mes désirs. Après la messe, je vais trouver le vénérable curé, M. Desgenettes; je demande à lui parler. Il me fait entrer dans son petit cabinet vitré, près de la porte de la sacristie, me recommande, d'un ton assez brusque, de ne pas être long. Cette réception, à laquelle j'étais loin de m'attendre de la part de ce

vénérable vieillard, me déconcerta; je m'expliquai
mal probablement; toujours est-il qu'il ne me donna
aucune parole d'encouragement. Je sortis d'auprès de
lui plus troublé qu'auparavant. Je fus me prosterner
au pied de l'autel de la sainte Vierge, la priant
de me consoler et de me soutenir dans l'épreuve.

« En sortant de Notre-Dame des Victoires, j'allai
voir le Fr. Philippe, supérieur des Frères des
Écoles chrétiennes; j'eus de la peine à lui parler;
son abord me parut froid. Je vis bien que je venais
le déranger d'occupations sérieuses, et qu'il avait
peu de temps à me donner. Je lui adressai, aussi
brièvement que possible, les questions qui m'avaient
été indiquées par Monseigneur. Il me répondit que
la vocation de ses Frères était spécialement l'instruction des enfants du peuple et qu'ils ne pouvaient pas
penser à autre chose; pour les sujets qui leur arrivaient, ils avaient toujours moyen de les occuper
dans les services si multiples d'une grande communauté.

« Je sortis d'auprès de lui plus déconcerté encore;
les paroles que je venais d'entendre, de la part
de personnages dont je m'étais plu à espérer des
encouragements, jetèrent l'agitation dans mon âme.
« Tu n'es qu'un maladroit, me dis-je à moi-même,
« tu ne sais pas t'exprimer; tu n'es point propre à la
« mission dont tu te crois chargé, tu ferais bien mieux
« d'entrer dans une communauté déjà formée, que de
« vouloir en faire une nouvelle. » Je demeurai encore
« deux ou trois jours poursuivi de la pensée : « Tu
« ferais mieux de partir. » Je ne voulus cependant
pas le faire sans aller une cinquième fois frapper
à la porte de M. Le Prevost, demander s'il n'allait
pas bientôt revenir.

« Nous l'attendons aujourd'hui même, me fut-il
« répondu ; demain vous pourrez le voir. »

« Depuis que ces événements se sont passés, je
vois de plus en plus l'action de la Providence qui
conduisait toutes choses pour atteindre son but. Si
je n'avais pas eu les renseignements positifs de
Renier, m'assurant que M. Le Prevost avait très
sérieusement la pensée de voir s'établir une congrégation telle que nous en avions l'idée, comment
aurais-je eu la patience d'attendre si longtemps?
N'aurais-je pas cédé à la tentation de retourner à
Angers, comme on me le conseillait?

Rencontre de M. Le Prevost.

« On m'avait donné le signalement de M. Le Prevost et indiqué comment je pourrais le reconnaître.

« M. le Prevost, m'avait-on dit, est petit, maigre,
boiteux et marche avec une petite canne. Il assiste
tous les jours à la messe, à la chapelle des Lazaristes, à 7 heures ; il communie tous les jours et reste
à la messe de 7 heures et demie pour faire son action
de grâces.

« A partir du jour où ces renseignements m'avaient
été donnés, je ne manquais pas d'aller à la messe
chez les Lazaristes. En effet, comme le concierge me
l'avait indiqué, je vois venir à la chapelle un monsieur tel qu'on me l'avait dépeint. La deuxième messe
achevée, il se retire. Je le suis et l'aborde, lui
demandant de l'entretenir d'une affaire importante.
Il m'emmène chez lui ; et l'un et l'autre nous nous
communiquons nos pensées.

« Dans les questions qu'il m'adressa, je remarquai
une grande prudence, un grand abandon à la volonté

de Dieu, une grande foi dans la prière. Plusieurs de
ces questions étaient les mêmes que celles que Monseigneur m'avait adressées lors de ma première
visite, ou s'en rapprochaient de très près.

« Entre les questions qu'il me fit, je me souviens de
celles-ci :

« 1. D'où vous est venue cette pensée?

« 2. Pourquoi vous adressez-vous à moi plutôt
qu'à un autre ?

« 3. Comment envisagez-vous cette Congrégation
dans ses rapports avec les confrères de Saint-Vincent
de Paul ?

« 4. Si j'avais pensé aux trois vœux de pauvreté,
de chasteté et d'obéissance, et aux sacrifices qu'ils
demandaient ?

« A la manière dont nous envisagions cette congrégation, il allait de soi que ceux qui en feraient partie
devraient garder l'habit laïque ; aussi la chose s'est-
elle établie sans que nous ayons pensé à faire autrement. Si quelquefois il en a été parlé entre nous,
c'était pour affirmer que nous devions rester comme
nous étions.

« Ma réponse à la première question fut l'histoire
de notre Maison de famille d'Angers.

« A la deuxième, celle de son entrevue avec Renier
en sortant du Conseil des présidents des Conférences.

« A la troisième, qu'il fallait continuer à faire
partie des Conférences de Saint-Vincent de Paul, et
de faire, dans les œuvres, ce que le temps et les occupations des membres ne leur permettraient pas
d'accomplir.

« A la quatrième, ce fut la réponse que je fis à
Monseigneur d'Angers, lors de ma première entrevue
avec Sa Grandeur.

« Nous trouvant parfaitement d'accord sur tous les points, nous en fûmes émerveillés tous les deux, et demeurâmes convaincus une fois de plus que la Providence nous avait conduits l'un vers l'autre. Nous n'avions plus qu'à étudier le moment opportun pour nous mettre à l'œuvre. Je lui demandai si d'autres membres de la Société de Saint-Vincent de Paul n'étaient pas dans les mêmes intentions. Il me répondit qu'ils étaient sept ou huit qui avaient des conférences entre eux à ce sujet; mais qu'il fallait attendre et prier; que Dieu saurait bien nous appeler quand le moment de commencer serait venu.

« Il me demanda si j'étais disponible. Je l'étais à la rigueur; mais il était convenable pour moi d'avertir mes frères de la maison de commerce, desquels je dépendais, de pourvoir à mon remplacement. Cette affaire demandait bien trois ou quatre mois. Nous convînmes de nous écrire souvent, et qu'il m'adresserait ses lettres à Renier, afin de ne pas donner l'éveil à ma famille.

« Je le quittai, le cœur bien plus satisfait que la veille. Je repris la route d'Angers, et me hâtai d'aller annoncer la bonne nouvelle à Monseigneur.

« Je ne puis m'empêcher de m'arrêter ici un moment, pour adorer Dieu et admirer comment il a conduit toutes choses, le remercier et lui demander pardon d'avoir mis tant de fois obstacle à l'accomplissement de sa sainte volonté sur moi.

Adieux à Angers.

« Mgr Angebault écouta avec attention tout le récit de mon voyage, me demanda les notes que j'avais prises, mon petit journal. Je continuai d'aller

le voir tous les huit jours. Je lui portais les lettres de
M. Le Prevost : elles lui apprenaient à le connaître.
Trois mois s'écoulèrent de la sorte, lorsque M. Le
Prevost m'écrivit de revenir à Paris; que les circonstances lui paraissaient favorables pour nous
mettre à l'œuvre. Les Frères des Écoles chrétiennes,
qui dirigeaient le patronage de la rue Neuve-Saint-
Étienne-du-Mont, demandaient à se retirer, à cause
des difficultés qu'ils rencontraient dans la visite des
ateliers avec leur habit religieux. A cette occasion,
la Société de Saint-Vincent de Paul avait pris la
résolution de diviser le patronage en trois sections,
et de s'adjoindre trois directeurs laïques pour
le gouverner. Il me disait que la Providence semblait
nous avoir ménagé cette circonstance pour commencer l'œuvre sans bruit et sans frais, puisqu'une
maison tout entière nous était offerte pour nous
loger.

« Monseigneur, à qui je communiquai cette nouvelle, crut que la volonté de Dieu se manifestait
visiblement, dans l'ensemble de toutes les circonstances, et me donna permission de partir. J'écoutai
avec respect ses derniers conseils, et il me bénit.

« Quelques jours après, je fis mes adieux à ma
famille, et partis pour Paris, où j'arrivai à 4 heures
du matin. Je descendis à l'hôtel des Missions étrangères et me rendis à la messe de 7 heures, à la chapelle
des Lazaristes; j'y trouvai M. Le Prevost. En sortant de la messe, nous entrâmes dans un petit parloir, où après nous être embrassés avec effusion,
je lui dis que le grand sacrifice était fait, que j'étais
tout à lui et pour toujours. De là, il me conduisit à
la bibliothèque de la Sainte-Famille, rue de Bagneux,
où il me mit de suite à l'ouvrage. Je fis la connais-

sance de plusieurs jeunes gens qui, comme lui, consacraient tout leur temps libre aux œuvres de charité. Il s'en trouvait parmi eux qui devaient avec moi offrir à Dieu leur vie tout entière.

« Je restai ainsi cinq ou six semaines, attendant que les travaux d'appropriation de la maison à nous destinée, rue du Regard, n° 16, fussent terminés. Le 1er mars enfin fut fixé pour notre entrée en fonctions comme directeurs du patronage, et en même temps pour commencer véritablement la vie de communauté. »

Le journal de Clément Myionnet à Paris.

Telle est la première partie du récit que M. Myionnet a rédigé vers la fin de sa vie. Les documents plus anciens que nous avons sous les yeux n'ajouteraient rien à ces pages d'une si saisissante simplicité. Nous possédons le journal que tenait, jour par jour, M. Myionnet pendant son séjour à Paris, du 24 août au 11 septembre 1844, où il notait ponctuellement l'emploi de son temps. Nous avons également les notes qu'il rédigea, d'après l'avis de Mgr Angebault, à l'aide des livres qu'il avait apportés d'Angers. Ces notes témoignent assez de l'indécision dans laquelle se trouvait M. Myionnet, avant d'avoir rencontré M. Le Prevost. Une seule pensée y apparaît précise et ferme : embrasser la vie religieuse dans toute sa rigueur et former une congrégation vouée aux œuvres de charité; des «Frères de charité», c'est le nom même dont il se sert pour désigner les religieux dont il appelle la formation, par analogie, évidemment, avec les « Sœurs de Charité ». « Depuis bien des années, écrit M. Myionnet, Dieu m'appelle à la vie religieuse, je crois que je ne dois pas différer plus longtemps à répondre à sa voix. Cette pensée, qui depuis mes dernières années de collège a été souvent le sujet de mes réflexions, n'était pas assez forte, il est vrai, pour me faire prendre une détermination positive, et l'était assez cependant pour m'empêcher de me fixer à quoi que ce fût qui, en me liant pour l'avenir, m'aurait mis dans l'obligation d'y renoncer. Cette pensée constante qui, depuis seize ans, me poursuit..., me fait croire que Dieu m'appelle à ce nouveau genre de vie, et que c'est par ce chemin qu'il veut me conduire.

« Les privations et obligations ne m'ont point effrayé ; l'espérance du Ciel, les moyens plus sûrs pour y arriver que cet état présente, aident à supporter ce qui peut contrarier la nature. »

Après ce préambule, M. Myionnet commence l'examen des vertus que devront pratiquer les « Frères de Charité », et l'énumération des œuvres auxquelles ils consacreront leurs efforts. A vrai dire, ce travail est surtout un résumé des livres que M. Myionnet avait sous les yeux, et auxquels il se borne à renvoyer plus d'une fois, par de simples notes.

La mission de M. Myionnet n'était pas, évidemment, de concevoir, d'organiser et de tracer la voie, mais d'agir, de souffrir et de marcher le premier dans un chemin non encore frayé, sans doute, mais où un autre le conduirait.

Jean Léon Le Prevost.

Celui que Dieu destinait à être le fondateur du nouvel Institut et dont la rencontre providentielle venait de décider de la vocation de M. Myionnet, c'était M. Le Prevost.

Agé alors de quarante et un ans, M. Le Prevost était employé au Ministère des Cultes et consacrait à de nombreuses bonnes œuvres tous ses moments de loisir. Mûrie par la souffrance, son âme s'était élevée à un haut degré d'union à Dieu et à une science supérieure des besoins des pauvres. Unissant l'ardeur et l'activité du zèle à une piété profonde; joignant aux dehors de l'homme du monde l'humilité et le renoncement d'un religieux, il était doué de toutes les qualités de grâce et de nature qui permettent à un homme d'exercer sur ceux qui l'entourent un puissant et salutaire ascendant.

Associé, dès l'origine, aux fondateurs de la Société de Saint-Vincent de Paul, qui lui doit son nom; président de la Conférence Saint-Sulpice, la seconde des conférences par la date de sa fondation, la première de toutes par le nombre de ses membres et l'importance de ses œuvres; fondateur de l'œuvre de la Sainte-Famille, de la Caisse des loyers, de la Bibliothèque des pauvres; bien connu de la société charitable dont il mettait sans cesse la bourse et le dévouement à contribution, M. Le Prevost avait précisément tout ce qui manquait à M. Myionnet pour mettre à exécution le projet de fondation d'un Institut consacré au service des œuvres nées du zèle des laïques, et appropriées aux conditions présentes de la vie du pauvre et de l'ouvrier.

La Réunion intime et Maurice Maignen.

Parmi les jeunes gens qu'attirait à lui le charme de son esprit, l'ardeur de son zèle et la grâce aimable de sa haute vertu, plusieurs désiraient se consacrer entièrement, sous sa conduite, à l'apostolat populaire.

Au premier rang était M. Olivaint, alors laïque et précepteur du jeune Georges de La Rochefoucauld. Six ou sept autres jeunes hommes formaient autour de lui un groupe animé des mêmes désirs, et que l'on désignait sous le nom de Réunion intime.

Enfin, depuis près de deux ans, un jeune membre de la Conférence Saint-Sulpice, que M. Le Prevost avait ramené aux pratiques de la vie chrétienne, lui avait voué une affection toute filiale, Maurice Maignen ne quittait plus M. Le Prevost. Il l'accompagnait chaque jour, dans ses courses charitables, visitait avec lui les pauvres de la Conférence, les sanctuaires et les églises du quartier Saint-Sulpice et, le dimanche, après la réunion de la Sainte-Famille, tous deux faisaient, hors Paris, de longues promenades, entrecoupées de lectures pieuses et d'entretiens dont les pauvres et les œuvres de la Conférence étaient ordinairement le sujet.

Ce fut quelques jours après le départ de M. Myionnet, l'un des derniers dimanches de septembre 1844, que M. Le Prevost entretint pour la première fois Maurice Maignen, au cours d'une de leurs promenades, du projet de fonder une Congrégation d'hommes, qui se consacrassent entièrement aux œuvres nouvelles que suscitait de toutes parts la charité catholique, et fussent, au milieu du monde moderne, les vrais moines du xixe siècle.

Cette idée, pour la première fois entrevue, fut saisie avec enthousiasme par l'âme ardente de Maurice Maignen; mais ni lui ni M. Le Prevost n'étaient libres de disposer d'eux-mêmes. Retenus tous deux dans le monde par des liens qu'il ne leur appartenait pas de rompre, ils ne pouvaient qu'appeler de leur vœux le moment où d'autres ouvriraient la voie. M. Myionnet possédait seul alors l'indépendance de situation qui manquait à M. Le Prevost et à son jeune compagnon, en même temps que la fermeté de résolution et l'inébranlable constance qui manquait, nous le verrons bientôt, aux membres de la Réunion intime.

CHAPITRE IV

LA MAISON DE LA RUE DU REGARD
LES FRÈRES DE SAINT-VINCENT DE PAUL

Correspondance avec M. Le Prevost.

Les dernières lignes du long et touchant récit de
Clément Myionnet résument trop brièvement des
faits sur lesquels il faut revenir.

Pendant que M. Myionnet attendait M. Le Prevost
à Paris, celui-ci était à Duclair, près de sa mère et
de sa sœur. Rentré à Paris, et sous le coup de l'émo-
tion que dut lui causer la rencontre de Clément
Myionnet à la chapelle des Lazaristes, M. Le Prevost eut avec Maurice Maignen un entretien qui
a été rapporté ailleurs[1] et qui décida de la vocation
du jeune homme.

De son côté M. Myionnet ne restait pas inactif
à Angers. Le 6 octobre, il écrivait à M. Le Prevost :
« Sitôt l'arrivée de Mgr d'Angers qui a eu lieu huit
jours après la mienne, je suis allé le voir pour lui
rendre compte de mon voyage ou plutôt de mon
entretien avec vous. Il a été on ne peut plus content
d'apprendre que des jeunes gens animés des mêmes
désirs que ceux dans lesquels j'étais, et dont je lui
avais fait part, se réunissaient pour prier et étaient

---

1. Voir la *Vie de Jean-Léon Le Prevost*, c. III.

disposés à se consacrer à Dieu sans partage par les
trois vœux de pauvreté, chasteté et obéissance, et
vivaient en silence en attendant le moment où
la divine Providence, jetant les yeux sur eux, voulût
bien leur donner une mission à remplir comme corps
religieux vivant dans les privations et sous des
règles sévères, car il n'entend pas la vie religieuse
autrement.

« Mais il y avait un point essentiel à décider,
celui dont nous nous sommes entretenus ensemble,
à savoir : si je devais aller à Paris me joindre à vous,
ou si je devais suivre mon intention première qui
était également celle de Monseigneur, de réunir à
Angers quelques jeunes gens animés des mêmes
désirs de faire le bien en se consacrant à Dieu.
Pressé par le temps, il ne me donna point de décision
dans cette première visite. Ce n'est que ce matin,
dans une seconde visite, que revenant sur ce point
important pour moi, il m'a conseillé d'aller près de
vous, lui ayant affirmé (*sic*) que vos intentions,
que le but que vous vous proposiez, que les moyens
d'y arriver étaient bien les mêmes que les miens,
et ceux-ci n'étaient pas autres que les siens (*sic*),
puisque je ne voyais et n'agissais que par ses conseils.

« Il m'a témoigné le désir de vous écrire, persuadé
que cela vous ferait plaisir. Je l'y ai beaucoup
engagé. Ce bon évêque m'a reçu avec tant de bonté,
lorsque je fus la première fois lui faire part de mes
intentions; il a accueilli avec tant d'empressement
cette pensée de l'œuvre qui nous occupe; il porte
tant d'intérêt à son développement que je l'ai
regardé pour moi comme un homme providentiel,
à qui Dieu m'envoyait pour la formation de l'œuvre

à laquelle je me croyais encore seul à penser. Directeur, avant d'être nommé évêque, d'une maison religieuse qu'il a fondée en Bretagne, qui prospère admirablement, il a une grande science pour conduire dans la vocation religieuse et une grande expérience de ce qui convient à un établissement naissant. Il a si bien compris cette œuvre, il a sur son exécution des vues qui me paraissent si justes que je crois que nous pourrons beaucoup gagner par ses conseils.

« Je vous demande pardon si je me sers du mot « nous », et si déjà je me crois admis dans vos rangs; mais vous m'avez reçu avec tant de charité, vous m'avez initié dans vos projets avec tant de confiance que, dès en vous quittant, je me suis cru être des vôtres. Priez pour moi, très cher confrère, afin que Dieu me rende digne d'exercer ses œuvres.

« Recevez l'assurance des sentiments de la plus sincère affection de votre tout dévoué frère en N.-S.

CL. MYIONNET. »

Nous possédons la réponse de M. Le Prevost à cette lettre; elle est du 15 octobre 1844.

« Mon bien cher Confrère,

« J'attendais avec une vive impatience votre bonne et affectueuse lettre du 8 de ce mois; mais je comptais sur votre parole, et j'étais sûr qu'elle m'arriverait dès que le retour de Mgr d'Angers vous mettrait à même de la faire. Je suis entré vite en intimité avec vous, et peut-être en aurez-vous été un peu surpris; mais, en certaines dispositions de cœur, on se comprend et se pénètre pleinement en peu de temps, Il m'a semblé, mon cher confrère, quand nous nous sommes rencontrés au sortir de l'église des Lazaristes, que nos âmes étaient ainsi ouvertes. Je me suis laissé aller en toute confiance avec vous; pour votre part, vous m'avez parlé aussi sans réserve, et notre union s'est formée. Je me trompe bien, si ce n'est avec l'agrément de notre divin Seigneur et dans les prévisions de son amour.

« J'ai reçu ces jours derniers de Mgr l'évêque d'Angers une lettre, trop courte à mon gré, mais pleine de choses excellentes et de vues parfaites sur notre chère œuvre. Je ne doute pas, non plus que vous, que sa charité et son expérience ne puissent nous être d'un grand secours; et cette pensée redouble, mon cher frère, mon désir de vous voir parmi nous. Car, en même temps que vous uniriez vos prières et vos efforts aux nôtres pour préparer la réalisation de nos projets, vous seriez notre intermédiaire naturel entre Monseigneur et nous : vous le tiendriez au courant de nos espérances, de nos vœux; vous le consulteriez sur nos moindres démarches et nous transmettriez ses avis et, je l'espère aussi, ses bénédictions. Si Monseigneur, à qui je viens de répondre en toute simplicité de cœur et après avoir beaucoup prié, comme il me l'avait recommandé, croit pouvoir vous ouvrir la porte, venez-nous, mon bien cher confrère, et tardez le moins qu'il se pourra.

« Je vous ai déjà dit en quel état et à quel point nous en sommes; je veux vous le répéter, afin que vous ne vous exagériez ni nos moyens, ni notre valeur. Notre petit cénacle se compose de neuf personnes, en vous comptant. Quatre seraient libres dès ce moment, et se donneraient à Dieu dès qu'il voudrait bien les prendre; trois autres sont retenus encore par des obligations qui, pour l'un d'eux au moins, ne pourraient être écartées; les deux derniers, quoique libres, tiennent encore par un fil qui se briserait vite, si quelque commencement était donné à l'œuvre : c'est un peu d'incertitude et de timidité dans la volonté. Du reste, sans témérité, je crois pouvoir dire que les sujets ne manqueraient pas à l'œuvre, si elle s'établissait. Le grand point, c'est qu'elle commence. Mais ici, mon cher confrère, l'obscurité est grande pour nous. Dieu est jaloux dans l'exécution de ses desseins, et n'entend pas qu'on le devance; aussi, pour l'ordinaire, ne montre-t-il ses vues que comme une lueur à peine sensible, et ne donne-t-il le plein jour que graduellement et quand l'heure est venue. Pour nous, en ce moment, l'aurore commence à poindre et nous attendons le jour. Voyez, bien cher frère, si cette attente n'aura pour vous rien de trop pénible. Nous ne sommes maîtres de rien, nous sommes comme le vaisseau qui attend le vent dans le port pour mettre à la voile. L'impatience ne sert de rien : tant que la brise ne souffle pas, il faut prendre patience et rester. Le temps d'ailleurs ne serait pas perdu ici pour vous; avec les conseils de Monseigneur et ceux d'un sage directeur, vous formerez en vous l'homme intérieur, modelé sur l'exemplaire divin; vous amasserez, dans l'oraison et la pratique des œuvres saintes, l'ardeur, les forces et le dévouement dont on a si grand besoin, quand on veut creuser les fondements d'une institution charitable. Voilà ma pensée, mon cher frère, voilà mes vœux; puissent-ils être conformes aux vôtres et à ceux de Monseigneur! Alors, une toute prochaine lettre m'annoncerait votre arrivée. En tout cas, écrivez-moi bientôt; il me sera doux de m'entretenir avec vous, et j'espère que nos relations serviront à notre édification réciproque.

« Le temps me manque pour écrire aujourd'hui à M. Renier, remerciez-le avec une vive effusion de sa lettre qui m'a fait un grand bien; je partage pour lui les sentiments de confiance et d'affection que vous lui avez voués, et je compte sur l'avenir pour nous rapprocher de plus en plus intimement.

« Adieu, mon bien cher frère, priez beaucoup pour nous; tous les jours, je prie de mon côté pour vous. A vous de cœur en Jésus et Marie.

Le Prevost. »

Cette lettre n'est pas seulement un témoignage de l'intime union qui s'établit tout de suite entre M. Le Prevost et M. Myionnet, elle montre admirablement le double trait de l'esprit de M. Le Prevost et la manière dont il entreprenait les œuvres : on y voit cette ardeur contenue, cette flamme intérieure qui le presse de mettre aussitôt la main au travail, et cette science toute surnaturelle de la conduite de Dieu qui lui fait considérer avec une patience et un détachement héroïques les délais que la Providence elle-même apporte à l'exécution de ses desseins.

M. Le Prevost avait parlé de neuf personnes prêtes à se donner à Dieu. Dans une deuxième lettre à M. Myionnet, datée du 14 novembre, il dit que « deux ou trois âmes, vraiment solides et dévouées, suffiraient, si elles sentaient en elles la voix intérieure qui appelle et à laquelle on ne résiste pas; si elles étaient animées de l'esprit de sacrifice et de renoncement pour tout quitter et se livrer à Jésus-Christ sans regrets, sans inquiétude, avec amour et entier abandon. »

M. Le Prevost poursuit : « Si ceux qui prendront l'initiative sont pleinement unis de cœur et d'âme dans une pareille pensée, ils seront forts, ils auront la vie, non seulement pour subsister, mais pour s'assimiler aussi tous les éléments semblables qui se trouveront autour d'eux. La perte de notre chère œuvre dès ses premiers pas serait un zèle moyen, une volonté timide, qui se donne à moitié, fait ses réserves et n'ose se confier en Dieu. Je ne sais, cher confrère, si je me trompe, mais il me semble qu'on ne fonde rien avec si peu de générosité et de flamme; qu'en quittant le monde, on doit le quitter absolument; qu'en embrassant Dieu, il faut tout lâcher pour l'étreindre et se perdre uniquement en lui. J'ose espérer que quelques âmes de cette trempe sont au milieu de nous et pourraient devenir, dans la main de Dieu, des instruments forts et dociles tout ensemble pour l'exécution de ses desseins.

« Continuons donc à prier, mon bien cher frère, en attendant le signal. Si notre bon seigneur d'Angers que la Providence semble nous indiquer comme premier guide et comme appui de notre faiblesse, consent à nous prêter assistance, nous en aurons une profonde gratitude et nous montrerons envers lui autant de déférence que de tendre respect.

« Demandez-lui, cher frère, avec nous toute sa bienveillance, et vous aurez dès l'abord grandement mérité de notre petite œuvre.

« Votre dernière lettre m'avait laissé espérer que votre départ ne serait guère retardé et que bientôt nous vous verrions ici, mais j'entre pleinement dans les sages motifs qui vous retiennent. Mgr l'évêque d'Angers, touché de votre soumission et y voyant un nouvel indice de votre vocation, vous laissera libre bientôt peut-être de nous rejoindre: sinon, tout sera bien encore, puisque sa voix doit vous conduire et que le Seigneur vous a confié à lui. »

Un mois plus tard, une nouvelle lettre avertit M. Myionnet que l'heure approche de mettre à exécution ses projets. A la date du 14 décembre, M. Le Prevost lui écrit : « La Société de Saint-Vincent de Paul avait jusqu'ici, avec l'aide des Frères des Écoles chrétiennes, organisé une œuvre d'apprentissage pour les jeunes ouvriers que l'on place chez des maîtres honnêtes, où on les surveille, et les meilleurs résultats peuvent en être attendus. Mais, malheureusement, ou providentiellement peut-être, le Supérieur général des Frères juge que cette œuvre est en dehors de l'Institut de M. de la Salle et, bien à regret, refuse d'autoriser ses Frères à la diriger. La Société de Saint-Vincent de Paul cherche quelques hommes de dévouement pour s'en charger et nous pensons ici que cela peut convenir à ceux de nos amis qui désirent se consacrer entièrement à Dieu. Ils y trouveraient, en effet, une occasion et un prétexte de se réunir sans étonner personne. D'ailleurs, l'œuvre des apprentissages est assez peu absorbante pour laisser beaucoup de temps à ceux qui s'en occuperaient, et nos chers frères auraient tout le loisir dont ils auraient besoin pour se préparer, dans le recueillement et la retraite, aux saintes choses que le Seigneur peut demander d'eux ultérieurement. Leur position serait d'ailleurs entièrement indépendante, et nulle gêne ne leur serait imposée. La vie qu'ils mèneraient à l'intérieur

resterait toute cachée, puisque les enfants ne viennent à la maison centrale que le dimanche. Je
n'insiste pas du reste ici sur le détail de ces dispositions; j'y reviendrai bientôt, si tout se conclut
comme nous le pensons. Même en vous comptant,
cher frère, le noyau précieux, qui serait comme la
semence de l'œuvre, serait, comme le sénevé de
l'Évangile, la plus petite de toutes les graines; mais
nous nous en réjouissons, bien persuadés que toute
œuvre de Dieu commence ainsi. Nous avons la
confiance que notre bon seigneur d'Angers ne
refusera pas de vous autoriser à vous unir à nous,
car, bien faibles en rassemblant nos forces, nous
le serions vraiment trop en les partageant. »

M. Le Prevost était loin de prévoir que l'œuvre
commencerait avec des forces encore bien moindres
que celles qu'il jugeait déjà si restreintes. Quinze
jours plus tard, il avertit M. Myionnet que tout se
prépare conformément aux prévisions de sa dernière lettre, et qu'il a écrit à l'évêque d'Angers :
« pour le conjurer aussi de vous envoyer au milieu de
nous. Nous sommes si peu forts et l'œuvre qu'il
s'agit d'entreprendre est si haute, qu'il nous faut
absolument réunir nos moyens, sous peine de rester
en chemin, sans atteindre le but désiré. Je vous ai
dit, dans une dernière lettre, quelle serait la première
occupation donnée au zèle de nos frères; mais vous
aurez compris comme moi qu'il importait peu au
fond de quelle nature serait le premier travail qu'ils
devraient entreprendre. Si Dieu daigne les bénir,
ils devront successivement, en s'accroissant en
nombre, se prêter à toutes les œuvres de miséricorde
qui pourront leur convenir. Or, commencer par les
enfants est prendre la chose par la base et satisfaire

d'ailleurs le vœu de leur humilité, savoir : de faire des œuvres petites et que le monde apprécie peu. Si vous, ou quelque autre occupé d'abord à ce soin, y a peu de disposition, il n'importe; il pourra plus tard avoir une autre voie et les formes et la matière ne sauraient manquer au dévouement. Ce qu'il vous faut aujourd'hui, c'est un asile qui n'attire pas les yeux, c'est un prétexte pour deux, trois ou quatre de vous de se réunir et de vivre ensemble. Or l'offre que fait la Société de Saint-Vincent de Paul semble de tous points favorable et providentielle; elle ne s'inquiète et ne se doute de rien, elle ne vous interroge point sur vos vues ultérieures et trouve tout simple que quelques-uns de ses membres se dévouent plus particulièrement à l'une de ses œuvres. Vous pourrez donc en paix former et étudier vos cœurs, entendre la parole intérieure et vous livrer à ses inspirations. Nous prions bien instamment ici pour que notre bon seigneur d'Angers vous envoie à nous; notre chère œuvre, si longtemps arrêtée dans ses premiers actes, souffrirait, je le crains, de nouveaux délais, si nous n'avions votre coopération. Nous remettons tout aux mains du divin Seigneur; puisse sa charité qui nous rapproche, je le crois fermement, nous réunir pour sa plus grande gloire! »

Si M. Le Prevost mettait tant d'insistance à presser M. Myionnet de venir à Paris, ce n'était pas que celui-ci hésitât; mais Mgr Angebault avait quelque peine à renoncer à voir la congrégation se fonder dans son diocèse. Il y consentit cependant, et la suite montrera que, sans M. Myionnet, l'œuvre n'aurait pu parvenir à s'établir. Dieu conduisait ainsi les fondateurs vers l'accomplissement de ses desseins, et il est remarquable de voir avec quelle sûreté M. Le Prevost précisait dès lors le but et l'esprit de l'Institut à naître, et lui traçait cet admirable programme : « Faire des choses petites et que le monde apprécie peu. »

Quant à la discrétion que M. Le Prevost observait relativement à ses projets, même à l'égard de la Société de Saint-Vincent de Paul, elle n'allait pas jusqu'à laisser ignorer les véritables intentions du fondateur au Président général. On lit, en effet, en post-scriptum de cette même lettre : « Le président général de la Société de Saint-Vincent de Paul sait seul votre dessein et celui de nos amis; il l'a appris avec bonheur, il a promis de le favoriser de tout son pouvoir. »

Le président général de la société était alors le vénérable M. Jules Gossin.

Les instances, à la fois si respectueuses et si pressantes de M. Le Prevost eurent gain de cause, et Mgr Angebault consentit à laisser M. Myionnet rejoindre ses futurs compagnons et commencer à Paris l'œuvre dont il avait conçu le dessein à Angers.

Mais il fallait, pour cela, consommer un douloureux sacrifice et quitter une famille tendrement aimée. Déjà le premier séjour de M. Myionnet à Paris avait éveillé les inquiétudes de ses frères, malgré les précautions qu'il avait prises pour en dissimuler le but. On connaissait assez ses goûts et ses habitudes pour penser que la curiosité n'était pas le motif réel du voyage, et que Paris ne devait pas exercer sur son âme un attrait qui pût expliquer un séjour aussi long.

Dès le 24 août 1844, c'est-à-dire le jour même de son arrivée à Paris, un de ses amis, employé chez ses frères, lui écrivait d'Angers : « Nous nous attendions tous à ton retour, après une absence de trois semaines; c'est déjà bien long pour des gens qui t'aiment au milieu d'eux. Mais non, tu profites des occasions, tu t'embarques sur un vaisseau... Je crains que tu ne fasses le voyage d'outre-Manche... Cessons la plaisanterie; la dernière partie de ta lettre nous a tous plongés dans la tristesse. Pour moi, j'en suis désolé et je t'avouerai franchement que, si tu quittes, je quitterai aussi.

« Le patron en a été malade. Pourquoi nous lancer un pareil coup de foudre d'aussi loin ? Nous étions bien éloignés d'y penser. Promène-toi, mon cher Clément, et reviens le plus tôt possible au milieu de nous. Pour te prouver que je tiens à toi, je m'engage à *porter au brouillard*. Ça te donnera un peu plus de temps pour te livrer à tes bienfaisantes occupations. Si je pouvais faire plus, j'en prendrais également l'engagement. »

De retour à Angers, M. Myionnet, sans dissiper entièrement les appréhensions de sa famille, n'avait pas révélé cependant le véritable objet de son séjour à Paris. Afin de préparer ses frères à une nouvelle absence, il avait parlé vaguement d'un projet de voyage en Italie, et les avait prévenus de lui chercher un remplaçant. Ses relations avec M. Le Prevost n'étaient pas connues de la famille, celui-ci lui adressant ses lettres chez le Dr Renier... Cependant l'époque des démarches décisives approchant, et Mgr Angebault ayant consenti au départ de son diocésain, M. Myionnet pria M. Le Prevost de lui écrire une lettre qu'il pût communiquer à sa famille et qui, sans révéler ses véritables intentions, servît de prétexte à un nouveau voyage à Paris.

Nous avons sous les yeux cette lettre :

« Nos entrevues ont été si rapides, lors de votre court séjour ici, dit M. Le Prevost, que je n'ai pu saisir dans leur ensemble les détails que vous m'avez communiqués sur vos œuvres d'Angers. » Faisant ensuite allusion aux essais malheureux de la Maison de famille, il témoigne le désir de s'entretenir avec lui des moyens à prendre pour réorganiser cette œuvre sur un pied plus solide. Bref, il l'invite à venir à Paris pour s'entretenir avec lui et le président général de la Société de Saint-Vincent de Paul. La lettre se termine par ce *post-scriptum*. « Qu'est « devenu votre projet de voyage en Italie? Nous en « reparlerions ici, s'il y avait lieu. » Cette phrase n'avait d'autre but, sans doute, que de préparer la famille à l'idée d'une longue absence. A cette lettre M. le Prevost en ajoutait une autre, écrite celle-là pour M. Myionnet seul.

« Paris, 10 janvier 1845.

« Mon bien cher Frère,

« Votre lettre, si impatiemment attendue par nous, nous a remplis de joie; depuis le jour où je vous ai vu, où nos âmes se sont si bien comprises devant le Seigneur, je m'étais toujours persuadé que vous seriez ici des nôtres et que rien ne commencerait sans vous. Cette douce espérance sera réalisée, et le divin Maître qui savait nos vœux, les a protégés. Qu'il en soit béni mille fois, cher frère, et puissent les liens qu'il a formés se resserrer toujours et ne se briser jamais. Que votre cœur ne cède pas trop, cher ami, aux mouvements de la nature et, s'il ne peut les arrêter, qu'il les domine au moins et en reste le maître. Dieu, notre Père, ne vous délaissera pas et si, comme le patriarche, vous quittez votre pays et votre famille, comme lui aussi, dans une patrie nouvelle, vous trouverez des frères et deviendrez l'auteur d'une postérité nombreuse. J'en ai la confiance : après quelques moments d'ennui, inévitables peut-être, vous trouverez ici le calme et la paix. Dès ce moment, et depuis longtemps déjà, nos amis sont en union de prières avec vous, et vous sentirez, je l'espère, l'effet de leurs fraternelles invocations...

« Venez bientôt, cher frère, le plus tôt sera le mieux. Moins vous mettrez de délais, moins vous aurez de combats.

« Remerciez pour moi, je vous prie, Mgr d'Angers de sa lettre paternelle, si sage, si pleine d'encouragement. Je la garde comme un trésor précieux, et les excellentes pensées qu'elle contient seront mises à la base de notre petite œuvre comme un souvenir de grâce et de bénédiction. Embrassez pour moi notre frère Renier, qui restera aussi de notre famille et pour lequel désormais je me sens la plus tendre affection. »

Pendant tout le temps qu'il passa à Angers, depuis sa rencontre avec M. Le Prevost, Clément Myionnet ne manqua pas d'aller chaque semaine visiter son évêque et de lui montrer les lettres qu'il recevait de M. Le Prevost. Mgr Angebault apprit ainsi à connaître M. Le Prevost, et la confiance que lui inspirèrent les sentiments si élevés du saint fondateur ne fut pas pour peu de chose dans la résolution qu'il prit de se séparer de M. Myionnet et de le laisser partir pour Paris.

Installation à Paris.

L'œuvre à laquelle M. Myionnet allait consacrer ses premiers soins était la continuation de celle des orphelins apprentis à laquelle M. Le Prevost s'était dévoué. Après cinq années de sacrifices et d'efforts, il avait fallu la confier aux Frères des Écoles chrétiennes, qui, libres des liens et des obligations de la vie du monde, pouvaient lui consacrer les soins constants et assidus qu'elle réclamait.

Privée maintenant du concours des enfants de saint Jean-Baptiste de La Salle, la Société de Saint-Vincent de Paul faisait appel au zèle de ses membres pour assumer la charge de cette œuvre, et c'était M. Le Prevost et ses amis qui répondaient.

Aussi, le 1er mars 1845, M. Le Prevost reprenait le vieux cahier des procès-verbaux de la Conférence des orphelins apprentis de la rue Copeau, écrit tout entier de sa main, mais interrompu depuis le 13 septembre 1836, et, fidèle à sa coutume de commencer petitement les œuvres de Dieu, il tournait seulement une page et écrivait les lignes que voici :

« *J. M. J. Sancte Vincenti a Paulo, ora pro nobis*

« 1er mars 1845. — Les Frères Myionnet et Gardès prennent possession d'une maison rue du Regard, no 16, louée par la Société de Saint-Vincent de Paul pour la réunion des apprentis qu'elle patronne. Les deux Frères donneront leurs soins à ces enfants et assisteront aussi l'œuvre de la Sainte-Famille, fondée par la Conférence Saint-Sulpice. » C'est l'acte de naissance de la Congrégation des Frères de Saint-Vincent de Paul.

Mais laissons M. Myionnet raconter lui-même cette fondation :

« Enfin le 1ᵉʳ mars fut fixé pour notre entrée en fonctions comme directeurs du patronage et en même temps pour commencer véritablement la vie de communauté. Nous convînmes que les quatre perniers jours seraient plus particulièrement consacrés à la prière et, à cet effet, nous devions nous rassembler pendant ces quatre jours le soir pour prier, faire une lecture de piété et écouter une petite exhortation de M. Le Prevost, qui, encore engagé dans les liens du mariage, ne pouvait que nous diriger.

« Le premier jour de cette petite retraite, si toutefois on peut appeler cela une retraite, nous nous trouvâmes quatre seulement; le deuxième jour, trois; le troisième et le quatrième, deux. Le 1ᵉʳ mars, qui était un samedi, fut consacré à nous installer et à préparer la journée du lendemain.

« Le lendemain, c'était le premier jour du patronage : jour que je redoutais plus que je ne le désirais. Je n'aimais ni les enfants, ni leur tapage; mais j'étais en communauté et je n'y étais pas venu pour faire les choses de mon goût, mais ce que le Bon Dieu me donnait à faire. La journée se passa péniblement, mais enfin elle se passa. Quelle journée ! Quel désordre ! Quels gamins que ces petits parisiens !

« C'est au moment où j'étais attristé par ces pensées, que Dieu voulut m'éprouver jusqu'au bout et s'assurer si j'étais bien tout à Lui. Il voulait aussi m'apprendre que, lorsqu'on travaille pour Lui, il ne faut pas compter sur le secours des hommes et que, si ceux-ci nous manquent, c'est à Lui qu'il faut avoir recours.

« A ce moment, dis-je, il m'envoya la plus forte de toutes les épreuves que j'avais eues à subir. M. Gardès, mon collaborateur, le dernier des quatre qui avaient commencé la retraite, vint m'avertir qu'il avait consulté son confesseur et qu'il ne reviendrait pas coucher. Je compris : Dieu, qui connaissait ma faiblesse, m'avait laissé ces compagnons pour me faire franchir le seuil de la porte; mais, une fois entré, il m'enlève cet appui humain pour me faire comprendre que toute ma confiance doit être en Lui. Il me laissait M. Le Prevost pour guide, mais non comme compagnon, puisqu'il était retenu dans le monde pour un temps indéterminé.

« Sans être découragé, je ne pouvais m'empêcher d'être triste. M. Le Prevost s'en aperçut en arrivant. (Il venait tous les soirs vers six ou sept heures pour faire la lecture spirituelle.) Je lui racontai comment la journée s'était passée, et particulièrement le départ de M. Gardès.

« Faisons, me dit-il, notre lecture spirituelle dans « l'*Imitation*, nous allons y trouver notre consola- « tion ». Je ne me rappelle plus quel est le chapitre que nous avons lu. Ce qu'il y a de certain, c'est que nous y avons trouvé le réconfort spirituel dont nous avions besoin dans le moment.

« M. Le Prevost chercha ensuite à relever mon courage. « Ne craignez pas, lui répondis-je, je suis « triste, mais non découragé. Je ne quitterai pas le « poste que vous m'avez confié. Je le crois au-dessus « de mes forces, mais qu'importe? J'y suis venu par

« obéissance, je me retirerai de même. Si je fais
« mal, vous voudrez bien m'en avertir. — Eh! bien,
« cher ami, dit-il, si le Bon Dieu vous a soumis à
« une grande épreuve aujourd'hui, dans sa bonté il
« vous a ménagé aussi une grande faveur. Mgr Ange-
« bault est ici. Il viendra demain nous dire la messe à
« la chapelle des Lazaristes. Il bénira notre pauvre
« petite communauté naissante. Il viendra bénir son
« berceau, notre maison. Il faut avertir M. Gardès. »

« Le lendemain à 7 heures, j'étais à la chapelle
des Lazaristes. M. Le Prevost s'y trouva; mais
M. Gardès n'y vint pas. Un jeune homme, ami de
M. Le Prevost, s'y trouva à sa place. Ce jeune homme
était M. Maignen qui, dix-huit mois plus tard, fut
le premier qui vint s'adjoindre à nous. M. Maignen,
qui connaissait notre projet, gardait bien un très
vif désir de faire partie de ce que nous appelions
déjà notre communauté; mais des raisons majeures
l'empêchaient de le réaliser pour le moment et
en laissaient même, pour l'avenir, la réalisation
bien incertaine.

« Par une faveur insigne, la châsse de saint Vincent de Paul fut découverte exprès pour nous.
Monseigneur dit la messe pour notre petite communauté. Après la messe, il nous fit venir et nous
adressa quelques paroles toutes bonnes, toutes
paternelles et nous donna sa bénédiction. « Non
« seulement je vous bénis, dit-il, mais je veux aussi
« bénir votre maison. » Nous le conduisîmes rue du
Regard, n° 16, où, après quelques mots chaleureux et
aimables qui sortaient de l'abondance de son cœur,
nous comparant au petit grain de sénevé, il nous
laissa pour bouquet spirituel ces deux mots :
« Courage et persévérance ».

« Monseigneur nous laissa tout embaumés de ses saintes paroles, pleins de confiance dans l'avenir; attendant, dans la petitesse et dans l'ombre, que Dieu donnât l'accroissement au petit grain de sénevé.

« C'est du jour où notre petite communauté fut bénie par Mgr Angebault, évêque d'Angers, que date le commencement de sa fondation. C'était le 3 mars 1845. »

Les lignes précédentes sont extraites de la « Notice » sur la part prise par Mgr Angebault à la fondation des Frères de Saint-Vincent de Paul.

Nous reprenons maintenant la suite de l'autobiographie de Clément Myionnet :

Fondation de la Communauté.

« J'ai parlé déjà de ma première journée de patronage, 2 mars 1845; de la bénédiction donnée par Mgr Angebault, évêque d'Angers, le lundi 3 mars, à notre communauté naissante. Trois membres y étaient présents : M. Le Prevost, M. Maignen et moi. M. Le Prevost et moi, nous connaissions parfaitement nos intentions; celles de M. Maignen n'étaient connues que de M. Le Prevost, je les ignorais complètement.

« M. Le Prevost, retenu par les liens du mariage, ne pouvait que me diriger sans venir habiter avec moi.

« M. Maignen n'avait pas le consentement de sa mère. J'étais donc seul libre, formant à moi seul la communauté : c'est là une chose qui, aux yeux de la raison, pouvait être considérée comme une présomption et une témérité, surtout pour ceux qui connaissent mon incapacité. Plus je considère ces temps déjà éloignés, plus je reconnais l'action de la Providence dans la création de notre petite communauté. Comment Dieu a-t-il voulu se servir de moi pour être la première pierre jetée dans les fondements ? Je dis pierre pour que l'on comprenne bien que tel a été mon rôle. Je me suis laissé placer par Mgr Angebault, par M. Le Prevost et par M. l'abbé Beaussier, notre premier père spirituel : à eux trois, ils ont été les fondateurs. Pour moi, j'ai été la première pierre et c'est pourquoi, après le départ de M. Gardès, je répondis à M. Le Prevost, qui craignait de me voir battre en retraite et cherchait à remonter mon courage : « Ne craignez pas, je ne « suis pas venu ici de moi-même, vous m'y avez « placé, j'y resterai jusqu'à ce que vous me disiez de « me retirer. » Une pierre qui aurait pu parler n'aurait pas répondu autre chose.

« Après la bénédiction de Monseigneur, commencent pour moi les occupations de tous les jours, Je ne sais si ma mémoire me trompe, mais je crois que ma première occupation fut de balayer les salles du patronage et de laver la vaisselle que les apprentis avaient salie la veille, n'ayant encore personne pour faire le service de concierge et pour faire la cuisine. Dans ce temps-là, les apprentis faisaient deux bons repas au patronage, avec soupe, viande, légumes en abondance. Un petit restaurateur nous fournissait tout ce qui était nécessaire, sauf la vaisselle.

« Telle fut mon occupation pendant les premières semaines passées au patronage. Un jeune avocat offrit de venir m'aider dans ces occupations domestiques. J'acceptai ses offres. A nous deux nous mettions promptement la maison en ordre. Bien des fois, j'admirais la bonté, l'amabilité, le dévoûment avec lesquels ce bon jeune homme mettait ainsi la main à l'œuvre; il était pour moi un type du Frère de Saint-Vincent de Paul. Je ne lui disais rien du désir que j'avais de le voir venir avec nous; mais je le désirais ardemment pour frère. Toujours je me suis tenu dans cette réserve de ne jamais engager personne à venir avec moi, laissant à Dieu le soin de faire son œuvre. J'ai fait la même chose pour M. Le Prevost et pour M. Maignen. J'ai exposé mes intentions, quand on me l'a demandé. Le Bon Dieu leur a parlé et la chose s'est faite. En agissant ainsi, je me garantissais de la pensée d'amour-propre que c'était moi qui avais commencé.

Premier règlement.

« Mais je reviens à ma première journée. Après avoir mis tout en ordre, la première chose à faire était de me faire un règlement. Le voici, autant qu'il m'en souvient :

« 5 heures. — Lever, toilette;

« 5 h. 30. — Prière, méditation;

« 6 h. 30. — Départ pour la sainte messe;

« 7 heures. — Sainte messe chez les Lazaristes, rue de Sèvres;

« 8 heures. — Déjeuner;

« 8 h. 15. — Ménage;

« 9 heures. — Office, et étude de la vie religieuse;

« Midi. — Dîner;

« 12 h. 30. — Travaux divers pour le patronage;

« 6 heures. — Souper;

« 6 h. 30 à 7 heures. — Lecture spirituelle;

« 7 h. 30 à 8 heures. — Catéchisme de première communion;

« 9 heures à 9 h. 30. — Office, prière;

« 10 heures. — Chandelle éteinte.

« Dans le monde, j'étais très dormeur. Je m'accordais neuf heures de sommeil. Lorsque Mgr Angebault me prit sous sa direction, il me conseilla de n'en prendre que sept et demie. Je me levai alors tous les matins à 5 heures, pour assister à la première messe de la paroisse, qui se disait à 5 h. 30.

« Bien que je fusse encore seul dans la communauté, je crus que je ne devais pas m'accorder plus de sommeil que dans le monde.

« J'allais à la messe chez les Lazaristes, non pas à cause de la proximité, mais parce que c'était la chapelle des religieux de Saint-Vincent de Paul et que M. Le Prevost s'y rendait également. Il demeurait alors rue du Cherche-Midi. Après la seconde messe, car j'avais suivi l'exemple de M. Le Prevost qui en entendait toujours deux, nous nous rendions tous les deux à la rue du Regard. Je faisais mon petit déjeuner. Il était bien simple : un morceau de pain et un verre d'eau en faisaient tous les frais. Il me semblait que, pour attirer les bénédictions de Dieu sur l'œuvre que je commençais, il fallait une vie un peu mortifiée.

« A 9 heures, j'étais fidèle à quitter tout travail manuel pour me livrer à l'étude de la vie religieuse. Obligé d'être tout à la fois novice et maître des novices, je puisais dans les livres que Mgr Angebault m'avait indiqués les instructions qui m'étaient nécessaires. Monseigneur m'avait très vivement recommandé d'être d'une exactitude scrupuleuse à consacrer ainsi trois heures par jour à la vie intérieure. Le lundi seulement, je consacrais un peu plus de temps au ménage, malgré l'aide que ce bon M. Paillé [1] venait me donner avec la plus grande exactitude. L'office et l'examen particulier étaient compris dans ces trois heures.

« A midi, comme dans toutes les vieilles communautés, je prenais le repas principal. Pendant les huit premiers jours, il était de la plus grande simplicité. Cependant, je faisais un peu plus de frais qu'au déjeuner, sans en faire beaucoup, car je n'avais ni concierge, ni domestique. Je ne savais pas faire la cuisine et d'ailleurs le temps m'aurait manqué pour cela, devant être tout à la fois cuisinier, concierge et directeur. Quand j'étais dans le monde, je trouvais au-dessous d'un homme de s'occuper de cuisine, pensant que la meilleure nourriture était celle qui se trouvait servie. Je fus puni de mon ignorance, et me trouvai obligé de faire ma cuisine quand même. Du pain trempé dans de l'eau, avec deux sous de beurre, le tout bouilli sur le feu, me fit une panade excellente. (J'oubliais dix centimes de sel.) Du riz cuit à l'eau avec un litre de lait me fit un plat délicieux. J'en faisais pour deux jours, afin de n'avoir pas de cuisine à faire le lendemain. Tout cela n'était pas par esprit de pénitence, comme quelques-uns l'ont pensé, mais pour aller au plus court. Cet état de choses ne dura pas plus de huit jours. M. Le Prevost me procura M. Cajou, brave homme de la Sainte-Famille, qui fut le premier concierge et le premier cuisinier de la communauté. Il n'était pas propre, mais je n'étais pas dégoûté.

« Les travaux de l'après-midi étaient plus variés

1. Le jeune avocat dont il a été parlé plus haut.

et consacrés entièrement au patronage. Le lundi, les écritures du dimanche, les contrats d'apprentissage, la réception des parents. Le mardi et le mercredi, visite des ateliers. Le jeudi, préparation du dimanche. Le vendredi, conseil de placement chez M. Bourlès, président général de tous les patronages. Le samedi, placement en apprentissage des enfants qui avaient été reçus la veille. A cette époque, les enfants étaient envoyés à un conseil de placement par les conférences, qui votaient aussi leur admission au patronage. »

Telles furent les journées et les semaines du premier Frère. Quand la Providence permit aux fondateurs de se réunir, ce qui eut lieu environ un an plus tard, le même règlement fut adopté et suivi. Il y fut apporté depuis peu de changements et, aujourd'hui même, dans la plupart des maisons d'œuvres, il est encore en vigueur.

Malgré le peu d'attrait de M. Myionnet pour le patronage et son inexpérience des œuvres d'enfants, il parvint en peu de temps à gagner la confiance et l'affection de ses apprentis. Il trouva même différents moyens de direction et d'attrait qui sont encore en usage et constituent le fond essentiel des maisons de patronage de Saint-Vincent de Paul. Il améliora notablement l'esprit des enfants, surmontant les obstacles qui rendent plus laborieuse qu'une fondation le relèvement d'une œuvre en mauvaise voie. Dieu soutenait son serviteur fidèle.

Lettre de Mgr Angebault.

Le vénérable évêque d'Angers, retourné dans son diocèse, ne perdait pas de vue son fils bien-aimé.

Peu de temps après la rude journée du 2 mars et celle plus consolante du 3, il lui écrivait la lettre suivante :

24 mars 1845.

« Je ne veux point, mon bon ermite, laisser partir M. P. sans glisser dans ses dépêches un petit souvenir pour vous. J'ai bien prié pour le trio, c'est-à-dire M. Beaussier, notre cher Le Prevost et vous, mon bon enfant. Dans ce jour que je n'oublierai jamais, où je visitai votre nouvelle demeure, tâchant d'essuyer vos larmes que, malgré vous, faisait couler la scène de la veille, je vous dis que l'œuvre naissante, réduite au grain de sénevé le plus petit, était une œuvre de Dieu. Ce n'était pas seulement un mot de consolation que j'offrais à un ami, c'était une parole de conviction que j'adressais à un apôtre. Oui, mon enfant, je le répète, dans le calme du cabinet et à côté de mon crucifix, c'est une œuvre de Dieu à laquelle vous avez l'honneur d'être appelé, à laquelle vous donnerez votre concours. Après ces premiers orages, l'horizon s'éclaircira. C'est sur le Calvaire, c'est sur la croix que s'est opéré le salut du monde. Il faut du sang, des souffrances, des épreuves pour les œuvres de Dieu, et ce n'est qu'après trois cents ans de persécutions que la croix a été arborée sur le Capitole. Saint François Xavier, votre patron, votre modèle, alla seul affronter un monde d'infidèles; il fit trois mille lieues pour aller les chercher. A vous on vous les amène. Il mourait seul, sans secours, sans parents, sans amis, dans une méchante cabane de l'île déserte de Sancian. C'était le moment de son triomphe et la victoire était à lui. Ne craignez pas, mon cher Fils, prenez courage et avancez. Au moment marqué par la ·Providence, vous trouverez sur la route des compagnons qui ne viendront peut-être qu'à la onzième heure, mais ils viendront. Il faut quelquefois longtemps à ces oisifs de la place publique pour se décider; mais ils viendront. Défrichez, labourez, arrosez la terre de vos sueurs et, s'il le faut, de votre sang, c'est le moyen de la rendre féconde. Le sillon que vous suivez est la voie de Dieu : que faut-il de plus pour vous ? »

Ces paroles éloquentes et apostoliques ne tombaient pas sur une terre stérile. Elles furent reçues dans une âme forte, fidèle, docile, pleine de bonne volonté; elles portèrent leurs fruits. Elles venaient asseoir définitivement la conviction de M. Myionnet sur l'avenir de l'œuvre et la volonté de Dieu.

De là cette confiance, ce calme et cette sérénité au milieu de la défaite. De là aussi une résolution déterminée à vaincre les difficultés. On va voir quels en furent les résultats.

CHAPITRE V

Premier règlement de la journée du Patronage.

Clément Myionnet continue ainsi son récit :

« Voici comment se passait la journée du patronage, le dimanche.

« A mon retour de la messe, vers 8 heures, ouverture du patronage; à 11 heures, premier repas (le repas ainsi placé était pour encourager à venir assister à la messe); après le repas, départ pour la messe à Saint-Sulpice; après la messe, retour à la rue du Regard; vers 1 h. 45, jeux divers; sur les 4 heures, départ pour le salut; au retour, collation copieuse : viande, légumes, pain à discrétion; avis et départ entre 5 et 6 heures. Les premiers dimanches, nos enfants n'avaient que la messe à Saint-Sulpice, où nous étions fort mal placés, sous le grand orgue, sur des espèces de banquettes où l'on ne payait pas.

« Nous n'avions pas de salut. Ce n'est que quelques semaines après, que Mgr Bervanger eut la charité de nous recevoir dans la tribune de la chapelle (de l'Institution Saint-Nicolas) avec les parents de ses enfants. Nous y gênions beaucoup et nous n'étions pas très bien. Il nous manquait encore un confesseur et une instruction.

« Saint Vincent de Paul nous regarda en pitié et nous accorda dans la chapelle des Lazaristes instruction, salut et confession. C'est alors que le patronage prit une certaine physionomie religieuse. L'église des Carmes nous fut aussi accordée pour la messe. Nous avions moins loin à conduire nos enfants; ils y étaient plus recueillis et, après la messe, nous n'avions que deux pas pour aller au Luxembourg. C'est alors que le jeu des barres militaires prit faveur dans le patronage. On ne jouait avant cette époque que le jeu de barres *vis-à-vis*. M. Renier et moi avons eu beaucoup de peine à le faire changer.

« Plus tard encore nous fûmes reçus à la chapelle des Petites Sœurs des Pauvres. M. Le Prevost les avait fait venir à Paris et loger dans l'asile des vieillards, rue de Vaugirard [1]. Quand elles eurent acheté un ancien pensionnat avec une chapelle, n. 20, rue du Regard, elles eurent la charité d'y recevoir nos enfants. Nos deux maisons étaient presque porte à porte. Un prêtre lazariste venait chez nous faire l'instruction et confesser. Nous n'avions plus à promener nos enfants par la ville. Cela dura jusqu'en 1855, où le patronage fut transféré rue Stanislas [2].

« Si nous avions des difficultés pour faire assister nos enfants à la messe, au salut et pour les confesser, pour la communion c'était bien autre chose.

1. Dépendant de la Conférence Saint-Sulpice.
2. Le patronage eut ses premiers offices dans la chapelle de Notre-Dame de Nazareth le 15 août 1854; il s'installa complètement dans ses nouveaux locaux, 11, rue Stanislas, le jour de Noël 1855.

« Nos pauvres apprentis se confesssaient assez volontiers le dimanche dans l'après-midi. Mais, pour les avoir le dimanche matin, c'était impossible. Ils étaient presque tous alors logés et nourris chez les patrons. Ils avaient bien de la peine à arriver pour la messe à midi. D'ailleurs nous n'avions pas de prêtre à notre disposition le matin.

« La première année, à peine avons-nous pu faire faire les Pâques à sept ou huit enfants : je n'étais au patronage que depuis quatre ou cinq semaines. L'année suivante, sachant un peu mieux m'y prendre, nous fûmes plus heureux. Ayant tous nos enfants le jour de Pâques, nous les faisions tous se confesser et, comme on ne travaille pas le lundi de Pâques, nous les conduisions à la messe de huit heures, à Saint-Sulpice, qui était notre paroisse, pour les faire communier. Après un bon déjeuner, nous les emmenions en promenade.

« Le lendemain, dans les ateliers, ils parlaient de la belle promenade de la veille; mais ils ne parlaient pas de la communion faite le matin. Voilà comment nous étions obligés de faire jusqu'au moment où nous eûmes le bonheur d'avoir une chapelle à nous et où le Bon Dieu voulut bien nous envoyer des prêtres pour confesser et faire communier nos enfants.

« Si, au point de vue religieux, l'œuvre se formait lentement, au point de vue de la discipline, il en était à peu près de même. Cependant, sous ce rapport, les progrès se faisaient un peu mieux apercevoir. J'ai fait déjà le tableau de mon premier dimanche de patronage. Pendant la semaine je cherchais par quel moyen je pourrais me rendre maître de ce petit peuple. Mes souvenirs de jeunesse me furent en cette occasion d'une grande utilité. J'aimais beaucoup à jouer. « Il faut que je les fasse jouer, » me dis-je.

Le second dimanche arrivé, connaissant un peu mieux mon monde, je fis en sorte d'utiliser et de diriger l'activité de mes petits paroissiens. J'avais fait provision de cordes à sauter, et au moyen d'une noix ou d'un pruneau sec que je donnais à tous ceux qui arrivaient à la place de premier, je me rendis maître de la pétulance de mon petit monde.

« Pour ceux qui ne savaient pas sauter, je les occupai à transporter les briques de la cabane qu'ils avaient démolie le dimanche précédent. Ils se les passèrent de main en main, comme les maçons : cela les amusait beaucoup. Je leur avais promis une récompense de pruneaux, si elles étaient bien rangées [1]. Pour gagner du temps et pour faire durer le plaisir plus longtemps, je fis comprendre à mes jeunes travailleurs que, pour être payés, il fallait que le travail fût mieux fait. Ils se remirent gaiement à l'ouvrage, transportant les briques à l'autre bout de la cour. Ainsi se passa le deuxième dimanche : mes gamins n'avaient rien démoli; au contraire. C'est pour perpétuer le souvenir de ce fait que, dans nos communautés, on fait servir pour dessert extraordinaire le 2 mars, anniversaire de la première journée de patronage, des pruneaux secs et des noix.

---

1. Cette récompense a gardé longtemps son succès au patronage, sous le nom de *dragées limousines*.

Maison de famille.

« Il n'est pas besoin d'avoir une longue expérience des patronages pour comprendre l'utilité des maisons de famille; mais elles sont coûteuses et, pour être établies dans de bonnes conditions, elles demandent une vigilance bien assujettissante.

« Un petit dortoir de six lits fut établi à la rue du Regard par M. Bourlez, président du patronage, et confié à ma garde. Les enfants étaient nourris chez leurs patrons et revenaient seulement coucher à la maison. Dans de pareilles conditions, ce n'était pas encore très coûteux.

« La grande difficulté était de ne pouvoir sortir le soir. M. Le Prevost désirait que j'allasse à la Conférence de Saint-Sulpice pour connaître les confrères. Il y avait des commissions, des conseils auxquels j'étais obligé d'assister. Notre premier concierge était trop simple et trop vieux pour garder ces enfants-là. Il fallait renoncer à sortir, ou bien mettre à la place de ce bon monsieur un autre concierge en qui on pût avoir confiance. M. Le Prevost crut en trouver un convenable dans un ancien valet de chambre d'un évêque, muni des meilleurs certificats. Pendant un an tout marcha bien, au moins en apparence; mais nous finîmes par nous apercevoir que ce malheureux n'était qu'un hypocrite et que nous avions été trompés. Il fallut mettre concierge et enfants à la porte. C'était la deuxième maison de famille dont je m'occupais : toutes les deux fermées pour le même motif.

Améliorations au Patronage.

« Le troisième dimanche, je commençai à être plus maître de mes enfants.

« Des confrères de Saint-Sulpice et des Missions venaient me prêter leur concours. M. Humbert, ingénieur en chef de la ville de Paris, M. Cochin, M. Leleu, M. Olivaint avec son jeune élève M. Georges de la Rochefoucauld, M. Planchat, M. Maignen se mirent à la tête des cours de dessin, de musique, des exercices militaires et autres.

« Une commission composée de six membres, qui se réunissaient toutes les semaines, s'occupait plus particulièrement de tous les exercices de la journée. Au bout de quelque temps, la maison prit une physionomie attrayante.

« Il était fait des distributions de vêtements fort coûteuses et qui ne portaient aucun fruit : car on les donnait à ceux qui les demandaient avec le plus d'instance, ou qui étaient connus par le directeur pour en avoir véritablement besoin.

« Ce mode de distribution, laissé à l'arbitraire du directeur, me parut présenter bien des inconvénients.

« Un autre point demandait à être corrigé. Il n'y avait aucune sanction pour les enfants qui venaient ou ne venaient pas; pour les bonnes ou mauvaises notes données sur le livret par les patrons. Je demandai à M. Bourlez la permission de changer cet état de choses. On convint de faire acheter des vêtements par des bons points qui seraient donnés pour l'assiduité au patronage et les bonnes notes des livrets. Il fut aussi décidé que les

mêmes points seraient retirés à ceux qui se condui-
raient mal.

« Il n'est pas difficile de comprendre combien
ces deux moyens, ainsi combinés, servirent à établir
la discipline dans la maison.

« L'institution des dignitaires (qu'on appelait
alors des chefs de division) m'aida également
beaucoup.

« La distribution des prix et les séances trimes-
trielles furent aussi de puissants moyens pour
faire goûter l'œuvre aux patrons et aux confrères :
car, dans ce temps-là, l'œuvre des patronages
avait beaucoup d'opposants dans le sein du conseil
de Paris, à cause des frais énormes qu'ils occa-
sionnaient.

« Les promenades du lundi de Pâques et du
lundi de Pentecôte étaient instituées avant moi
Elles existaient au patronage de la rue Saint-
Étienne-du-Mont.

« Nous n'avions pas comme aujourd'hui des
théâtres avec costumes et décors, ni des répétitions de quinze jours ou d'un mois à l'avance.
Avec deux paires de draps, nous faisions des
coulisses. Quelques morceaux d'indienne et des
paletots mis à l'envers fournissaient les costumes.
En arrivant le matin, on convenait du mot que
l'on devait jouer en charade. On distribuait les
rôles. Chacun improvisait le sien dans la journée et,
le soir, on les débitait avec un aplomb surpre-
nant. Mais on abuse de tout sur la terre. Nos jeunes
gens, en prenant de l'aplomb et de la hardiesse,
glissèrent dans leur débit des expressions inconve-
nantes. La prudence nous fit un devoir d'arrêter ce
genre de divertissement, ou plutôt de le modifier

en ne permettant plus de débiter un rôle impro-
visé.

« Par le zèle infatigable d'un grand nombre
de confrères dévoués, et grâce à ces améliorations
successives, les enfants venaient avec plaisir au
patronage et un certain nombre y persévéraient.
Il fallut bientôt agrandir la salle de moitié et, la
cour étant devenue trop petite, nous prîmes le
parti de conduire nos enfants tous les dimanches
soit au Luxembourg, soit à l'avenue de Breteuil
près du puits de Grenelle, soit enfin, dans la saison
des cerfs-volants, sur la plaine Montparnasse,
en face la chapelle des dernières prières, aujour-
d'hui chapelle de Nazareth. Mais les deux meilleures
institutions de la rue du Regard furent sans contre-
dit le commencement des Retraites d'apprentis
et des petites Conférences.

« La première retraite fut prêchée par Mgr de
Ségur ou M. Rousseau, lazariste, en 1846 ou 1847[1].
Cette œuvre fut continuée quand même en 1848,
malgré la Révolution qui venait de s'accomplir
quelques semaines auparavant. Ce qui nous en
donna la pensée fut la société de Saint-François
Xavier et l'œuvre de la Sainte-Famille, qui avaient
leurs retraites pascales. Je ne me rappelle pas à
quelle époque commencèrent les petites Conférences[2].

« Une autre bonne institution, qui ne manqua
pas d'attirer la bénédiction de Dieu sur l'œuvre,
fut une messe qui se disait tous les dimanches par

1. M. Rousseau prêcha la première retraite pour Pâques
1847, et Mgr de Ségur la seconde pour Pâques 1848.
2. La petite Conférence du patronage de la rue du Regard
eut sa première séance le jour de Noël 1845.

les Lazaristes pour nos enfants. Six membres de la commission faisaient le même jour la sainte communion à la même intention.

Premier Cercle.

« Vers 1848 ou 49, plusieurs de nos enfants, qui avaient persévéré dans l'œuvre, demandèrent d'autres soins que ceux que nous donnions aux apprentis [1].

« M. Chaumet, directeur du patronage Saint-Jean, au Gros-Caillou, réunissait dans sa chambre trois ou quatre de ses grands jeunes gens. Il nous parla plusieurs fois du bien que faisaient ces réunions intimes. Ce fut un stimulant pour nous, et c'est ce qui nous donna l'idée de faire un peu plus en grand ce qu'il faisait en petit. La grande pièce mansardée du premier, qui avait servi de dortoir à la maison de famille, fut transformée en salon de réception. M. Maignen, avec le goût que tout le monde lui connaît, en fit les décors; et cette œuvre des cercles, qui a pris tant de développements, fut commencée.

« Comme je fus envoyé peu de temps après rue de l'Arbalète, M. Maignen resta chargé de la conduite de cette œuvre.

« Tels sont les principaux faits que je me rappelle dans l'histoire du patronage.

---

1. C'est le dimanche 30 septembre 1849 que fut inaugurée, sous forme de société de secours mutuel, l'association des anciens apprentis. Elle fit place, le 3 mars 1850, à des réunions que l'on appelait « l'œuvre des gâteaux » et qui donnèrent naissance au Cercle d'ouvriers, appelé depuis « Cercle Montparnasse ».

« C'est au mois de janvier 1850 que je fus envoyé à la rue de l'Arbalète pour y diriger l'orphelinat [1]. Jusqu'en 1852 je restai chargé des deux œuvres Mais, à cette époque, je restai à l'orphelinat et M. Maignen fut seul chargé du patronage [2].

« M. Maignen, qui a beaucoup plus de mémoire et qui sait bien mieux écrire que moi, complétera ce travail que je n'ai fait qu'à bâtons rompus. Laissant quelquefois deux, trois ou quatre mois d'intervalle dans mon travail, j'ai dû bien des fois me tromper et d'autres fois oublier bien des choses.

« Après ces quelques lignes sur les sept ou huit ans que j'ai dirigé le patronage de la rue du Regard, je ferai remarquer de quelle utilité il a été pour moi de connaître par la pratique une grande partie des jeux qui plaisent à la jeunesse. C'est, je crois, une chose d'une grande importance à faire comprendre à tous nos jeunes gens en formation au noviciat et à la maison d'études, soit laïques, soit ecclésiastiques : car les jeunes gens aiment à voir les jeunes prêtres courir avec eux. Si le temps le permettait, il serait très utile à la maison d'études de consacrer quelques heures par semaine à l'apprentissage de tous les jeux que l'on peut jouer dans un patronage. Un directeur qui ne connaît pas les jeux n'a qu'une éducation incomplète. Un aumônier qui, à l'occasion, sait jouer avec les enfants, fait quelquefois autant de bien par une partie de barres que par une instruction.

---

1. L'orphelinat Saint-Vincent de Paul, actuellement établi 58, rue Dombasle, Paris-xvᵉ.

2. M. Maignen devint directeur du patronage de la rue du Regard le 16 août 1852, laissant à un autre la direction du patronage de Grenelle, fondé le 19 juillet 1848.

Vie religieuse solitaire.

« La communauté, à partir du 3 mars, ne se composait en réalité que de moi, grosse pierre qu'on venait de jeter dans les fondations; mais ce n'était qu'une pierre. Le Bon Dieu la laissa là pendant huit ou dix mois, en attendant la seconde. M. Le Prevost me donnait la direction. Il avait le désir de se réunir à moi; mais un obstacle presque insurmontable s'y opposait. Il est à remarquer que, pendant le temps d'attente qui, pour moi, aurait dû être désespérant et me jeter dans l'incertitude de ma vocation, je n'ai pas eu un seul instant la tentation d'abandonner le poste. La persévérance n'a donc pas été chez moi un mérite. C'était toujours la grosse pierre qui avait dit : « Vous m'avez mis là, j'y reste. » Quelle merveille de la grâce de Dieu sur moi qui, un an auparavant, cherchais de tous côtés une communauté déjà établie, pour m'y fixer : je reste là tout seul, dans cette rue du Regard, sans avoir même la pensée d'en sortir, pour être le commencement d'une communauté encore à naître, et dont le fondateur ne pouvait encore faire partie!

« A vous, ô mon Dieu, tout le mérite! Car, étant faible et sans énergie, comme je l'ai fait remarquer jusqu'ici, si vous aviez laissé le démon m'inspirer la moindre pensée d'incertitude sur l'avenir de notre communauté, j'aurais tout abandonné. Et aujourd'hui que notre congrégation a grandi et s'est vue approuver par Rome, s'il me vient quelques craintes sur son avenir, ce ne serait pas par aucun doute sur son origine providentielle:

mais ce serait par la pensée que le relâchement pourrait s'y introduire et l'empêcher de répondre aux vues de Dieu sur elle.

« Malgré le grand désir que j'avais de voir M. Le Prevost se réunir à moi, je lui en parlais rarement. Lui, au contraire, beaucoup plus expansif, m'en parlait plus souvent. Il me témoigna un jour son étonnement du calme avec lequel je lui répondais, l'attribuant peut-être à une certaine indifférence. « Ne croyez pas, lui répondis-je, que « je sois indifférent à notre réunion. Je la demande « à Dieu et je n'attends que de lui le brisement « des obstacles qui s'y opposent. » Je voulais qu'on pût dire un jour : « C'est Dieu qui a tout « fait. » C'est ce que j'ai fait plus tard pour M. Paillé et pour d'autres. Je m'adressais à Dieu, mais pas à eux.

« Plusieurs fois, en pensant à l'avenir de la communauté, aux difficultés qu'elle avait à surmonter et aux dangers qu'elle aurait à traverser, la même réflexion me venait toujours : que les richesses ou seulement une trop grande aisance seraient pour elle un très grand péril.

« Une fois entre autres, en étant plus convaincu que jamais, je fis, du plus profond de mon cœur, cette prière : « Mon Dieu, faites que, si notre com- « munauté existe, elle ne soit jamais riche, pour « qu'elle vous serve toujours avec zèle. »

« Je ne sais si, à ce moment, j'étais encore seul ou si M. Le Prevost était avec moi. Bien des fois aussi je fis cette autre prière : « Mon Dieu, faites « que notre communauté vous serve avec zèle; « sinon, détruisez-la. »

Paroles réconfortantes.

« Voici quelques souvenirs que je place ici comme je les placerais ailleurs.

« Le Frère directeur du patronage de la rue Saint-Étienne du Mont, à qui je succédais, vint me voir. Nous causâmes patronages. Comme il était expert dans le métier et qu'il avait une certaine réputation, je lui demandai plusieurs renseignements. Je lui fis part de ma désolation de voir dépenser tant de temps et d'argent pour aboutir à si peu chose. Je lui dis que le bien opéré par le patronage me semblait presque nul. Ce bon Frère me donna quelques bonnes paroles qui me réconfortèrent : « Ne croyez pas cela, me dit-« il, vous ne faites pas rien, en gardant ces enfants-« là le dimanche autour de vous. Vous les empêchez « de commettre bien des péchés mortels qu'ils « n'éviteraient pas, s'ils étaient ailleurs. Comptez-« vous pour rien d'empêcher un seul péché mortel? »

« Ces bonnes paroles me remontèrent et forti-fièrent ma foi. Je continuai ma route avec plus de courage.

« Une autre fois, quelques semaines après la Révolution de février 1848, j'étais encore pour-suivi par la pensée que ce que je faisais au patro-nage n'était rien. L'amélioration était si lente qu'elle me paraissait insensible. Je m'en entretins avec M. Rousseau, ce bon prêtre lazariste qui, tous les dimanches, faisait l'instruction et confessait les enfants. Il me répondit aussi par ces bonnes paroles bien propres à fortifier ceux qui voudraient voir de suite les fruits de leurs travaux : « Ne vous

« figurez pas, me dit-il, que ce que vous faites, est
« inutile. Votre œuvre portera ses fruits pour vous,
« pour vos enfants, pour l'Église et pour la Société.
« Travaillez pour Dieu, et non pour jouir du résultat
« que Dieu ne vous permettra peut-être pas de voir
« vous-même. Mais ce travail est profitable pour
« vous : car tout ce que l'on fait pour Dieu recevra
« toujours sa récompense en cette vie ou en l'autre.
« Il sera profitable pour vos enfants : oui, pour ces
« enfants qui ne vous écoutent pas quand vous leur
« parlez, et pour lesquels vous usez votre vie. Ils vous
« écouteront, quand vous ne leur parlerez plus. C'est
« dans le malheur, c'est dans la maladie, c'est quand
« ils seront pères de famille, c'est quand ils seront
« près de mourir, qu'ils vous écouteront. Quand on
« travaille au salut des âmes par un pur amour de
« Dieu, il donne sa bénédiction à l'ouvrier et à son
« œuvre.

« Votre travail sera profitable à la religion et à
« la société ; mais il ne s'opérera que très lentement.
« Le travail, on le fait sans jouir des résultats : si on
« compare une semaine à l'autre, une année à l'autre,
« le changement semble inappréciable ; mais si, vingt
« ans après, vous regardez en arrière, vous aperce-
« vez un mouvement vers le bien. Je vous citerai
« pour exemple les Frères des Écoles chrétiennes. Il
« y a vingt-cinq ans, sous la Restauration, les con-
« seils municipaux n'en voulaient pas, les populations
« leur étaient hostiles ou indifférentes. Ils ont per-
« sévéré : leurs écoles se sont remplies ; les enfants
« qu'ils ont instruits, aujourd'hui pères de famille,
« leur confient leurs enfants de préférence. Ils aiment,
« ils respectent leurs anciens maîtres qu'ils appe-
« laient par dérision ou par mépris « frères casse-

« bras » ou « ignorantins », quand ils étaient gamins.
« Aujourd'hui, les Frères n'ont pas assez de sujets
« pour répondre à toutes les demandes qui leur sont
« faites par les conseils municipaux eux-mêmes. Tra-
« vaillez avec persévérance. Suivez l'enfant sortant
« de l'école, jusqu'à l'époque de son mariage, époque
« de la vie la plus dangereuse à traverser; et, dans
« vingt-cinq ans, vous verrez peut-être le commen-
« cement des fruits de votre travail. Il faut cinquante
« ans, cent ans pour transformer une société. »

« C'est par de semblables paroles que de temps
en temps le Bon Dieu remontait mon courage.

M. *Le Prevost entre en communauté.*

« Nous nous entretenions un jour, M. Le Prevost et moi (c'était avant l'arrivée de M. Maignen,
autant que je puis me rappeler), de la nécessité de
donner à notre communauté une base solide, en
prenant la vie religieuse dans toute sa force, afin
d'établir dans nos œuvres une véritable vie chrétienne, et de ne pas faire seulement des apparences
d'œuvres. Je crois que c'était le triste état dans
lequel j'avais trouvé le patronage, qui avait donné
sujet à notre conversation. Nous parlions aussi de la
Société de Saint-Vincent de Paul, et nous disions
quels avantages il y aurait pour nous et pour elle
à rester toujours étroitement unis. M. Le Prevost
me fit cette réflexion : « La Société de Saint-Vincent
« de Paul est un échafaudage préparé pour les cons-
« tructions d'un édifice plus solide. Il sortira de son
« sein des congrégations religieuses d'hommes dé-
« voués, qui développeront les œuvres auxquelles

« elle a donné naissance et leur assureront l'exis-
« tence. »

« Puisse notre congrégation se rappeler qu'elle
est sortie de cette société ! Elle est notre mère;
c'est par elle que nous avons appris à aimer et à
servir N.-S. Jésus-Christ, dans la personne des
pauvres. Nous devons donc conserver son esprit
et ses œuvres et lui garder toujours respect et
reconnaissance.

« Pendant l'année qui s'écoula entre la bénédiction donnée par Mgr Angebault et ma réunion
à M. Le Prevost, il y eut des jours, des semaines,
des mois qui me parurent bien longs. Pendant
cinq ou six mois, je ne sus quel serait le premier
compagnon que le Bon Dieu m'enverrait. Je connaissais le désir de M. Le Prevost, mais je savais
aussi les obstacles qui en empêcheraient la réalisation. M. Maignen en avait aussi le désir; mais il s'en
était ouvert à M. Le Prevost seulement. Pour
moi, je l'ignorais complètement. Ce fut, je crois,
au bout de six mois que M. Le Prevost me fit part
des premières ouvertures qu'il avait faites à sa
femme, me recommandant de prier à cette intention.
Je crois aussi que ce fut vers ce même temps,
qu'étant un jour à Notre-Dame des Victoires et
recommandant cette affaire à la sainte Vierge, je
m'engageai, non par vœu mais par promesse, à
donner tous les dimanches deux francs à la quête
pour l'entretien de son autel, jusqu'à ce que M. Le
Prevost fût avec moi.

« J'aurais bien voulu donner davantage; mais
ma position n'était plus la même qu'autrefois.
Mes petits revenus étaient les mêmes; mais il
faisait bien plus cher vivre à Paris qu'en province.

J'ai été fidèle à ma promesse. Lorsqu'il m'était arrivé de laisser passer un ou deux dimanches sans avoir pu aller à Notre-Dame des Victoires, je mettais 4 ou 6 francs. Il ne m'était pas toujours facile de pouvoir m'absenter le dimanche soir; mais je faisais mon possible. M. Le Prevost ou un autre confrère gardait ma petite maison de famille pendant ce temps-là. Il m'arriva d'être jusqu'à deux mois environ sans pouvoir y aller, mais, toujours fidèle à ma promesse, je mis 25 francs dans la bourse de la quêteuse, persuadé qu'il fallait plutôt mettre plus que moins pour ne pas manquer mon affaire.

« Je crois que la sainte Vierge a été satisfaite de ma fidélité à m'acquitter de ma promesse et de ma délicatesse de conscience à mettre plutôt plus que moins, quand je n'étais pas sûr du nombre des dimanches où j'avais manqué. Car ce fut peu de temps après mon offrande de 25 francs, que M. Le Prevost m'annonça la bonne nouvelle de notre prochaine réunion. Toutes les difficultés avec sa femme étaient levées; il avait également obtenu sa retraite du Ministère des Cultes. Il ne restait plus qu'à fixer le jour de son entrée. Le mois de Marie était proche. Nous ne pouvions pas prendre un meilleur jour que le 1er mai, premier jour du mois consacré à la très sainte Vierge (1846).

« Depuis le 3 mars 1845 jusqu'au 1er mai 1846, j'avais suivi mon règlement avec une fidélité scrupuleuse, n'y faisant infraction que pour des causes majeures. J'étais toujours resté sous la direction spirituelle de M. l'abbé Beaussier, qui continua d'être le directeur et le confesseur de la

communauté pendant les quinze premières années
au moins. Mgr Angebault avait eu aussi la bonté
de m'écrire plusieurs fois pour me donner de bons
conseils, soutenir mon courage et s'informer de la
marche de notre petite communauté, si toutefois
on pouvait alors lui donner ce nom. Quand il
venait à Paris, il ne manquait jamais de nous en
informer. Nous allions le voir, ou il venait lui-même
nous faire visite. C'est dans un de ses voyages à
Paris, que M. Le Prevost fut le consulter sur ce qu'il
avait à faire pour réaliser le désir qu'il avait de se
réunir à moi. Monseigneur lui dit que, pour entrer
en communauté, il lui fallait obtenir ou que sa
femme s'éloignât de Paris ou qu'elle entrât en
communauté elle-même. M. Le Prevost ne me dit
rien de cette consultation ni de l'ouverture qu'il en
fit à Mme Le Prevost. Il ne m'en parla que lorsqu'il
eut son consentement. Elle lui donna pleine liberté
de suivre son attrait et, pour elle, elle se retira
à Lyon, où elle avait sa famille. Ce fut au moins
au bout de six ou huit mois d'attente que M. Le
Prevost me donna cette bonne nouvelle.

« Une autre difficulté l'arrêtait encore. Il tra-
vaillait au Ministère des Cultes et il lui fallait encore
deux ans pour être admis à la retraite; or il n'avait
pas de fortune, tout était du côté de sa femme
Après la séparation effectuée et ses appointements
du ministère supprimés, il ne lui serait absolument
rien resté. Pour moi, j'avais une petite fortune très
modique : quelques mille francs seulement de
rente qui me suffisaient; mais qui n'auraient pas
suffi pour deux.

« Nous avions jugé bon, à mon entrée au patronage, de nous contenter du logement que m'of-

frait la Société de Saint-Vincent de Paul et de ne pas demander d'appointements. Cela entrait mieux dans mes aspirations de me dévouer entièrement et sans réserve aux œuvres de charité. D'un autre côté, cela me mettait dans un état plus indépendant pour satisfaire aux obligations de la vie religieuse que je voulais embrasser. Que fallait-il faire ? C'était embarrassant. Attendre encore deux ans, c'était bien long! Revenir sur notre décision et demander des appointements à la Société de Saint-Vincent de Paul pour la direction du patronage, (comme elle le faisait pour les deux autres directeurs de patronages), cela nous aurait contrariés et posés autrement que nous ne devions l'être.

« Le Bon Dieu, en cette circonstance comme dans une multitude d'autres, vint à notre aide. M. Le Prevost tomba bientôt dans un état d'affaiblissement très grand; ses jambes déjà infirmes ne le pouvaient plus porter. Il fut obligé de demander un congé au Ministère et de se retirer dans la maison de santé des Frères de Saint-Jean de Dieu de la rue Oudinot. Ses forces ne revenant pas, il demanda sa retraite. Quoiqu'il lui fallût encore deux ans de service pour y avoir droit, elle lui fut néanmoins accordée sans grandes difficultés.

« Ces deux énormes obstacles aplanis, il en restait un troisième, c'était l'extrême faiblesse de M. Le Prevost, qui exigeait un repos complet de quelques mois : ce qui ne nous empêcha pas d'avancer. M. Le Prevost me proposa de faire ensemble une retraite. Il pensait que les Frères consentiraient volontiers, quoique je ne fusse pas malade, à me prendre en pension chez eux. En effet, la proposition fut acceptée.

« C'était le moment favorable pour nous recueillir, écouter la voix de Dieu et nous remettre entre ses mains pour faire ce qu'il demanderait de nous. Un bon et saint prêtre, le P. de Montezon, de la Compagnie de Jésus, dirigea nos exercices. A ce moment, les Pères étaient divisés dans Paris par petites maisons; sept ou huit d'entre eux demeuraient dans chacune. A la fin de la retraite, nous consultâmes le bon Père, si nous ne pouvions pas prendre un engagement réciproque de nous consacrer au service des pauvres. Sur sa réponse affirmative, le dernier jour de notre retraite, au commencement de mars 1846, dans la chapelle des Frères de Saint-Jean de Dieu, nous fîmes le vœu, M. Le Prevost et moi, de ne nous séparer jamais et de consacrer notre vie entière au service des pauvres [1]. A partir de ce moment, la communauté exista véritablement, étant composée de deux personnes. Cependant l'union n'était pas accomplie de fait, car M. Le Prevost dut rester deux mois encore chez les Frères de Saint-Jean de Dieu.

« Nous n'avions qu'un seul désir, c'était de pouvoir vivre ensemble sous le même toit. La santé de M. Le Prevost seule y mettait obstacle; cependant elle s'améliorait peu à peu. En avril, les beaux

1. Voici le texte de cet engagement : « Je m'engage devant Dieu, et par un vœu formel, à me consacrer uniquement aux œuvres de zèle et de charité, de concert avec M. Jean Le Prevost. Je ne pourrai me dégager de cette promesse solennelle qu'avec le libre et entier consentement de M. Le Prevost. Je m'en rapporterai au jugement de mon directeur, pour déterminer le moment précis où cet engagement devra être réalisé et pour apprécier aussi les cas qui formeraient empêchement à son exécution. Paris, le 1er mars 1846, premier dimanche de carême. — C. Myionnet ».

jours devenaient moins rares; commencer notre vie de communauté le premier jour du mois consacré à la très sainte Vierge était notre plus grand désir. A la maison de la rue du Regard, je fis préparer une chambre pour M. Le Prevost. Mon bureau de directeur de patronage fut transformé en petit oratoire, et, le premier jour du mois de Marie, il nous fut permis de vivre de la même vie, de coucher sous le même toit, et de faire ensemble nos exercices de communauté. Jour attendu depuis si longtemps, jour à jamais béni!

« Inutile de dire que tout ce que je viens de rapporter s'était fait avec l'avis de notre bon Père Beaussier, notre directeur et confesseur commun, que nous avions l'habitude de voir au moins tous les huit jours [1].

« Les personnes qui ont connu M. Le Prevost,

---

1. Mgr Angebault n'approuvait pas moins formellement la grave démarche que venaient de faire les deux fondateurs; le 12 avril 1846, il écrivait à M. Myionnet : « Votre dernière lettre m'a fait bien plaisir, mon bon Myionnet; vous voilà donc engagé, ainsi que notre cher Le Prevost, au service des membres souffrants de notre divin Maître. La religion, la charité et une tendre et mutuelle affection ont béni ces liens. Marchez maintenant, mes bons amis, vous appuyant, vous encourageant, vous édifiant. Que le divin Sauveur bénisse mes chers enfants; que saint Vincent de Paul les protège; que l'esprit de foi les soutienne; que l'esprit de pauvreté, de simplicité, d'humilité les préserve des dangers qui accompagnent même les bonnes œuvres. Cette petite graine de sénevé deviendra un grand arbre. Qu'elle ait le temps et la grâce, et ses rameaux s'étendront pour y recueillir, y abriter les pauvres petits oiseaux exposés à l'orage et poursuivis par les oiseaux de proie. C'est ainsi que commencent les œuvres de Dieu : sans bruit, sans éclat, mais avec des hommes de foi, d'abnégation et de dévouement. »

qui me connaissent et qui nous ont vus à l'œuvre, ont dû se dire souvent : « Comment ces deux hommes « là ont-ils pu penser qu'ils étaient faits pour vivre « ensemble ? Comment M. Le Prevost a-t-il pu re- « connaître que c'était avec un homme pareil à « M. Myionnet que le Bon Dieu voulait qu'il fît « l'œuvre qu'il lui avait inspirée ? Comment a-t-il « été assez hardi pour quitter sa femme et aban- « donner sa position ? »

« Plus les temps s'éloignent, plus cette réunion me paraît merveilleuse et avoir été préparée par Dieu. De ma part, au contraire, il n'y avait rien que de naturel. Du moment où je suis entré en relations avec M. Le Prevost, j'ai reconnu en lui un homme supérieur. Et, en vivant près de lui pendant un an, je n'avais fait que reconnaître la vérité de ce que j'avais entendu dire de lui.

« Cette année de relations avait dû au contraire lui découvrir ma nullité complète.

« Je le regardais comme un homme supérieur, choisi tout exprès de Dieu pour être le fondateur de notre œuvre. Je n'avais qu'à dire « Amen » à tout ce qu'il proposait, ce n'était pas bien difficile; mais lui était tellement humble qu'il ne faisait rien sans me demander mon avis.

« A un autre point de vue cependant, M. Le Prevost ne m'était pas sympathique : car j'éprouvais une certaine gêne avec un homme qui m'était si supérieur. J'ai toujours été un peu lourd de formes : ne sachant pas m'exprimer, n'ayant pas de conversation aimable, n'étant ni affectueux ni prévenant — qualités que M. Le Prevost possédait au superlatif. Il était lettré, artiste; moi j'étais un parfait ignorant, n'ayant de goût ni pour la musique ni pour les arts.

« Il y a un vieux proverbe qui dit : *Qui se ressemble s'assemble*. Ici le proverbe a menti. Nous nous sommes rassemblés, mais nous ne nous ressemblions pas. Et, si M. Le Prevost ne m'était pas sympathique à cause de sa supériorité sur moi, je devais lui être encore bien plus antipathique à cause de ma grossièreté en toute espèce de choses. Mais le Bon Dieu agit autrement que les hommes, et la charité a pu réunir ce que la nature avait séparé.

« Quelque temps après notre réunion effectuée, nous allâmes faire visite à M. Étienne, supérieur général des Lazaristes, à qui M. Le Prevost avait confié depuis longtemps le désir de voir une congrégation d'hommes ressemblant à celle des Sœurs de Charité. M. Etienne nous accueillit avec sa bonté ordinaire et nous encouragea beaucoup. Il nous dit que la charité par les œuvres était appelée à contribuer beaucoup, de notre temps, à ramener les âmes à Dieu, et lui, successeur de saint Vincent de Paul, nous donna sa bénédiction.

« M. Le Prevost pensa qu'il serait bien d'aller avertir Mgr l'Archevêque de notre dessein. Monseigneur nous accueillit avec bonté. Après nous avoir interrogés sur nos projets et nos désirs, non seulement il les approuva pleinement, mais il fit bien plus (ce à quoi nous étions bien loin de nous attendre), il nous offrit de nous établir dans une partie du couvent des Carmes. Nous remerciâmes le bon archevêque d'une offre si généreuse, lui disant que la Société de Saint-Vincent de Paul nous donnait le logement et que, pour le moment, cela nous suffisait.

M. Maignen s'unit à MM. Le Prevost et Myionnet.

« Il n'y eut pas d'autres événements marquants depuis l'arrivée de M. Le Prevost jusqu'à celle de M. Maignen, qui fut pour moi une véritable surprise. M. Maignen vivait, il est vrai, dans la plus grande intimité avec M. Le Prevost, il était son bras droit dans l'œuvre de la Sainte-Famille, il m'aidait au patronage avec un zèle qui faisait mon admiration, il avait assisté à la bénédiction de Mgr l'Évêque d'Angers le 3 mars 1845; mais jamais ni lui ni M. Le Prevost ne m'avaient parlé de son désir de se joindre à nous. Aussi quel fut mon étonnement lorsqu'un matin le concierge vint me dire que Mme Maignen désirait me parler. (M. Le Prevost était chez sa mère à Duclair depuis une quinzaine de jours.) Mme Maignen commença par me reprocher avec animation ce que son fils venait de faire. Je lui répondis avec d'autant plus de calme qu'elle était plus irritée et que je ne comprenais rien aux reproches qu'elle me faisait. Je lui affirmai que je n'avais jamais engagé M. Maignen à venir avec nous et que j'ignorais complètement le dessein qu'il venait de mettre à exécution, ajoutant que je ne savais où il était allé. J'essayai de lui adresser quelques paroles de consolation pour la calmer; mais je vis bien que c'était inutile. Il fallait une parole plus persuasive que la mienne pour calmer un cœur aussi ulcéré que le sien. Elle se retira peu satisfaite et me laissa seul, partageant bien sincèrement la peine de cette bonne et tendre mère. Je ne savais si je devais bénir le Seigneur de nous avoir donné un troisième frère tant la chose m'avait

surpris et tant il me paraissait impossible que
M. Maignen obtînt le consentement de sa mère.

« Le lendemain matin, je reçus une lettre de M. Le
Prevost auprès duquel M. Maignen s'était rendu.
J'appris alors comment les choses s'étaient passées.
Dans cette lettre, M. Le Prevost me disait qu'il lui
avait donné le conseil de se retirer à Chartres, chez
un de ses amis, M. l'abbé Levassor, afin qu'il y
mûrît sa vocation dans le calme et loin de nous. La
semaine suivante, il m'écrivit une seconde lettre
me disant que M. Maignen persistait toujours dans
sa résolution, et m'engageant à aller le rejoindre à
Chartres, pour aller ensuite faire une retraite avec
lui à la Trappe de Mortagne.

« Pendant les quinze jours que M. Maignen
passa à Chartres, il écrivit plusieurs fois à sa mère,
qui refusait toujours de lui donner son consentement.
Ne sachant plus comment faire, il lui écrivit une
dernière fois : « Chère Mère, si vous me refusez
« votre consentement, je ne reviendrai plus à Paris. »

« La tendresse de cette bonne mère fut poussée
dans ses derniers retranchements par la réponse si
énergique d'un fils qui aimait sa mère comme
jamais fils n'a aimé la sienne. Aussi finit-elle par
lui répondre qu'elle préférait être séparée de lui à
moitié plutôt que de le perdre tout à fait.

« C'est avec ce consentement ainsi donné que
M. Maignen vint faire sa retraite d'élection à la
Trappe, où nous passâmes huit jours dans le silence,
le recueillement et la paix.

« A notre retour à Paris, M. le Prevost nons
attendait. M. Maignen devait aller voir sa mère afin
d'obtenir de sa bouche le consentement qu'elle
avait donné par écrit, c'est vrai, mais bien malgré

elle. L'entrevue devait être terrible pour deux cœurs qui s'aimaient tant. M. Le Prevost et moi nous nous mîmes en prière pendant que notre ami était au combat. Enfin il revint triomphant. La victoire était à Dieu : un troisième frère était acquis à la communauté. La bonne dame Maignen venait de donner son consentement. C'était en octobre 1846 [1].

La maison de Grenelle.

« Du mois d'octobre 1846 jusqu'à la fin de cette même année, je ne me rappelle rien de particulier.

« Au commencement de 1847, le patronage et la Sainte-Famille se développent de plus en plus, ainsi que l'œuvre des Petits Ramoneurs qui se rassemblaient dans la cour du patronage. Cette dernière œuvre n'était pas sous notre direction. Nous lui donnions asile seulement. Les confrères de Saint-Vincent de Paul qui la dirigeaient étaient MM. Fiau et Paillé. Ce dernier ne faisait pas encore partie de la communauté. Il y avait aussi avec eux M. Keller et d'autres jeunes gens dont les noms ne me reviennent pas.

« Toutes ces œuvres attiraient beaucoup de monde et beaucoup de confrères au nº 16 de la rue du

1. C'est le jeudi 3 septembre que Maurice Maignen quitta sa famille et se rendit à Duclair près de M. Le Prevost. L'après-midi du samedi 19 septembre, Clément Myionnet se retrouvait avec lui à Chartres ; c'était le moment même où la très sainte Vierge apparaissait sur la montagne de la Salette et donnait aux petits bergers la mission de faire passer ses paroles *à tout son peuple*. Les trois fondateurs se réunirent pour vivre en communauté le 3 octobre, aux premières vêpres de la fête de Notre-Dame du Rosaire.

Regard, à tel point que nous ne pouvions plus y vivre tous trois de la vie religieuse. Nous voulions suivre notre règlement; mais à tout moment les confrères, les membres de la Sainte-Famille, les enfants, les ramoneurs, rendaient le recueillement impossible dans cette maison.

« Nous sentions la nécessité de quitter ce local pour aller demeurer ailleurs, afin d'y être plus tranquilles. D'un autre côté, cette maison louée par la Société de Saint-Vincent de Paul n'avait d'habitables que les trois chambres que nous occupions. Si un quatrième frère était venu à se présenter, nous n'avions pas où le recevoir. La nécessité d'une autre demeure était donc reconnue évidente. Mais une autre vérité n'était pas moins évidente : c'était notre pauvreté. Avec la retraite de M. Le Prevost et mes petits revenus, nous pouvions vivre tous les trois, mais à la condition de ne pas avoir de loyer à payer. C'était donc une petite maison pour loger huit ou dix personnes qu'il nous fallait : car nous vivions dans l'espérance de voir notre nombre augmenter et nous désirions vivre un peu retirés, dans la paix, le recueillement et la prière, pour y étudier sérieusement la vie religieuse, comme Monseigneur l'évêque d'Angers nous l'avait tant recommandé.

« Pour une pareille maison, c'était mille ou quinze cents francs qu'il nous fallait.

« Nous la demandâmes au Bon Dieu. Comme ce bon Maître voyait bien qu'il nous la fallait, il nous la donna.

« La bonne Sœur Géray avait à Grenelle une maison absolument dans les conditions qui nous convenaient.

« Cette maison l'embarrassait, parce qu'elle avait été achetée avec des fonds qui devaient être consacrés à une bonne œuvre qui n'avait pas réussi. Or cette bonne Sœur ne voulait pas que sa maison servît à autre chose qu'à une œuvre pieuse.

« Ne laissons pas passer sans les signaler ces traits de la divine Providence : ce sont autant de preuves de plus en plus évidentes que le Bon Dieu a tout conduit dans notre petite œuvre.

« La bonne Sœur, ayant appris le désir de M. Le Prevost qu'elle connaissait particulièrement, vint lui offrir sa maison de Grenelle gratuitement. M. Le Prevost l'accepta pour dix ans. Bail en fut passé et, au mois d'avril ou de mai, nous emménagions dans la maison que la Providence nous avait si aimablement préparée.

« La rue du Regard resta notre maison d'œuvres, et Grenelle notre maison de retraite. Grenelle, à cette époque, n'était pas dans Paris.

« L'arrivée de M. Maignen dans la communauté n'avait apporté aucun changement dans le règlement, sauf un petit adoucissement au déjeuner. Fort de tempérament et encore jeune, je me contentais, comme je l'ai dit ailleurs, de mon verre d'eau et d'un morceau de pain sec. M. Maignen n'aurait pu supporter ce régime. M. Le Prevost me le fit modifier en ajoutant un fruit ou du fromage avec un peu de vin.

« Mais, en arrivant à Grenelle, nous fûmes obligés de changer complètement le règlement de la rue du Regard. Au lieu de consacrer les matinées à l'étude de la vie religieuse, toutes les semaines nous y consacrions deux jours, et les autres jours étaient pour les œuvres.

« La journée était à peu près ainsi réglée : 5 heures, lever; 5 h. 30, prière, oraison; 6 h. 30, préparation et départ pour aller à la messe de la paroisse; 7 heures, la sainte messe; 8 heures, le déjeuner; 8 h. 30, départ pour Paris (nous disions notre office en marchant); 11 h. 45, examen; midi, dîner. Etait-ce une collation ou un bon repas, je ne m'en souviens pas.

« De suite après le repas, courses dans Paris; l'adoration dans une église. Les jours où nous restions à la rue du Regard, nous allions habituellement chez les Carmélites de la rue de Vaugirard en face Saint-Nicolas, quelquefois chez les sœurs de Saint-Thomas de Villeneuve, où se trouve la Vierge noire devant laquelle saint François de Sales fut délivré de sa tentation de désespoir. M. Le Prevost aimait beaucoup à aller prier devant cette Vierge. Celui d'entre nous qui restait à Grenelle allait faire son adoration à la paroisse.

« A 6 heures, dîner à Grenelle; 6 h. 30, récréation; 7 heures, lecture spirituelle; 8 h. 30, catéchisme de première communion ou étude; 9 heures, office, prière, coucher; 10 heures, chandelle éteinte.

« Pour celui qui restait à Grenelle, le temps était partagé entre les soins du ménage général et l'étude de la vie religieuse.

« La maison de Grenelle était située n° 75, rue du Commerce, sur la place de la Mairie. Chacun de nous passait deux jours à Grenelle et quatre jours à la rue du Regard ou aux œuvres.

« Dans ce temps-là, nous faisions tour à tour une conférence, par écrit ou de vive voix, pour nous mettre en état d'expliquer à nos enfants les fêtes de l'année chrétienne.

« Jusqu'à notre arrivée à Grenelle, nous vivions sans supérieur, comme trois frères dont M. Le Prevost était l'aîné. Tout marchait sous son inspiration et son influence; mais il n'avait pas le titre de supérieur. Nous pouvions dire en toute vérité ce que l'on disait des premiers chrétiens : nous n'avions tous les trois qu'un cœur et qu'une âme. C'est à Grenelle, il me semble [1], que nous songeâmes à nous donner un supérieur. Ce supérieur paraissait tout trouvé en M. Le Prevost, mais, je ne sais plus pour quelle raison, il voulut que ce fût moi. Moi je voulais que ce fût lui; mais M. Maignen, gagné par lui, se rangea de son côté, de sorte qu'il me fallut céder, mais pas pour longtemps [2]. Au bout de quelques semaines, on s'aperçut qu'on avait fait un choix insensé. Je n'étais propre qu'à une seule chose dans la fondation de la communauté : c'était à remplir le rôle d'une grosse pierre, mais non le rôle d'entrepreneur qui dirige la construction. Cela appartenait évidemment à M. Le Prevost. Pour moi, je ne faisais rien, je ne dirigeais rien, je ne donnais l'impulsion à rien. Pour toute espèce de choses, j'avais recours à M. Le Prevost. Aussi, au bout de quelques semaines, il vit bien qu'il ne pouvait pas faire autrement que de prendre les rênes du gouvernement. C'est ainsi que peu à peu se formait notre vie de communauté.

1. M. Myionnet a raison de douter ici de ses souvenirs : c'est avant le transfert de la communauté à Grenelle, que se place l'incident qu'il va raconter.

2. M. Maignen donne de ces faits une autre version. (Voir la *Vie illustrée de M. Le Prevost* ou la *Vie de Maurice Maignen*.)

La Conférence de Grenelle.

« Il y avait à peine quelques mois que nous demeurions à Grenelle, lorsque M. Le Prevost pensa à apporter un peu de vie religieuse dans ce triste pays, en y créant une Conférence de Saint-Vincent de Paul.

« Nous allâmes voir M. le curé et lui communiquâmes notre pensée. Il la goûta; mais il nous fit une réponse désespérante : « Vous ne trouverez « pas deux hommes chrétiens dans ma paroisse. Je « n'en ai que deux qui viennent à la messe. Et encore « l'un d'eux est de Vaugirard. Il vient à la messe à « Grenelle, parce que l'église est plus près de chez lui. « —Mais cela ne nous empêchera pas de commencer, « si vous le permettez, M. le curé. Nous prendrons « ces deux Messieurs; de notre côté nous sommes « trois; cela fera cinq et nous amènerons · encore « trois ou quatre de nos confrères de Paris. »

« M. le curé accepta. Ainsi fut fondée la Conférence de Grenelle, en 1847. (Je ne me rappelle pas la date exacte.) Depuis, elle a toujours subsisté, peu nombreuse, mais avec persévérance. »

Une lettre que M. Myionnet écrivait, à cette époque, nous montre quels furent les premiers résultats de ces efforts :

« Dans notre Grenelle, avec les trois ou quatre chrétiens que nous avons pu trouver, on a formé une Conférence de Saint-Vincent de Paul. Nous visitons une vingtaine de familles. Quel triste spectacle que cette pauvre population! Sur ce nombre, un tiers, sinon la moitié, sont des ménages irréguliers, ou de pauvres femmes abandonnées par leur mari, surchargées d'enfants. Tout cela vivant sans foi, dans l'ignorance religieuse la plus complète. M. le curé nous priait de nous informer, surtout, si les enfants étaient baptisés. Il n'est pas rare d'en rencontrer de un ou deux ans qui ne l'ont point été encore ! »

Hélas! le progrès de l'irréligion ne s'est pas arrêté là. Heureux, aujourd'hui les enfants de nos faubourgs qui n'attendent pas plus longtemps le baptême. Combien parviennent à l'âge d'homme en dehors de toute religion!

Retraite de la Sainte-Famille.

Dans la même lettre, M. Myionnet fait un tableau plus consolant des œuvres de Paris et, en particulier, des retraites de la Sainte-Famille, organisées par M. Le Prevost à l'église des Carmes et prêchées par le célèbre prédicateur populaire, le P. Millériot.

« Nous venons d'avoir ici, dans notre petite sphère, bien des consolations. La semaine dernière, (c'est ce qui m'a empêché de vous écrire), nous nous sommes occupés de faire faire une retraite à tous nos braves et pauvres gens de la paroisse Saint-Sulpice secourus par la Conférence. A ceux-ci, nous en avons adjoint d'autres qui ne reçoivent aucun secours; nous en avons fait une petite association qui porte le nom de Sainte-Famille, l'ayant mise sous le patronage de Jésus, de Marie et de Joseph.

« Pendant toute la semaine, nous réunissions ces braves gens, au nombre d'environ mille à onze cents, tant hommes que femmes; les hommes placés d'un côté de l'église, les femmes de l'autre, comme cela se fait dans quelques paroisses de la Vendée, et je puis vous dire que les hommes étaient presque aussi nombreux que les femmes. La police était faite dans l'église par les membres de la Société de Saint-Vincent de Paul qui, sans respect humain, remplissaient les fonctions de suisse, bedeau, sacristain et d'enfants de chœur. Nous étions quinze tous les soirs à remplir ces différentes fonctions; tout se passait avec beaucoup d'ordre. L'empressement était tel que, si la chapelle eût été plus du double de grandeur, elle eût été remplie. C'était à qui aurait des cartes d'entrée; nous avons refusé plus de cinq cents personnes. Ces braves gens avaient tous un parent, un ami, un voisin qu'ils voulaient à toute force faire entrer. Combien il nous était pénible de les refuser, faute de place!

« Comme, avec ma grande barbe noire, j'ai toujours une figure à faire reculer (ce que notre bonne Florine m'a tant de fois répété qu'elle a fini par me le persuader), ces messieurs m'avaient chargé des fonctions de suisse, du côté des femmes, parce que, emportées par leur zèle, elles étaient un peu moins dociles que les hommes.

« Un soir où l'on parlait sur la confession et la miséricorde de Dieu, deux vieilles qui, je crois, n'avaient point, depuis bien des années, rempli leurs devoirs, me demandent, en même temps, chacune de leur côté : « Monsieur, où est donc son « confessionnal, à ce monsieur qui nous parle? » Je le leur montrai et, sitôt le sermon fini, je fis avertir le prédicateur afin de ne pas laisser échapper l'occasion.

« Dimanche matin, jour de l'Assomption, huit

cents personnes ont communié. Le soir, après le salut, trois cents personnes ont pris le saint scapulaire et deux cents, qui avaient perdu ou abandonné le leur, l'ont repris de nouveau. »

Telle était la fécondité de l'œuvre de la Sainte-Famille à son origine; elle resta chère au cœur de M. Le Prevost et de ses premiers compagnons; c'est à elle que M. Myionnet consacrera les dernières années de sa vie.

La Révolution de 1848.

M. Myionnet poursuit en ces termes son autobiographie :

« Au commencement de 1848 arriva la Révolution de Février, qui vint un peu nous troubler dans notre solitude. Déjà nous faisions sensation dans le pays. Trois hommes vivaient ensemble, allant à la messe tous les jours et, le soir, faisaient encore une visite à l'église! Tout le monde se demandait : qu'est-ce que c'est que cela ? Par malheur, nous demeurions sur la place de la Mairie. La garde nationale, qui venait d'être réorganisée, y faisait l'exercice tous les jours au moment où nous passions. « Ce sont des curés, disait l'un, ils « vont à la messe. — Non, disait l'autre, ils n'ont pas « de robes. — Si ce ne sont pas des curés, disait un « troisième, il faut qu'ils viennent faire l'exercice « comme nous. »

« C'est ce qui ne nous allait pas beaucoup à M. Maignen et à moi. Pour M. Le Prevost, il en était exempt.

« Au bout de quelques semaines, le sergent du quartier vint me dire qu'il fallait faire partie de la garde nationale. Nous lui répondîmes que nous habitions Paris et que nous ne pouvions pas faire le service de deux côtés à la fois. Il s'en tint là et nous laissa tranquilles. Nous étions en effet tout à la fois de Paris et de Grenelle, ayant toujours conservé la maison de la rue du Regard, où il nous arrivait quelquefois de coucher. Comme nous y passions cinq jours par semaine, nous pouvions dire sans mentir que nous habitions Paris. Au sergent du quartier de la rue du Regard, nous répondions que nous habitions Grenelle. Pendant cinq ou six mois, nous trouvâmes, par ces réponses évasives, le moyen de ne faire de service ni d'un côté ni de l'autre. Mais, après les journées de juin, le service de la garde nationale devint plus actif et plus pénible. Le sergent de Grenelle, nous voyant tous les matins aller à la messe, vint nous demander de fournir la preuve que nous étions de la garde nationale de Paris. Poussés dans nos derniers retranchements, nous lui dîmes que nous lui apporterions notre prochain billet de garde. Il n'y avait plus à reculer; nous allâmes nous faire inscrire à Paris, dans la compagnie de notre quartier. On nous équipa, et nous voilà transformés en soldats. Pour moi, je pouvais me tirer d'affaire; j'avais treize ans de service dans la garde nationale d'Angers; je savais faire l'exercice et crier « qui vive! » quand j'étais de faction.

« Mais M. Maignen était un vrai novice. Il n'avait jamais touché un fusil, à peine savait-il par quel bout le prendre. Je lui fis donc faire l'exercice : « Portez arme... présentez arme... Arme... bras. » Je lui appris aussi, quand il était de faction, à crier « qui vive!... patrouille.... caporal, venez reconnaître patrouille, etc. » Au bout de quelques leçons, il en savait autant que son instructeur; mais je n'ai jamais pu lui donner une attitude martiale. Nous montions la garde tous les jours. Nous étions scrupuleux pour bien faire notre double service de garde national et de Frère de Saint-Vincent de Paul. Nous étions fidèles à la sainte messe, à notre oraison et à dire pendant la journée notre office dans un coin du corps de garde.

« Sauf ce petit incident de la garde nationale, la Révolution passa par-dessus nos têtes sans nous faire aucun mal. Nous étions trop petits pour qu'elle nous aperçût. Du reste, surprise de son triomphe, elle n'inquiétait nullement les communautés religieuses. Nos œuvres ne discontinuèrent pas un seul dimanche.

Un atelier national.

« Le Gouvernement, pour sauver le peuple de la misère dans laquelle il allait tomber par suite de la stagnation des affaires, avait créé des ateliers nationaux. Nous eûmes aussi la pensée de faire un atelier national dans notre patronage, pour procurer de l'ouvrage à nos enfants que les patrons ne faisaient plus travailler. Nous fûmes assez heureux de trouver, chez Didier du Palais-Royal, de la moutarde blanche à trier : travail peu lucratif, il est vrai, mais facile. Au lieu de voir nos enfants flâner toute la journée, nous les faisions venir à la maison. Ils y passaient tout leur temps, jouant, travaillant et gagnant quelques sous. Un fabricant de chaînes de gilet nous donna aussi de l'ouvrage un peu moins ennuyeux et mieux payé. Nous passâ-

nes ainsi les premiers mois qui suivirent la Révo-
ution de Février. Mais elle devait être bientôt
uivie de celle de Juin, beaucoup plus terrible.

Ambulance à la rue du Regard.

« Combattre la Révolution était un devoir.
Nous ne faisions pas encore partie de la garde
nationale. Ce n'était pas une raison pour rester
inactifs. On se battait dans les rues : il y avait
des morts et des blessés. Crééer une ambulance
dans les salles du patronage était bien mieux
notre rôle. Ce fut l'affaire de quelques heures, avec
l'aide des Dames de Bon-Secours, religieuses gardes-
malades qui demeuraient en face de nous, au n. 15.
L'administration des hôpitaux nous ayant fait dire
qu'elle croyait pouvoir suffire aux besoins du
moment, nous laissâmes là notre ambulance et
allâmes, M. Maignen et moi, nous offrir à l'hospice
Cochin comme garçons d'hôpital. On nous remercia :
il n'y avait pas encore de blessés. M. Ozanam nous
emmena le lendemain matin à l'Hôtel-Dieu où
il était interne. Nous y restâmes deux jours, soi-
gnant les blessés et les exhortant à bien mourir.
Le quatrième jour, le parti de l'ordre avait triomphé.
La circulation rétablie dans Paris nous permit de
revenir à la rue du Regard.

« Ce fut à peu près dans ces années-là que
le choléra éclata sur Paris et y fit de grands ra-
vages.

« Une communauté de gardes-malades fut créée
au sein de la Société de Saint-Vincent de Paul
pour aller soigner ces pauvres cholériques. Se

faisait inscrire qui voulait. Les petits Frères de Saint-Vincent de Paul ne pouvaient se dispenser de répondre à cet appel. Ils se firent inscrire.

« Quelques jours après, j'étais invité à me rendre rue des Canettes, n° 14, pour soigner un pauvre malade.

« Je trouvai effectivement ce pauvre homme bien malade, mais peu disposé à entendre parler de Dieu et ne pensant pas qu'il fût en danger de mort. Comme secours matériel, je n'avais rien à faire; il avait près de lui sa femme et quelques voisins, qui le soignaient parfaitement bien. Mais la question religieuse était difficile à aborder avec un homme non pratiquant et ne croyant pas mourir, parce qu'il ne souffrait pas encore beaucoup. Au bout de quatre ou cinq heures, je trouvai l'occasion de dire un petit mot qui ne fut pas écouté. Alors je pris le parti de me mettre à genoux, de faire mes prières et de réciter mon office, sans rien dire à personne. Sur les cinq ou six heures du matin, je pris congé de mon malade. Le lendemain, je vins demander de ses nouvelles. J'appris avec bonheur qu'il avait demandé à se confesser et qu'il était mort en de bonnes dispositions. Trois jours après, je fus envoyé faubourg Saint-Marceau, près d'un autre cholérique que je trouvai mort. Le choléra ayant diminué d'intensité, on ne nous demanda plus. »

On le voit, ce qui manquait alors aux Frères de Saint-Vincent de Paul pour exercer une action efficace en ces heures tragiques, c'était la grâce du sacerdoce. M. Le Prevost, alors laïque, et ses deux compagnons ne pouvaient faire plus. Vingt-deux ans plus tard, au milieu des horreurs de la guerre et

de la Commune, la congrégation, désormais constituée des deux éléments qui font sa force, pourra
donner aux blessés les secours spirituels avec ceux
du corps, confesser les mourants et les condamnés
à mort; Dieu enfin choisira son premier prêtre
pour en faire un martyr.

CHAPITRE VI

VIE DE COMMUNAUTÉ

Action de la Providence.

« Ce fut quelques jours avant la Révolution
de Juin que M. Paillé nous arriva, quatrième de
notre congrégation, Frère bien aimé et bien désiré,
que nous attendions depuis trois ans [1]. M. Paillé,
comme je l'ai dit ailleurs, m'aidait avec un dévouement admirable à faire le ménage à la rue du Regard.
Le lundi, il aidait également M. Le Prevost à
l'œuvre de la Sainte-Famille, visitait les malades
et se prêtait avec une complaisance admirable à tout
ce qu'on lui demandait.

« Rappelons ici un trait de la divine Providence
sur la communauté. La Révolution de Février
avait causé une grande perturbation dans les
affaires commerciales. Mes frères en ressentirent
le contre-coup. Leur maison de commerce, prospère
jusqu'à cette époque, subit des pertes considérables.
Ils furent obligés de suspendre leurs paiements.
Les créanciers consentirent à ne pas les faire décla-

---

1. M. Myionnet, dans son manuscrit, met : « après la Révolution de juin »; c'est une méprise. M. Paillé entra en communauté le 17 Juin 1848; l'émeute se déchaîna le jeudi suivant 22
et Mgr Affre fut tué sur la barricade le soir du dimanche
suivant, 25, solennité de la Fête-Dieu.

rer en faillite; mais à la condition que les membres
de la famille, qui pouvaient avoir de soixante à
quatre-vingt mille francs chez eux, ne seraient
remboursés qu'après eux. Mes sœurs avaient donné
leur consentement. On me demanda si je voulais
y consentir aussi. J'avais chez eux de vingt-huit
à trente mille francs. Quinze cents francs de rente
de moins pour notre petite communauté, qui n'avait
que bien juste de quoi vivre, c'était une perte considérable. Consentir à n'être remboursé qu'après
le complet désintéressement des autres créanciers,
c'était abandonner la somme entière; je ne me le
dissimulais pas. D'ailleurs il ne m'appartenait pas
de trancher la question. Je n'avais pas encore fait
vœu de pauvreté, mais j'avais tout abandonné entre
les mains de la Providence. Fallait-il sacrifier l'honneur de la famille à la communauté ou laisser la
communauté dans un besoin extrême pour sauve-
garder l'honneur de la famille en évitant une
déclaration de faillite ?

« M. Le Prevost était mon supérieur. Après
avoir pris connaissance de la chose, il me dit que
je devais faire comme les autres membres de la
famille. Ceci se passa-t-il avant l'arrivée de M. Paillé ?
Je ne me le rappelle pas. Ce qui est certain, c'est
que ces deux événements se suivirent à peu de
distance. L'arrivée de M. Paillé fut une véritable
providence pour la communauté, pour combler ce
déficit de quinze cents francs et pour subvenir à
l'entretien de quelques Frères qui nous arrivèrent
ensuite. M. Paillé avait cinq ou six mille francs de
rente.

« Vers cette époque, nous perdîmes notre cuisinière, une bonne vieille fille qui, avec son frère,

nous était très attachée. Une place de concierge très avantageuse s'étant présentée, M. Le Prevost les engagea à la prendre; mais la communauté restait sans cuisinière. Nous en passer et faire notre cuisine nous-mêmes était bien notre désir. M. Le Prevost s'y connaissait. Avec de la bonne volonté, M. Maignen et moi y serions parvenus; mais le temps nous manquait absolument. Le temps consacré aux œuvres ou à la vie religieuse y aurait passé. M. Paillé avait bien quelques dispositions; mais de temps à autre il manquait son affaire. Je me rappelle qu'un jour il avait été chargé de préparer le déjeuner. Nous arrivons un quart d'heure après lui. Nous le trouvons hors de lui. « Mon petit ami!... « Mon petit ami! s'écriait-il. — Qu'est-ce qu'il y a, « lui dis-je, en le voyant tout inquiet? — Mon ome- « lette! Mon omelette!... — Qu'est-ce qu'elle a? — « Au plafond », nous dit-il. Nous avançons tout en parlant vers la cuisine, et en effet nous trouvons tous les œufs collés aux murs et au plafond. Notre bon frère avait fait chauffer la poêle et jeté les œufs dedans, sans y mettre de beurre. Les œufs, saisis par la chaleur, ont aussitôt fait explosion et sauté à la figure de notre bon Frère qui, tout effrayé, s'est enfui, laissant là poêle, cuisine et casserole. C'est à ce moment que nous arrivâmes de la messe. Je ne sais si ce fut cette catastrophe qui nous détermina à prendre une cuisinière. Par le fait, quelque temps après, nous avions notre bonne Mme Georges, qui nous a servis pendant de longues années et qui, épuisée par l'âge et par le travail, est venue mourir à Nazareth en 1878.

« C'est pendant ce temps qu'un autre jour, arrivant de la messe un peu après les autres, j'aperçois de loin M. Le Prevost qui balayait dans la rue devant la maison. Edifié de le voir faire cet acte d'humilité, et pensant qu'il faisait un travail au-dessus de ses forces, je le priai de me donner son balai, parce que ce travail me convenait bien mieux, à moi qui étais jeune et vigoureux.

« La fondation du patronage de Grenelle date de 1848, au moment des fameuses journées de Juin.

« M. le curé, que MM. Le Prevost et Maignen consultèrent, leur fit à peu près la même réponse que le jour où nous étions allés le voir pour la fondation de la Conférence : « Vous me demandez « des enfants de la persévérance au catéchisme?... « Je n'en ai pas. Je n'en reçois pas un après la pre- « mière communion. Je n'ai à persévérer au caté- « chisme que les enfants des pensions : ils y viennent « parce qu'on les amène. Ce ne sont pas ceux-là que « vous cherchez. »

« Mais M. le curé nous laissait libres de faire ce que nous voudrions. Peu encouragé par cette réponse, mais reconnaissant d'autant plus l'utilité de l'œuvre, M. Maignen s'adressa au directeur de l'école communale. C'était un homme bien intentionné. Il nous aida autant qu'il lui fut possible, en nous indiquant quelques bons enfants de son école.

« Nous n'avions pas d'argent, il fallait y aller lentement.

« M. Thiboumery, depuis maire de Vaugirard, nous prêta un vaste terrain, rue de Grenelle, où se trouve actuellement une fonderie, et le patronage fut commencé.

« Tous les dimanches, M. le curé avait la bonté de venir faire une petite instruction à une dizaine d'enfants que nous avions eu bien de la peine à rassembler.

« Ce patronage fut ensuite transféré rue de la Rosière, puis rue de Lourmel, 29, où il est maintenant. M. Maignen pourra en faire l'histoire bien plus facilement que moi.

« Je reviens à la rue du Commerce, 75. Peu de temps après notre arrivée à Grenelle, nous songeâmes à y établir un fourneau [1]. Pendant assez longtemps, non seulement nous faisions nous-mêmes la distribution à tous les pauvres gens qui venaient chercher leurs portions, pour cinq ou dix centimes; mais chacun de nous, à tour de rôle, faisait cuire les légumes. Celui qui était de semaine se levait à quatre heures du matin, allumait le feu et préparait les assaisonnements, guidé par un tableau indiquant les portions de chaque espèce. C'est là que j'ai appris sérieusement à faire la cuisine. M. Le Prevost était notre grand maître chef.

Le Saint Sacrement dans la chapelle de Grenelle.

« Jusqu'en 1849, nous n'avions qu'un petit oratoire pour faire nos exercices de communauté. Nous avions un grand désir de posséder notre divin Maître au milieu de nous; mais nous étions si peu nombreux que nous n'osions pas en faire la demande à l'archevêché. Quelques prêtres de nos

---

1. Le fourneau économique de Grenelle, le premier de ceux que la Société de Saint-Vincent de Paul organisa, commença à fonctionner le 6 décembre 1848.

amis nous encouragèrent. C'étaient MM. Le Rebours, de Conny, Gibert, de Girardin. Grâce à leur appui bienveillant, nous obtînmes cette faveur. Le jour de la fête de sainte Thérèse, 15 octobre 1849, nous avions le bonheur d'entendre la sainte messe dans notre oratoire. Notre-Seigneur faisait son entrée chez nous. Jour à jamais mémorable, dont la communauté célébrera l'anniversaire, tant qu'elle vivra! Pendant plusieurs années, ces Messieurs de la rue Cassette, qui plus tard demeurèrent rue du Bac, venaient célébrer chez nous cet heureux anniversaire [1].

« Heureux d'avoir chez nous le Saint Sacrement, nous voulûmes faire participer à notre bonheur les âmes pieuses de Grenelle. Pour faire honorer notre divin Sauveur, nous demandâmes et nous obtînmes d'avoir chez nous les trois jours de l'Adoration Perpétuelle. Notre pauvre chapelle était bien petite et bien humblement ornée; mais nous faisions de notre mieux et je crois que le bon Maître a été content, puisqu'il a continué à nous combler de tant de grâces.

« Nous avions le bonheur de posséder chez nous le Saint Sacrement; mais, n'ayant pas de prêtre parmi nous, nous continuâmes d'aller à la paroisse tous les jours, excepté le jeudi où notre P. Beaussier venait nous dire la sainte messe.

« M. Le Prevost eut l'honneur de servir la première et moi j'eus l'honneur d'être le premier sacristain. Le jeudi, nous partions un peu plus tard

---

1. Sur la communauté de prêtres de la rue Cassette, on trouvera d'intéressants détails dans la *Vie de Mgr Gay*, par le R. P. Dom Bernard du Boisrouvray

pour Paris. Après la messe, notre P. Beaussier [1] déjeunait avec nous. Après le déjeuner, il assistait à notre conseil de communauté, puis se retirait vers dix ou onze heures.

« Rien n'était édifiant comme de voir ce bon prêtre venir avec une régularité parfaite, par n'importe quel temps, hiver comme été, malgré sa mauvaise santé, pour nous dire la messe et nous confesser. Lorsque, par l'arrivée de M. Planchat [2], nous eûmes le bonheur d'avoir tous les jours la sainte messe, ce bon Père continua de venir nous confesser soit à Grenelle, soit à la rue de l'Arbalète et plus tard à Vaugirard, toujours avec la même régularité, jusqu'à ce que sa santé ne lui permît plus de sortir. »

La famille Myionnet.

On a vu que la Révolution de 1848 et la crise industrielle qui la suivit, avaient eu une répercussion fâcheuse sur les affaires de la famille Myionnet ; c'est sans doute pour cette raison, bien qu'il n'en ait pas gardé le souvenir, que M. Myionnet eut, pour la première fois, à cette époque, la pensée de faire un voyage en Anjou.

« Ce fut vers ce temps-là, continue-t-il, que, pour la première fois, j'eus la pensée d'aller voir ma famille. Je ne me rappelle plus pour quel motif. Toujours est-il que M. Le Prevost, à qui j'en fis part, me dit que, pour lui, il n'en voyait pas l'oppor-

1. Sur M. l'abbé Beaussier, voir la *Vie de Jean-Léon Le Prevost* (librairie Desclée).
2. M. Planchat, fusillé rue Haxo, le 26 mai 1871. Voir sa *Vie*, par Maurice Maignen.

tunité et qu'il croyait que c'était une tentation du démon. Je n'insistai pas, son avis me suffisait. C'est la première et la dernière fois que j'ai demandé à y aller. On m'a envoyé plusieurs fois à Angers, presque toujours pour les affaires de la communauté, quelquefois sur la demande de ma famille, mais jamais sur la mienne et, si j'en juge d'après moi, je donnerai toujours le conseil de ne pas laisser aller les religieux chez leurs parents. Ils n'ont rien à y gagner et toujours ils y perdent quelque chose. Toutes les fois que je rentrais à notre maison de Vaugirard, j'éprouvais le plaisir que doit éprouver le poisson qu'on a laissé quelques instants sur le rivage, et que l'on rejette dans son élément. »

Ce n'était pas que M. Myionnet eût perdu, en se faisant religieux, le sentiment des liens et des devoirs de la vie de famille; mais, à l'exemple de tous les saints, il avait fait à Dieu le sacrifice des affections même les plus légitimes, ou plutôt elles s'étaient purifiées et transformées en son âme. Il songeait avant tout au salut de ses proches, et leur donnait à l'occasion des conseils, dont nous retrouvons l'écho dans celles de ses lettres qui sont parvenues jusqu'à nous.

Depuis le départ de Clément Myionnet pour Paris, son frère Auguste, qui avait épousé la fille d'un magistrat, était devenu père d'une nombreuse famille. M. le comte de Quatrebarbes a raconté, dans la notice nécrologique qu'il lui a consacrée, comment Auguste Myionnet fit face aux difficultés de sa situation, après la révolution de 1848 : « Décidé à tous les sacrifices, ainsi que sa noble femme, il commença sa liquidation; puis, quand il eut l'assurance de payer intégralement ses dettes commerciales, il laissa à son frère aîné Étienne le soin de tout terminer et partit pour l'Amérique, où une compagnie de New-York lui offrait d'énormes avantages. » Déçu en partie de ses espérances, il conçut le projet de jonction des deux mers par le percement du canal de Nicaragua. « Seul avec quelques indigènes, sans autre indemnité que soixante piastres par mois et le transport gratuit de ses bagages, il termina en moins de deux ans le nivellement du canal, dressa la carte la plus exacte qui soit connue, et conquit par la dignité de sa vie l'estime et l'affection du président, de l'évêque et de tous les hommes considérables du pays. Sa haute taille, sa bonté, sa force extraordinaire et sa belle figure l'avaient entouré de prestige chez les Mesquitos encore sauvages. Ils le regardaient comme un être surnaturel, étaient heureux de lui offrir l'hospitalité, considéraient sa présence à leur foyer comme une bénédiction du ciel, lui apportaient leurs malades et leurs enfants pour qu'ils reçussent le baptême. C'est ainsi qu'il a ouvert à plusieurs centaines de petits enfants les portes du ciel. »

Ce sont certainement ces épreuves, si chrétiennement supportées par les siens, qui avaient inspiré à M. Myionnet le désir de les visiter [1].

---

1. M. Auguste Myionnet avait passé plusieurs années auparavant par d'autres épreuves. Ardent légitimiste, il s'était mêlé à l'insurrection de 1832 et avait fait plusieurs voyages pour porter à Mme la Duchesse de Berry les messages et les subsides des royalistes d'Angers. Fait prisonnier au moment où il allait se réfugier en Suisse, il fut ramené à pied de brigade en brigade, depuis la frontière jusqu'à Angers, où il fut emprisonné dans le château fort, avec un grand nombre de royalistes. On raconte qu'il fit la joie de ses codétenus et la terreur de ses gardiens. En effet, Auguste Myionnet était ventriloque, ce

Dans une lettre datée d'avril 1849 et adressée
à son frère Étienne, il s'exprime ainsi : « En véri-
fiant ton compte, je relisais plusieurs de tes lettres,
et je ne pouvais m'empêcher d'éprouver une véritable consolation et de rendre grâces à Dieu de tous
les événements affligeants qui se sont passés dans
notre famille. Tes lettres sont empreintes d'un
caractère de foi chrétienne que je ne me lasse pas
d'admirer. Si tu as perdu ta fortune, fruit de vingt
années de travail, cette perte est à mes yeux com-
pensée, et bien au delà, par l'augmentation de cette
vertu. Permets-moi de te le dire, cher frère, pour
que ta fortune soit complète (je ferais peut-être
mieux de me taire, mais enfin il faut que je babille);
donc, pour que ta fortune soit complète, il faut que
tu joignes à cette belle vertu de la foi la vertu de
dévotion et de piété. Le Bon Dieu t'a fait des grâces
en t'affligeant, il faut y correspondre. Il ne suffit
pas d'avoir une foi passive qui souffre pour l'amour
de Dieu, il faut une foi active qui aille au-devant
de ce qu'il demande de nous. Je ne sais pourquoi
je te dis tout cela, car tu vaux bien mieux que moi,
mais tu es encore entraîné dans le tourbillon des
affaires et, tant qu'on y est, on se fait facilement
illusion. Si j'osais, je te dirais de faire ce que j'ai fait :
un peu plus de prières, tous les jours une lecture de
piété méditée pendant quelques minutes... Je te
demande bien pardon, cher frère, de me permettre
pareil langage, mais je te dirai franchement que

qui lui permettait d'imiter, sans être découvert, le bruit de
portes s'ouvrant et se fermant et de clefs grinçant dans les
serrures. Les geôliers éperdus couraient de toutes parts,
croyant que leurs prisonniers s'évadaient. Ces alertes mystérieuses égayaient la monotonie de la prison.

j'ai toujours été très édifié de ta patience, de ta résignation, de ta générosité, de ta droiture d'intention; mais il me semble que la vertu de piété te manque, et toutes les autres vertus, sans celle-là. sont comme un beau bouquet sans odeur. C'est la vertu de piété qui sanctifie les autres.

« Si ma lettre te déplaît, tu voudras bien me le dire et pardonner à ma bonne intention. Mais, comme je n'espère plus vivre près de vous sur cette terre, j'ai si grande envie que nous puissions tous nous retrouver dans le ciel que cela me pousse, comme malgré moi, à vous parler des moyens que l'on peut employer pour s'y assurer une place. »

Ces dernières lignes et la date à laquelle elles furent écrites permettent de penser que M. Myionnet adressa cette lettre à son frère Étienne à la suite du refus de M. Le Prevost d'autoriser un voyage à Angers.

CHAPITRE VII

L'ORPHELINAT DE LA RUE DE L'ARBALÈTE

Arrivée de l'abbé Planchat.

« Je crois que l'année 1849 se passa sans qu'il arrivât personne dans notre communauté, si ce n'est deux de nos enfants, Tavernier et Delatre, qui désirèrent venir demeurer avec nous comme persévérants. Nous n'osions pas alors employer le nom de *petit novice*. Ils se succédèrent l'un à l'autre, et ne persévérèrent pas. Mais l'année 1850 fut plus heureuse. Dès le commencement de l'année, autant que je puis me le rappeler, M. Planchat se présenta [1]. Il nous était parfaitement connu, car il nous aidait, dès notre entrée à la rue du Regard, avec un zèle infatigable.

« Nous savions de quel avantage il serait pour nos œuvres d'avoir des prêtres avec nous. Cinq années d'expérience nous avaient appris quels minimes résultats nous obtenions sans leur secours.

« D'un autre côté, M. Le Prevost prévoyait quelles pouvaient être les conséquences de l'adjonction de l'élément ecclésiastique à notre congrégation. Nous étions tous sortis de la Société de

---

1. C'est seulement le 24 décembre 1850 que M. Planchat entra dans la Congrégation.

Saint-Vincent de Paul, société essentiellement laïque. Notre petite congrégation était née laïque. Dieu nous avait choisis tels; nous ne pouvions pas, sans indices formels de la Providence, changer ce qui existait. Or, admettre des ecclésiastiques parmi nous, c'était nous exposer à changer notre constitution primitive. Je crois que M. Le Prevost consulta en cette occasion Mgr l'évêque d'Angers. Il lui répondit que, si des ecclésiastiques voulaient entrer parmi nous, il fallait qu'ils y prissent le rôle de l'Enfant Jésus à Nazareth. Lui, qui était le sacerdoce par excellence, s'était néanmoins soumis à saint Joseph.

« M. Planchat était dévoré du désir de se dévouer à nos jeunes apprentis, qu'il avait appris à connaître lorsqu'il faisait son droit. Après avoir consulté son directeur, il accepta sans hésiter de n'être qu'aumônier dans nos œuvres, sans en avoir la direction. Il fut donc notre cinquième Frère.

« Dans la même année, cinq ou six jeunes gens [1] entrèrent aussi chez nous, envoyés par M. Germainville, un ancien militaire. En sorte qu'au mois de novembre ou de décembre, nous étions une dizaine dans notre maison de Grenelle devenue trop petite.

« Il n'y avait pas quatre ans que nous y étions.

---

1. Sûrement trois, peut-être quatre, si l'on compte parmi eux le Fr. François, dont il va être question. La petite communauté avait exactement dix membres à la fin de l'année 1850, M. Planchat étant le dixième. Mais MM. Le Prevost, Myionnet, Maignen, Paillé et Planchat persévérèrent seuls dans leur vocation.

Fondation de l'orphelinat.

« C'est alors que M. Le Prevost songea à fonder un orphelinat, comme une petite colonie pour la formation de nos novices. Ces jeunes militaires, qui nous arrivaient sans instruction suffisante, ne pouvaient être envoyés de suite dans les œuvres. Il fallait les former peu à peu sous nos yeux au gouvernement des enfants. Il nous fallait aussi apprendre à les connaître. Mais la difficulté était de commencer cette nouvelle œuvre. L'argent, comme toujours, était rare chez nous. Les six mille francs de M. Paillé nous suffisaient à peine : comment fonder un orphelinat ? La Providence y pourvut et nous donna une fois de plus une marque visible de sa protection.

« Pendant que ces projets roulaient dans la tête de M. Le Prevost, Mme Keller, mère du député actuel, vint le trouver et lui proposa la direction d'un orphelinat qu'elle voulait établir à ses frais. La proposition ne pouvait pas venir plus à propos. Mais il y avait une difficulté. Mme Keller voulait que cette fondation fût en Alsace, près de son château ; et M. Le Prevost, de son côté, désirait que ses frères ne s'éloignassent pas de lui.

« Mme Keller, l'ayant compris, remit à plus tard l'exécution de son projet et se contenta pour le moment d'assurer le paiement du loyer de la maison que nous trouverions à Paris pour la fondation de notre orphelinat.

« La Providence pouvait-elle venir plus à propos à notre aide ?

« Il ne s'agissait plus que de trouver la maison. Nous nous mettons en route, M. Le Prevost de son

côté, moi du mien. M. Le Prevost trouva, presque
de suite, une grande et vaste maison avec un grand
jardin, rue de l'Arbalète, 39, occupée précédemment
par l'œuvre des Jeunes Économes. Le loyer de
trois mille francs n'était pas trop élevé, il était tout
trouvé; mais le mobilier, c'était une autre affaire.
M. Le Prevost acheta chez un brocanteur les meu-
bles les plus indispensables.

« Le 8 janvier 1851, M. Le Prevost me dit, en
sortant de déjeuner : « M. Myionnet, vous allez
« aller rue de l'Arbalète, vous y installer. Vous pren-
« drez avec vous le Fr. François; vous emporterez
« vos draps; vous trouverez là-bas deux lits, que
« vous monterez dans telle et telle chambre. Voici
« 25 francs pour acheter votre batterie de cuisine et
« pourvoir à votre nourriture. D'ici deux ou trois
« jours, je vous enverrai quelques enfants; M. Fran-
« çois leur fera la classe, et vous vous occuperez de
« l'installation générale de la maison. »

« Nos préparatifs de départ ne furent pas longs;
dix minutes après, le Fr. François et moi, nous
partions, notre petit paquet sous le bras et avec la
bénédiction de notre Père.

« Nous arrivâmes rue de l'Arbalète, 39, dans une
grande maison, où nous trouvâmes de quoi nous
occuper pour recevoir les premiers orphelins que
le Bon Dieu nous enverrait. Je ne me souviens pas
de quoi se composa notre premier repas; mais je
crois que ce fut seulement de pain et de fromage,
ne trouvant absolument rien où nous préparer à
manger. Il y avait bien une grande cuisine et un
grand fourneau, où on pouvait faire de la soupe
pour cinquante personnes; c'était plus qu'il ne
fallait; mais il n'y avait ni bois ni charbon.

« Un petit poêle en fonte de six francs, quelques mètres de tuyaux, deux casseroles, deux cuillers, deux fourchettes, deux assiettes, un peu de charbon de terre, des œufs, des pommes de terre, quelques légumes, telles furent nos premières dépenses. Avec 25 francs, il ne fallait pas y aller trop largement.

« Le lendemain, nous étions un peu mieux à notre affaire, nous pûmes mettre le pot-au-feu. Le troisième jour, M. le Prevost vint nous voir, nous amenant deux petits orphelins, tous les deux frères : Henri et Edouard Piquet. « La pension de « l'aîné, Henri, me dit M. Le Prevost, sera payée par « le bon Dieu, afin d'attirer sa bénédiction sur cet « orphelinat; il aura le n. 1. La pension d'Édouard, « qui aura le n. 2, sera payée par Mme Delaire. »

« Après avoir visité la maison et m'avoir dit ce qu'il y avait à faire, il s'en alla en me laissant encore vingt-cinq francs, pensant bien que des vingt-cinq premiers francs il ne devait plus me rester de quoi nourrir quatre personnes. Il fallut me procurer encore deux assiettes de plus, deux couverts, deux verres, deux plats; c'était la manière de faire de M. Le Prevost, d'aller au jour le jour.

« Nos deux premiers élèves étant arrivés, notre première occupation fut de préparer leur classe. Ils m'aidèrent à lui donner une couche de peinture. Nous fîmes quelques paillasses et préparâmes des lits pour eux et pour ceux qui ne devaient pas tarder à venir. M. François leur faisait quelques heures de classe tous les jours.

« Pour éviter toute difficulté avec les autorités, M. Le Prevost avait prévenu le commissaire du quartier de l'ouverture de la maison et en avait fait la déclaration comme ouvroir, plutôt que comme maison d'éducation. Il fallait donc que le travail manuel eût une part notable dans la distribution du temps de la journée. J'ai eu ainsi à m'enquérir, dès le commencement, de quelques petits travaux faciles pour les enfants. Le premier fut de faire des anneaux pour les encadreurs; le bénéfice n'était pas grand : nous ne nous occupions de ce travail que lorsque le temps ne nous permettait pas de travailler dans le jardin.

« Huit jours ne s'étaient pas écoulés que M. Le Prevost m'envoya deux autres orphelins; ils venaient de Vaugirard [1]. Autant les deux premiers étaient gentils, bien élevés, autant ces deux derniers étaient indisciplinés. Je ne savais par quel bout les prendre.

« Le cinquième fut Paul Baffait, breton de caractère et d'origine; amené par sa mère malgré lui, il resta deux jours entiers sans manger et sans parler à personne, voulant à toute force retourner dans sa Bretagne. Enfin le troisième jour, devenu un peu plus civilisé, il commença à parler, puis à manger. La victoire était gagnée, si bien gagnée que ce cher enfant s'est attaché à nous et à la communauté, dans laquelle il est mort à l'âge de vingt et

1. On voit par ce qui précède que M. Myionnet reçut le 8 janvier 1851 son obédience pour la rue de l'Arbalète. Le 10 janvier, M. Le Prevost lui amena les deux premiers orphelins. Mais la vraie date de la fondation de l'orphelinat fut le 2 février, fête de la Purification de Marie, jour où la messe y fut dite pour la première fois. En effet, le procès-verbal du conseil de communauté du 28 janvier 1852 porte que « la fête de la Purification sera célébrée avec une solennité particulière à la maison de la rue de l'Arbalète, en mémoire de sa fondation et du jour où la sainte messe y a été dite pour la première fois. »

quelques années. Sur ces cinq premiers enfants, deux se sont donnés à la communauté. Henri Piquet y a persévéré longtemps et nous a quittés à l'âge d'un peu plus de trente ans, après avoir servi la communauté pendant une dizaine d'années dans nos ateliers de bronze, emportant avec lui nos regrets et notre affection. Il avait une foi ardente. Deux fois, avant ce dernier départ, il avait essayé d'aller vivre dans le monde; deux fois il était rentré chez nous, ne trouvant pas le moyen d'accomplir ses devoirs de chrétien. Voici une petite anecdote à son sujet :

« Il avait alors quinze ou seize ans, nous habitions Vaugirard. Pour je ne sais plus quelle raison, peut-être par un coup de tête comme il en avait quelquefois, il sortit de la maison pour aller en apprentissage; il se plaça, ou se fit placer chez un patron dessinateur en broderie qui, après lui avoir promis la liberté du dimanche, la lui confisqua quelques mois plus tard, comme malheureusement le font bien des patrons. Henri, sous l'influence de son maître, se laissa aller peu à peu. Au bout de quatre ou cinq mois, je m'aperçus qu'il arrivait fort tard à Vaugirard pour changer son linge (nous avions gardé cette charge à notre compte). Un dimanche, averti de son arrivée par le concierge (il était midi passé), je vais le trouver. « D'où venez-vous, mon « cher enfant ? lui dis-je. — De chez mon patron, « M. Myionnet. — Il est midi passé, et la messe, y « êtes-vous allé? — Il baisse la tête sans me répondre. « —Ce n'est pas la première fois que vous la man- « quez; pourquoi cela? — Le patron se moque de moi, « il me dit que ce n'est pas nécessaire. — Et vous le « croyez ? Oh! non, mon cher Henri, ce n'est pas

« possible. Venez avec moi et causons; je vais vous
« faire voir combien votre conduite est peu raison-
« nable. Aimiez-vous bien votre maman, Henri? »
Au nom de sa mère, il relève la tête et me répond :
« Oui, monsieur, je l'aime bien! — Allait-elle à la
« messe ? — Oui, monsieur, et sitôt que nous avons
« été grands, elle ne manquait jamais de nous
« emmener avec elle. — Votre père allait-il à la messe?
« — Il n'y manquait jamais. — Et nous, mon cher
« enfant, nous aimez-vous bien ? — Oh! oui, mon-
« sieur! — Avez-vous confiance en nous? — Oui,
« monsieur. — Réfléchissez maintenant sur votre
« conduite : voilà cinq ans que nous vous répétons
« qu'il faut aller à la messe le dimanche; votre père,
« votre mère, vous ont toujours dit qu'il fallait y
« aller; ils vous y ont conduit comme nous vous y
« conduisions nous-mêmes; jusqu'à ce moment vous
« aviez mis votre confiance en eux et en nous, et
« voilà que, depuis cinq mois, un étranger, qui a be-
« soin de votre travail et qui ne vous porte aucun
« intérêt, qui prendra un autre apprenti quand
« votre apprentissage sera fini, cet étranger vous dit
« le contraire de ce que nous vous avons enseigné
« ainsi que votre père et votre mère, et vous suivez
« ses conseils et vous oubliez les nôtres! Voyez-vous
« combien votre conduite est peu sage. »

« Mon Henri ne répliqua rien. Trois jours après,
je vois mon garçon revenir avec son petit paquet
sous le bras. « Qu'est-ce qu'il y a donc aujourd'hui ?
« Vous voilà avec votre linge, ce n'est pourtant pas
« dimanche. — Monsieur Myionnet, mon patron a
« dit devant moi des choses qui ne me convenaient
« pas. Je lui ai répondu, il s'est fâché et moi aussi;
« il m'a dit de partir. Je reviens chez vous, je ne

« veux plus vous quitter; je vous en prie, ne
« m'abandonnez pas! »

« Henri était, je l'ai dit plus haut, notre enfant
premier-né, c'était le Bon Dieu qui avait payé sa
pension; comme un autre prodigue, il revenait à la
maison paternelle : nous était-il possible de le
rejeter ? »

Cette anecdote peint bien l'esprit de M. Myionnet et la manière dont il agissait envers ses enfants.
C'était aussi l'esprit de M. Le Prevost, esprit de
famille qui attachait profondément les patronnés
à leur œuvre et à leur directeur. Ceux mêmes que
des raisons graves de discipline obligeaient à congé-
dier gardaient de la maison un tel souvenir que,
quand ils rencontraient M. Myionnet dans la rue,
ils lui sautaient au cou.

Développement de l'orphelinat.

« Nous ne restâmes pas longtemps au nombre de
cinq, continue M. Myionnet, le groupe de nos enfants
s'accrut rapidement; notre Fr. François et notre
petit poêle ne suffisaient plus. M. Le Prevost m'envoya quelques Frères de Grenelle pour faire la
classe et la cuisine. Pour moi, j'étais resté directeur
du patronage de la rue du Regard et obligé d'y
aller trois jours par semaine, plus le dimanche. »

Cette situation, que l'insuffisance du personnel
rendait inévitable, devait forcément nuire aux
deux œuvres, à l'orphelinat comme au patronage, et
nous en verrons plus loin l'aveu; néanmoins elles
vivaient, et l'orphelinat Saint-Vincent de Paul
s'affermissait peu à peu. Au mois de juillet 1851,
M. Le Prevost écrivait dans son *journal :*

« La maison des orphelins semble, avec la grâce du Seigneur, se fonder peu à peu et s'établir sur les bases de véritable charité que nous avions désirées avant tout. Les enfants n'y sont pas admis à titre entièrement gratuit; une petite pension de 20 francs par mois est demandée pour presque tous à ceux qui les protègent. Mais, d'un côté, cette modique somme est trop insuffisante pour ne pas laisser encore une grande part à la charité, et, de l'autre, les soins de tous les instants qu'exigent la conduite des enfants, leur surveillance et instruction sont si multipliés, qu'ils ne se peuvent trouver que dans un sincère et solide dévouement. Au 3 juillet, vingt-quatre enfants sont déjà placés sous notre direction et plusieurs autres sont au moment de se joindre à ceux-là. Nous avons dû récemment décider que de nouvelles admissions ne se feraient provisoirement que d'après l'avis du Conseil de la Communauté, à moins que le nombre des Frères qui pourront être employés à cette œuvre ne vienne à s'augmenter. »

A cette même date de juillet 1851, une cérémonie, toujours émouvante, eut lieu pour la première fois dans la chapelle de l'orphelinat. M. Le Prevost la relate ainsi dans le *journal* :

« Aujourd'hui a eu lieu, dans la chapelle de notre maison rue de l'Arbalète, la première communion de quatre de nos enfants; deux autres renouvelaient cette grande et sainte action; tous étaient parfaitement disposés et s'étaient préparés par une retraite de quelques jours à recevoir leur Dieu. C'est avec des larmes de joie que nous avons offert au Seigneur ces prémices de notre petite œuvre. Puissions-nous, avec le temps, lui préparer ainsi beaucoup de jeunes cœurs, instruits de sa religion sainte et remplis de son amour! Ce doit être le but de tous nos efforts, comme ce sera le couronnement de nos travaux. »

Quelle ne dut pas être la ferveur de cette prière de M. Le Prevost, lorsqu'il vit s'approcher de la sainte Table ces premiers orphelins recueillis et préparés par ses soins! Sa prière fut exaucée. Depuis 1851, des milliers d'enfants, instruits par les fils de M. Le Prevost et formés à la piété, sont sortis de l'orphelinat Saint-Vincent de Paul et, si tous n'ont pas persévéré, hélas! au milieu des entraîncments de la vie ouvrière, un grand nombre cependant sont restés fidèles et la congrégation des Frères de Saint-Vincent de Paul a trouvé parmi eux beaucoup de ses meilleurs sujets.

Cependant la situation de M. Myionnet à la rue de l'Arbalète ne pouvait rester indéfiniment aussi précaire. Ses auxiliaires avaient besoin d'être formés et surveillés eux-mêmes; ils ne devaient même pas tarder à le quitter.

« Deux ou trois des anciens militaires dont j'ai parlé plus haut, raconte M. Myionnet, me furent envoyés de Grenelle. Ils commencèrent à me faire de la discipline de caserne; ils étaient bien bons garçons, mais ils ne savaient ce que c'est que d'élever des enfants. En voici une preuve : je passais mes dimanches au patronage de la rue du Regard et je laissais mes enfants aux soins de ces nouveaux Frères, qui étaient chargés de les conduire en promenade l'après-midi. On se dirigeait habituellement vers le Jardin des Plantes; mes bons Frères conduisaient les enfants dans la cour du Cadran et leur disaient : « Regardez bien, il est 2 heures, à 4 heures

« vous reviendrez tous ici pour rentrer à la Maison, »
et, si un ou deux se trouvaient en retard, ils revenaient seuls. Pendant ce temps, ces bons Frères
allaient se promener d'un côté et les enfants d'un
autre, chacun là où il voulait.

« Plusieurs faits de cette nature forcèrent M. Le
Prevost à m'ôter la direction du patronage de la
rue du Regard et à la donner à M. Maignen. L'œuvre
n'y a pas perdu. A partir de ce moment, je me donnai
tout entier au soin de l'orphelinat [1] ».

A ce récit d'une simplicité charmante, comme
tout ce qui est sorti de la plume de M. Myionnet, son
humilité ajoute les réflexions suivantes :

« Il faut être en religion pour faire des choses
de cette force-là ! Moi, directeur d'une maison d'éducation ! Qui est-ce qui aurait pu prévoir pareille
chose ? Étant dans le monde, c'est de tous les
métiers le dernier que j'aurais pris. Mais enfin, avec
la grâce de Dieu et l'aide des Frères que M. Le Prevost m'a donnés, ses bons conseils et sa direction,
l'orphelinat a fait son chemin, et, s'il n'a pas produit tout le bien qu'il aurait dû produire, il faut
l'attribuer à mon incapacité et à ma négligence.
Que de reproches j'ai à me faire !

« Il faut ajouter que, s'il s'est fait quelque bien
à l'orphelinat, on doit l'attribuer à M. Le Prevost,
qui était le directeur du directeur. »

Voilà bien le langage de la vraie humilité !

---

1. Pendant un certain temps, faute de personnel, il fallut
envoyer les enfants en classe chez un maître d'école libre de
la rue de l'Estrapade, directeur du patronage Sainte-Mélanie.
Cet expédient ne fut pas sans inconvénient, on y renonça
dès qu'on le put.

Il est exact, sans doute, que M. Le Prevost dirigea, dès le début et jusqu'à sa retraite à Chaville, en 1863, l'orphelinat Saint-Vincent de Paul d'une façon plus directe et plus immédiate qu'aucune autre œuvre de l'Institut; mais combien fut grande la part de M. Myionnet dans la formation de l'esprit de cette maison! Sa vie s'y passera presque tout entière et c'est sur ce terrain de son action et de son zèle que nous aurons à l'étudier désormais. Il s'appliqua surtout, nous l'avons dit, à donner à l'orphelinat un véritable esprit de famille. Quelques traits nous permettront de juger s'il réussit dans cette tâche :

« Je me souviens encore, écrit-il, quelles marques d'affection ces enfants me donnaient, lorsque j'étais absent de la maison une journée tout entière et que j'arrivais le soir, au moment de la récréation, après leur souper. Ils me prenaient les mains, s'accrochaient à mon cou et me faisaient mille tendresses, comme cela arrive dans les bonnes familles d'ouvriers, lorsque le père rentre à la maison après une longue journée de labeur. Pendant les dix-huit mois que j'ai été chargé de la direction du patronage et de l'orphelinat, obligé de m'absenter quatre jours par semaine, ce n'était pas sans inquiétude que je laissais mes enfants à la garde de Frères inexpérimentés. Pour connaître, autant que possible, comment les choses se passaient pendant mon absence, voici le petit moyen que j'ai employé : le matin, avant de partir, je donnais à chacun de nos enfants quatre jetons; le soir, il fallait me les rendre. S'il en manquait quelques-uns, il fallait que je sache pourquoi, soit par le surveillant, soit par l'enfant lui-même. Quand l'enfant avait manqué à son devoir, il était mis à l'amende d'un jeton.

« Si j'ai éprouvé du regret de quitter mes apprentis, je dois avouer cependant que, depuis que j'avais la direction des deux œuvres, insensiblement je me détachais de l'une pour m'attacher à l'autre, M. Maignen était là pour me suppléer rue du Regard, et il le faisait surabondamment. »

C'est seulement le 16 août 1852, que M. Myionnet fut déchargé de la direction du patronage de la rue du Regard; quelques mois auparavant l'orphelinat et la communauté avaient failli se trouver dépourvus de prêtre, par suite de la maladie de M. Planchat et du départ imminent de l'abbé Gentil, dont l'entrée en communauté avait suivi de près celle de ce dernier.

M. Lantiez.

M. l'abbé Gentil, mort depuis curé de Billancourt, fit quelque temps fonction d'aumônier de l'orphelinat de la rue de l'Arbalète. Mais, après plusieurs mois de séjour à la maison, l'estomac de ce bon monsieur fut complètement délabré par le régime plus que frugal de la communauté; il se décida à partir; ému de l'embarras dans lequel il voyait la congrégation, il chercha auparavant à trouver un remplaçant de bonne volonté pour l'aumônerie de l'orphelinat. Il pensa à l'un de ses confrères de séminaire, l'abbé Louis Lantiez, avec qui il avait rempli les fonctions d'*aumônier des pauvres* à Saint-Sulpice. M. Lantiez était encore au séminaire et avait l'intention de se faire missionnaire; il ne connaissait ni M. Le Prevost, ni ses œuvres, et ignorait l'existence de la congrégation naissante des Frères de Saint-Vincent de Paul [1].

Sur les indications de M. Gentil, M. Le Prevost vint voir M. Lantiez au séminaire et lui fit ses propositions, M. Lantiez en référa à son directeur, M. Le Hir; celui-ci, ayant pris connaissance des offres de M. Le Prevost, dit à M. Lantiez : « Vous avez l'intention de vous faire missionnaire; voici qu'on vous demande de vous consacrer à l'évangélisation des pauvres à Paris, l'ordre de la charité est que nous fassions du bien à notre prochain en commençant par notre prochain le plus proche; ce que l'on vous propose est donc dans l'ordre de la charité. Il n'y a pas d'obligation à le faire, mais vous pouvez certainement accepter. »

Restait à obtenir l'autorisation des supérieurs ecclésiastiques. Le supérieur du séminaire et l'archevêque de Paris l'accordèrent sans difficulté. Voyant que tout semblait conspirer à lui ouvrir cette voie, M. Lantiez y entra, sans se demander où elle le conduisait.

M. Louis Lantiez n'avait jamais quitté sa famille avant d'entrer au séminaire; sa mère, comme il arrive d'ordinaire en pareil cas, le croyait incapable de supporter le régime commun et l'avait muni, à son entrée à Saint-Sulpice, de tout un arsenal de tasses, sucriers, veilleuses, bouillottes, etc. M. Lantiez n'en avait pas fait usage et s'était même débarrassé peu à peu de ce matériel encombrant, en glissant, chaque semaine, quelque ustensile dans

1. Tous ces détails et les suivants sont extraits d'un récit recueilli de la bouche du P. Lantiez en novembre 1897, par le P. Leclerc, qui lui avait succédé comme supérieur général des Frères de Saint-Vincent de Paul.

le paquet de linge sale qu'il envoyait à sa mère pour le blanchir.

Mais l'austérité du séminaire n'était rien, en comparaison de celle de la communauté de la rue de l'Arbalète; aussi quel ne fut pas l'effroi de Mme Lantiez, venue pour installer son fils dans sa nouvelle résidence, quand elle en vit la pauvreté !

C'était plus que de la pauvreté, c'était le dénûment complet. M. Le Prevost, après avoir accueilli M. Lantiez et sa mère avec son amabilité exquise, leur fit visiter la maison et tout d'abord la chambre du nouvel aumônier. On monta donc au grenier; un grenier immense, vide, ouvert à tous les vents, dans cette vieille maison datant d'un autre âge. Tout au fond, une mauvaise porte s'ouvre, c'était la chambre destinée à M. Lantiez. La bonne Mme Lantiez recula d'horreur; puis, prenant son courage à deux mains, elle se mit au travail, colla elle-même du papier sur les cloisons mal fermées, posa des rideaux aux fenêtres, installa un pauvre lit de fer et laissa, non sans serrement de cœur, son cher Louis dans ce galetas.

M. Lantiez se mit de suite à ses fonctions d'aumônier; il y joignit aussi bien d'autres besognes, dont M. Myionnet parle en ces termes :

« A la rue de l'Arbalète, tout était pauvre; nous n'avions pas de domestique. Un Frère, M. Bretonnier, avait succédé au Fr. François. Le ménage était fait par nous : mise en ordre des dortoirs et autres services de ce genre, même le balayage de la rue. Ce dernier ouvrage, je l'avouerai à ma honte, est le seul pour lequel j'aie éprouvé de la répugnance. Tous les autres, dans l'intérieur de la maison, m'étaient indifférents; et je ne sais ce que je n'ai point fait, mais, pour celui-là, la nature a regimbé. Avec le temps cependant elle s'est surmontée.

« M. Lantiez, plus tard notre supérieur général, me donnait l'exemple. Armé d'un grand balai et d'un grand tablier vert, il ne faisait pas difficulté de faire le dortoir des enfants tous les matins. Aussi, un jour que je conduisais une sœur de Saint-Vincent de Paul, supérieure de l'asile de la rue Pascal, je trouvai au dortoir notre bon abbé Lantiez qui, ce jour-là, comme tous les autres jours, faisait le balayage des dortoirs, aidé d'un ou deux enfants. En se retirant, la bonne sœur me dit : « Avec de pareils prêtres, on fait une commu- « nauté. »

La cérémonie de la première communion, en 1852, marqua un progrès sensible sur l'année précédente. L'action du prêtre avait rendu la moisson plus abondante; M. Le Prevost en relate avec joie les effets dans son *journal* :

« 24 mai 1852. — Aujourd'hui s'est faite, dans des dispositions que tout nous porte à croire excellentes, la première communion d'un certain nombre des enfants de notre maison de la rue de l'Arbalète. Treize d'entre eux recevaient le divin Seigneur dans leur cœur pour la première fois; trois renouvelaient leur première communion; enfin sept ramoneurs et un jeune ouvrier, préparé depuis plusieurs mois à cette grande action, avaient été adjoints à nos enfants. Leurs parents, quelques amis et bienfaiteurs de l'œuvre ont bien voulu se joindre à nous dans cette touchante solennité qui, tout entière, a été pour nous pleine de bonnes espérances et de douces consolations. Nous en rendons grâce à Dieu par Marie, dont l'intercession nous a obtenu, nous en avons la confiance, une si précieuse faveur. »

Esprit de la maison.

Mais écoutons M. Myionnet retracer lui-même l'esprit de l'œuvre et sa pauvreté :

« Notre mobilier n'était pas riche; le nombre de nos enfants étant parvenu à quarante, il nous fallait prendre au deuxième étage un dortoir plus spacieux; il fallait l'éclairer. Je demandai à M. Le Prevost de quoi acheter quatre lampes : « Pas « d'argent », me répondit-il, — réponse qu'il me faisait souvent. Cependant il me fallait éclairer le dortoir. J'avais encore deux francs : je vais chez un marchand de bric-à-brac, je trouve quatre lanternes de bois comme les palefreniers en mettent dans les écuries, je les marchande : « 40 centimes chacune; » le prix était en rapport avec ma bourse, je les achète pour trente-deux sous. Il me restait encore huit sous pour acheter quatre chandelles de suif, pour éclairer mon dortoir pendant plusieurs jours.

« Dans ces temps-là, il n'y avait pas de lampe dans l'escalier; les enfants, partagés par divisions de dix à douze, marchaient sur deux rangs; le porte-lanterne se mettait au milieu de son quartier. Le matin, la descente se faisait de même pour aller au lavabo, qui était de l'autre côté de la cour de récréation. Dans les classes et au réfectoire, nous avions cependant des lampes. Chère pauvreté! puissions-nous toujours la conserver au milieu de nous!

« Si nous étions pauvres, le Bon Dieu ne voulut pas cependant nous laisser dans une trop grande indigence. Deux cents francs, pour nous, étaient une somme énorme; or il arriva un jour que M. Bretonnier, notre Frère cuisinier, fut chargé d'aller payer le boucher, M. Vinet, rue de Madame. Il eut l'imprudence de mettre les billets de banque qu'on lui confia dans la même poche où était son mouchoir. En traversant le Luxembourg, il a besoin de se moucher, il ne pense plus à ses billets, tire son mouchoir, et les billets s'en vont au vent.

« Chez le boucher, il cherche dans sa poche : plus de billets! Il cherche encore, c'est inutile; il rappelle ses souvenirs, enfin il se rappelle qu'il s'est mouché au Luxembourg et que les billets ont pu tomber dans le jardin. Il y retourne, cherche, mais pas de billets; combien de personnes étaient passées par là depuis! Il revient à la maison, M. Le Prevost était absent. Il me raconte sa mésaventure et je le réprimande de son étourderie, comme on doit le penser : mettre des billets de banque dans son mouchoir, quelle idée! Mais, après avoir terminé son récit, il me dit : « M. Myionnet, soyez tranquille, « les deux cents francs vous reviendront; j'ai si bien « prié la sainte Vierge qu'elle nous les rendra. » Pour moi, moins confiant que lui, je regardais bien mes deux cents francs comme perdus.

« Une demi-heure ne s'était pas écoulée que la sonnette de la porte se fait entendre; M. Bretonnier, toujours plein de confiance, se dit en lui-même : « Voilà mes deux cents francs, qui reviennent! » C'était un jeune homme du patronage de Grenelle, le gendre de Mme Georges, notre cuisinière de la rue du Commerce, qui désirait me parler. Son premier mot, en entrant dans mon bureau, est de me dire : « Monsieur Myionnet, en venant vous voir,

« traversant le Luxembourg, j'ai trouvé un billet de
« banque de deux cents francs; que faut-il que je
« fasse? » Je fais aussitôt appeler M. Bretonnier, je
lui demande dans quel endroit à peu près il a perdu
ses deux cents francs; c'était précisément celui où
le jeune homme les avait trouvés! Ce pauvre garçon,
transporté de joie, me dit : « J'en étais bien sûr, que
« la sainte Vierge me les rendrait. »

C'est en avril 1852 que ce fait eut lieu. Il en existe
un récit authentique portant les signatures : Le
Prevost prêtre, Cl. Myionnet, Maurice Maignen,
Paillé, Veuve Simon, H. Piquet et Christophe
Maujard, celui qui retrouva le billet. Ce récit
n'offre aucune particularité importante qui n'ait été
rapportée par M. Myionnet [1].

De telles marques d'une protection particulière de
la sainte Vierge étaient un grand encouragement
pour les premiers Frères, et l'on comprend le soin
qu'ils ont mis à en perpétuer le souvenir. « Nous en
avons rendus grâces à Dieu, continue M. Myionnet,
mais ce n'est pas la dernière marque de la protection
de Marie; nous en avons bien d'autres à raconter. »

Nous verrons plus loin comment des faveurs
insignes de la très sainte Vierge, invoquée sous le
vocable de Notre-Dame de la Salette, eurent une
influence considérable sur l'avenir de l'Institut.

« A la rue de l'Arbalète, écrit M. Myionnet,

1. La relation de ce fait et de plusieurs autres, relatifs aux
grâces accordées par Marie, spécialement sous le vocable de
Notre-Dame de la Salette, est contenue dans un cahier inti-
tulé « Annales de Notre-Dame de la Salette à Vaugirard. »
Le texte original est de la main de M. Paillé et a été écrit le
« 8 décembre 1864, en la fête de l'Immaculée-Conception. »
Il porte pour chaque fait la signature d'un certain nombre de
témoins.

il nous fut permis d'avoir une chapelle plus spacieuse qu'à Grenelle; de plus, nous y avions de petits pensionnaires; aussi nous efforçâmes-nous de mettre en pratique ce que M. Le Prevost inséra depuis dans le règlement de la communauté : « Les Frères « s'efforceront d'entrer dans l'esprit des institutions « saintes de l'Église, en suivant pas à pas la voie « qu'elle a tracée, notamment l'ordre admirable de « ses fêtes; ils les garderont toutes, sachant que cha- « cune d'elles a sa place dans la grande œuvre de « l'édification des âmes. »

« Dès la première année, nous fîmes la procession et la bénédiction le dimanche des Rameaux; les processions de la Fête-Dieu, toutes les fêtes de la sainte Vierge étaient solennisées; une petite instruc- tion expliquait aux enfants le motif de la fête et le mystère qui était célébré. Les Rogations, par exemple : quels sont les enfants des villes qui savent ce que c'est que les Rogations ? Pendant les trois jours, nous faisions la procession autour du jardin.

« On a objecté plus tard que c'était bien du temps pris sur les classes et sur le travail manuel, qui existait dans ce temps-là. Je réponds à cela que l'observance de toutes ces fêtes, avec leur expli- cation, vaut bien un catéchisme. C'est instruire les enfants par l'action.

« Efforçons-nous de faire revivre le christianisme dans nos œuvres, avec prudence toutefois, mais tendons-y toujours. La foi ne pénétrera dans le peuple que par ce qui parle aux yeux. Rendons nos enfants heureux de voir de belles cérémonies religieuses; de même pour nos pauvres, dans les Saintes-Familles, faisons-les participer à toutes ces cérémonies autant que possible. Il faut que le

pauvre vive dans le christianisme et que le christianisme vive dans la maison du pauvre. Comme notre
bon P. Le Prevost sentait cela ! Comme elles étaient
aimables, ces réunions de la Sainte-Famille ! »

M. Myionnet ajoute à ces traits les réflexions
suivantes :

« Je ne puis m'empêcher, en écrivant ces souvenirs
de nos premiers temps, d'exprimer le désir que j'ai,
de voir la communauté s'écarter le moins possible
de cette humble simplicité de nos Frères fondateurs :
M. Le Prevost balayant la rue, M. Lantiez faisant le
dortoir en tous ses plus humbles détails, M. Paillé
faisant la cuisine de la communauté et nous tous
celle des pauvres. Je suis intimement persuadé que,
moins elle s'en écartera, plus elle vivra et plus elle
fera de bien. Il faut non seulement qu'elle soit pauvre, mais qu'elle aime la pauvreté.

« Nous avons un grand danger à éviter. Nos
communications fréquentes avec le monde nous
éloigneront de ces offices du ménage, nous trouve-
rons mille raisons pour les laisser à nos Frères plus
humbles. Mais je crois qu'il est bon qu'ils nous en
laissent, afin de nous empêcher de faire trop les
messieurs. Je dis cela autant pour nos Frères ecclésiastiques que pour les laïques. Notre bon P. Chaverot était si persuadé que là était la vie de la
communauté, qu'il veillait, avec une vigilance
extrême, à ce que tout le monde eût du ménage à
faire. »

A la prière et à l'amour de l'Église, les premiers
Frères joignaient la mortification. C'en était déjà
une que cette pauvreté extrême dont on a vu plus
haut bien des traits. M. Myionnet, à qui son confesseur avait fait une obligation de tout dire dans ses

mémoires, raconte simplement le trait suivant, qui nous fera en même temps connaître l'une des pénitences que s'imposa M. Le Prevost, malgré la délicatesse de sa santé.

« Je crois que c'est pendant que je demeurais à la rue de l'Arbalète, que M. Le Prevost me conseilla en direction de coucher sur une paillasse. Pour lui, je crois qu'il couchait ainsi depuis longtemps déjà, et certainement, au moment où il me donnait ce conseil; mais son lit, qui était dans la grande chambre, servant de bureau et de salle de communauté, était toujours très bien fait, et il y avait deux paillasses l'une sur l'autre, ce qui dissimulait la chose. Je lui répondis que je ferais ce qu'il voudrait. Coucher sur une paillasse, ce n'était pas une mortification pour moi; si cela pouvait servir à l'édification de mes Frères, je ne demandais pas mieux. Il me dit que je ferais bien de le faire. Je l'ai fait pendant bien des années. Le bon Fr. Louis me trichait de temps en temps, lorsqu'il m'arrivait d'aller à l'infirmerie pour des maux de gorge, auxquels j'étais assez sujet, au moins tous les deux ou trois ans. Le bon Frère saisissait toujours l'occasion pour mettre un bon matelas dans mon lit pendant mon absence; mais il lui arriva une fois qu'à défaut d'un bon matelas, il aima mieux m'en mettre un quelconque que de me laisser sur la paille. Ce matelas était dans un tel état que, quoique peu difficile, je ne pouvais dormir dessus. Il y avait des bosses de mauvais varech, grosses comme la moitié de ma tête, presque aussi dures que du bois. Je ne savais à quoi attribuer les douleurs de reins qui m'empêchaient de dormir. Quelquefois, fatigué de rester au lit sans dormir, je prenais le parti de me promener dans le dortoir; en me promenant, les douleurs disparaissaient. Il m'arriva un jour de me jeter sur un lit qui était inoccupé et de m'y endormir sans éprouver les douleurs que je ressentais dans le mien. C'est ce qui me fit apercevoir que ces maux de reins pouvaient provenir du matelas que le Fr. Louis m'avait donné. Je le remerciai de sa bonne intention, en lui disant que je n'étais pas assez mortifié pour coucher sur son matelas, et que je préférais ma paillasse sur laquelle je dormais à merveille. »

Les mortifications les plus rudes ne sont pas toujours, on le voit, celles que l'on a choisies. La pauvreté de la communauté procurait souvent l'occasion de s'en convaincre. Mais, si les Frères avaient à en souffrir, les enfants ne s'en apercevaient guère.

Les vœux.

« Le nombre de nos enfants allait grandissant, poursuit M. Myionnet, mais il n'en était pas de même de notre famille religieuse. Elle ne s'augmentait que lentement et encore eut-elle à subir des épreuves bien rudes.

« Nous avions à peu près une quarantaine de petits orphelins, cinq ou six Frères chargés des différents services, lorsque presque tous à la fois nous quittèrent, nous laissant notre pauvre petit orphelinat sur les bras.

« Que faire? L'épreuve était grande; impossible de rester dans cet état! Toutes espèces de combinaisons nous passaient par la tête; il nous était pénible de penser à nous séparer de nos pauvres

enfants en les rendant à leurs familles. Céder la
Maison aux Frères des Écoles chrétiennes, envoyer
nos enfants dans une école voisine, tous ces projets
étaient examinés les uns après les autres; ils demandaient réflexion. M. Le Prevost, M. Lantiez et
moi nous faisions la classe, en attendant que nous
prissions une détermination.

M. Le Prevost était inquiet des défections nombreuses qui se produisaient; il y avait pour la
communauté quelque chose à faire. Jusque-là
notre engagement dans la communauté ne consis-
tait que dans de simples promesses d'une année,
qui n'avaient pas force de vœu et par conséquent
laissaient chacun libre de sortir quand il voulait [1].
M. Le Prevost nous consulta à l'insu les uns des
autres (les plus anciens Frères), et nous demanda
quel remède apporter à la situation. La pensée de
chacun fut que cette situation n'était qu'une épreuve
momentanée et qu'au lieu de nous laisser abattre,

---

1. M. Myionnet ajoute ici cette parenthèse : « Je ne suis pas
sûr que ces promesses existassent, j'en doute beaucoup;
M. Maignen doit s'en souvenir. » Il y a là un exemple frappant
des défaillances de mémoire auxquelles était sujet M. Myionnet et qui sont fréquentes dans ses écrits. Si les faits y sont
exactement rapportés, la date qui leur est assignée, l'ordre
dans lequel ils sont présentés, tout cela est fort sujet à caution.
C'est pourquoi l'édition qui a été faite des mémoires de
M. Myionnet, sans notes et sans rectification aucune, n'a pas
été mise dans le public, ni même communiquée à la congrégation par le R. P. Leclerc, qui n'en avait pas autorisé l'impression.

C'est donc sciemment et pour rétablir l'ordre des faits,
que nous nous écartons plus d'une fois du récit de M. Myionnet.
Lui-même, d'ailleurs, avait pleine conscience de ces défaillances de souvenir, et renvoie maintes fois à M. Maignen pour
les rectifier.

il fallait plutôt avancer et faire un pas de plus dans la vie religieuse, que nous avions voulu embrasser franchement dans les commencements. Le moment était venu de faire des vœux. »

« M. Le Prevost, après nous avoir ainsi consultés, nous réunit et nous dit : « J'ai voulu savoir quelle « était votre opinion. Tous vous avez répondu qu'il « fallait faire des vœux et nous engager pour la vie « au service des pauvres. »

« Nous étions alors au nombre de sept, autant que je puis me le rappeler.

« Quelques jours après, réunis dans notre petite chapelle de Grenelle, tous les sept, nous prononcions nos vœux : cinq firent des vœux perpétuels et deux des vœux temporaires [1]. C'est ainsi que le diable, qui voulait nous jouer un tour en portant le découragement et la division au milieu de nous, cimenta notre union par des liens plus forts que jamais et contribua à nous faire acquérir une vie nouvelle.

Le Bon Dieu nous fit attendre trois ou quatre mois pour nous envoyer de nouveaux Frères; mais il nous en fit venir deux bons et très capables de faire la classe, MM. Polvèche et Marcaire [2]. Sitôt que la chose fut possible, nous cessâmes d'envoyer nos enfants à la place de l'Estrapade. Nous nous étions déjà aperçus que laissant à cette école les fruits de la bonne éducation que nous cherchions à leur donner, il nous en rapportaient tout ce qu'il y avait de mauvais.

1. C'était le 8 octobre 1852.
2. M. Marcaire, resté fidèle jusqu'à la fin à sa vocation, est mort à la Maison de Tournai, le 8 juillet 1918.

Les Persévérants.

« L'œuvre des Persévérants (aujourd'hui petits novices) commença vers cette époque, 1852 ou 1853.

« Charton et Sadron furent les premiers; Paul Baffait, le troisième. Depuis lors cette œuvre, qui a subi bien des transformations et des vicissitudes, a toujours subsisté.

« Que de bons Frères cette œuvre-là aurait donnés à la communauté, si elle avait été mieux gouvernée! Je n'en adresse le reproche à personne si ce n'est à moi, qui bien certainement n'ai pas fait tout ce que j'aurais pu faire. Il en est de cette œuvre comme de bien d'autres, qui n'ont pas produit le bien qu'elles auraient dû produire, uniquement parce qu'elles étaient entre les mains d'un homme incapable et pas assez dévoué au service de Dieu.

« Cette œuvre de la Persévérance (aujourd'hui petit noviciat) demanderait son histoire particulière, qui ne serait ni sans intérêt, ni sans instruction pour nous.

Travail manuel. Amour de la Maison.

« Il est une autre histoire, qu'il ne serait pas inutile de faire. C'est celle du travail de nos enfants, travail qui a été abandonné et repris à plusieurs fois et enfin définitivement abandonné, avant la guerre [1], pour cause de force majeure : car nous n'avions plus de Frères capables de le conduire.

1. De 1870.

Cette partie de l'éducation de jeunes orphelins, appelés à vivre du travail de leurs mains, si elle était dirigée par un homme intelligent, produirait, j'en suis convaincu, d'heureux résultats et serait une économie pour la maison, quoiqu'on ait contesté la chose sous ce rapport.

« Nos enfants avaient une véritable affection pour la maison. Ils s'y trouvaient chez eux. C'est ce qui existe encore aujourd'hui. C'est ce à quoi de bons maîtres doivent tendre de toutes leurs forces. Je n'ai jamais cessé de le répéter à nos Frères qui m'aidaient dans la direction de l'orphelinat.

« Aimons nos enfants sans faiblesse. Sachons avoir pour eux la bonté d'une bonne mère et la fermeté d'un bon père. Tenons-nous devant eux de manière à leur inspirer une affection respectueuse. Ne faisons pas de fêtes à grand éclat, mais souvent des petites fêtes de famille, où le cœur de l'enfant se dilate. Nos pauvres orphelins n'ont pas de famille, il faut leur en faire une. Aussi nos chers enfants ont-ils gardé cette simplicité qu'il est rare de trouver dans une pension.

« Les jours de sortie, nos enfants partaient avec joie, et le soir ils rentraient de même. Quand ils se croyaient en retard, ils disaient à leurs parents : « Allons-nous-en chez nous bien vite; nous allons « arriver en retard. »

« Leurs parents, étonnés de ce langage, leur disaient : « Mais, chez nous! est-ce que tu n'es pas « ici chez nous? — Ici, c'est chez toi, papa; mais à « la pension, c'est chez nous. »

« Dans les derniers mois de notre séjour à la rue de l'Arbalète, j'allais tous les jours surveiller les travaux de la maison que nous avions achetée à

Vaugirard. Le soir, lorsque j'arrivais au moment de la récréation, tous m'entouraient et me demandaient si leur maison était bientôt prête. Souvent, il est vrai, je leur disais : « Mes bons petits enfants, « vous avez raison, cette maison est à vous. Ce « n'est pas pour nous qu'elle a été donnée; mais « pour vous et pour ceux qui vous succéderont. »

« En arrivant à la rue de l'Arbalète, j'avais eu soin de me faire rayer des listes de la 1re légion de la garde nationale, quartier de Saint-Sulpice. Mais, peu zélé pour le service militaire, j'avais eu soin également de ne pas me faire inscrire dans la 12e légion, quartier du Panthéon. Je restai ainsi tranquille, jusqu'en 1852, époque à laquelle la 12e légion fut licenciée.

« Alors MM. Maignen et Paillé vinrent prendre domicile à la rue de l'Arbalète pour jouir de la même faveur de ne plus faire de service.

« Pendant les trois années que nous sommes restés là, je ne me souviens de rien qui me soit particulier. Je faisais à peu près de mon mieux, un peu mollement quelquefois, ce qui m'attirait quelques avertissements de M. Le Prevost. Il grondait quelquefois un peu fort; mais je le méritais bien. Il était à la fois fondateur, supérieur et directeur de l'orphelinat; moi j'en portais le nom seulement. Il en était aussi l'économe et moi le dépensier. Je faisais toute espèce de choses dans la maison, excepté les fonctions de directeur, ayant toujours jugé que j'en étais incapable. »

Que M. Myionnet se soit toujours jugé incapable de diriger l'orphelinat, cela n'est point douteux; qu'il le fût et que M. Le Prevost en jugeât ainsi, c'est autre chose.

CHAPITRE VIII

La propriété de Vaugirard.

« Malgré mon incapacité, le nombre de nos enfants augmentait.

« Le nombre de nos Frères s'était accru également. Nous avions parmi nous trois prêtres : MM. Lantiez, Planchat et Hello [1]; M. Gentil nous avait quittés. La communauté prenait consistance. La maison devenait trop petite, les douze cellules pratiquées dans les mansardes du deuxième étage étaient toutes remplies. Il fallait songer à nous faire quelques logements; mais nous n'étions pas chez nous, et nous n'avions pas d'argent.

« Une démarche fut faite auprès de M. de Courcelles, notre propriétaire, pour qu'il prît l'engagement de ne pas nous augmenter à la fin de chaque période de notre bail, et qu'il nous permît de faire quelques travaux d'appropriation pour nous mettre plus au large. M. de Courcelles nous fit répondre que, non seulement il ne voulait pas s'engager à ne pas nous augmenter, mais qu'il était dans l'intention de nous

---

1. C'est par erreur que M. Myionnet parle ici de la présence de M. Émile Hello à la rue de l'Arbalète. M. Hello n'entra que le 18 mai 1854 dans la congrégation, mais il venait, tous les mercredis, dîner à la rue de l'Arbalète

augmenter de cinq cents francs à la fin de la première période et probablement de cinq cents francs à la fin de la seconde.

« M. Le Prevost se tourna alors du côté du Bon Dieu et lui dit : « Je vois bien que vous ne voulez « pas que nous restions chez les autres; une com- « munauté qui commence et qui peut avoir besoin « de s'étendre, y serait mal à l'aise; il faut qu'elle « soit chez elle. Si telle est vraiment votre volonté, « donnez-moi un signe qui me le fasse voir. Il nous « faut, pour une pareille entreprise, au moins « quatre-vingts à quatre-vingt-dix mille francs; « donnez-moi la moitié, et je me charge du reste. Je « n'ai rien, vous le savez, mais, j'en ai la confiance, « vous ne m'abandonnerez pas. »

Si ces paroles, rapportées après vingt années d'intervalle, ne sont pas exactement celles de M. Le Prevost, elles nous montrent au moins le sens de sa prière et comment M. Myionnet, qui les lui prête, traitait lui-même avec le Bon Dieu.

Tout en priant et faisant prier les enfants et ses Frères, M. Le Prevost cherchait les ressources nécessaires à un établissement moins précaire de sa communauté. On a souvent reproché aux congrégations d'avoir acquis de trop grandes propriétés et construit de trop beaux immeubles; certes, ce dernier reproche ne saurait atteindre M. Le Prevost ni ses fils; mais le premier, malgré certaines apparences, ne serait pas plus justifié. La nature même des œuvres de leur institut les oblige à posséder de vastes immeubles, au milieu de grandes agglomérations ouvrières, et par conséquent au prix de lourds sacrifices d'argent.

M. Le Prevost, si ami de la pauvreté pour lui

et pour sa famille religieuse, comprit donc que c'était pour elle une nécessité de devenir propriétaire, et chercha les moyens d'y parvenir.

Parmi les bienfaiteurs de ses œuvres, ou mieux encore parmi ses amis les plus dévoués, se trouvait la famille de l'abbé Taillandier, son ancien confrère de la Conférence Saint-Sulpice, devenu prêtre et plus tard curé de Saint-Augustin à Paris. Il entretint M. et Mme Taillandier de ses projets et leur fit part de son embarras. « Quelque temps après, Mme Taillandier vint lui dire (c'est M. Myionnet qui parle) : « Monsieur Le Prevost, j'ai pensé à ce que « vous m'avez dit. Mon mari et moi avons fait « quelques économies; je crois pouvoir vous pro- « mettre vingt-cinq mille francs qui serviront à « bâtir la chapelle de votre établissement. »

« Quoique la somme ne fût pas aussi forte que celle qu'il avait demandée, M. Le Prevost crut voir dans cette offre une indication certaine de la Providence, qui voulait que nous marchions en avant. C'est ce qu'il fit.

« Il annonça au Conseil ce qui venait de se passer, et me chargea de chercher du côté de Grenelle quelque chose qui pût nous convenir. Lui, de son côté, se chargea du quartier de Vaugirard. Je trouvai, entre Vaugirard et Grenelle, le terrain occupé aujourd'hui par les Frères de Saint-Jean de Dieu, pour quatre-vingt mille francs. Les bâtiments étaient trop petits, et la propriété trop chère.

« M. Le Prevost trouva sur Vaugirard, rue des Vignes, aujourd'hui rue Dombasle, un vaste terrain avec de grands hangars couverts en chaume, des fours à chaux et, sur la rue des Vignes, un petit bâtiment et des écuries. Le terrain était beaucoup plus vaste que celui que j'avais trouvé, mais dans un état de dévastation complète. Des herbes sauvages et des chardons de 1 m. 50 de hauteur en couvraient la surface. Une clôture en planches à moitié démolie l'entourait.

« Quelques jours après, M. Le Prevost nous dit, à M. Lantiez et à moi, d'aller voir ce terrain pour lui dire ce que nous en pensions. Nous étions à un kilomètre encore, quand, apercevant une vieille clôture en planches à moitié démolie, un terrain inculte, sans une seule maison aux alentours, sauf celle du garde champêtre, nous nous regardâmes en nous disant : « Ce doit être cela le terrain « qu'a trouvé notre bon Père; quelle horreur! » — Arrivés sur les lieux, nous reconnûmes bien le terrain, tel qu'il nous avait été désigné; mais nous le trouvâmes dans un tel état de dévastation que nous nous demandâmes si c'était bien là que notre bon supérieur voulait nous installer. Ce pays que, plusieurs années après, Mgr Morlot, appelait l'*Arabie Pétrée*, alors qu'il était déjà considérablement amélioré, était un vrai désert.

« A notre retour, nous rendîmes compte à M. Le Prevost de notre impression qui, on le devine, n'était pas favorable. M. Le Prevost nous fit cette réponse que je n'ai point oubliée : « Quand une « communauté commence, il lui faut principalement « de l'espace. Les bâtiments viennent successivement « s'y installer suivant les besoins. » Aujourd'hui, nous reconnaissons la vérité de ces prévisions; si nous n'avions pas eu l'espace, combien la communauté eût-elle été gênée dans ses développements!

« L'acquisition du terrain de Vaugirard fut donc décidée au Conseil suivant; l'acte en fut passé le

15 juillet 1853. » Huit jours après, les ouvriers commençaient les travaux d'aménagement.

Le terrain que M. Le Prevost venait d'acquérir pour y établir sa communauté et ses orphelins occupait tout l'espace compris actuellement entre la rue Dombasle et la rue de Dantzig, jusqu'au numéro 27 de celle-ci: peu d'années après, dans des circonstances providentielles que nous raconterons bientôt, on y ajouta tout l'espace qui s'étend au delà du numéro 27 jusqu'à la rue des Morillons. L'ensemble formait, on le voit, une propriété considérable, ayant façade sur trois rues et couvrant une superficie de 25 000 mètres [1].

La pauvreté des bâtiments contrastait avec les vastes dimensions du terrain. « M. Le Prevost, raconte M. Myionnet, ne voulut y mettre que vingt-cinq mille francs. Un devis fut fait par l'architecte pour cette somme, mais il laissait les hangars tels quels, avec leur couverture en chaume, sans carrelage, rien que le sol en terre battue, comme dans les plus pauvres habitations de la campagne. » Il ne devait pas y avoir non plus de cheminées et les hangars seraient clos avec les matériaux provenant de la démolition des fours à chaux, qui occupaient une partie du terrain. Les plafonds devaient être en plâtre; on devait également enduire de plâtre les murs, faits en mortier de terre. La chapelle seule serait bâtie solidement et couverte en ardoises. Il n'y aurait pas de premier étage : tous les bâtiments formaient rez-de-chaussée. Les portes et fenêtres furent achetées dans des

---

1. 2 000 mètres y furent ajoutés après la mort de M. Le Prevost.

chantiers de démolition. C'était bien la pauvreté dans toute sa rigueur et l'on se demande comment on y aurait pu vivre dans de telles conditions d'hygiène et de confort, si M. Myionnet, peu suspect cependant de délicatesse en ces matières, n'eût obtenu de M. Le Prevost qu'il se relâchât quelque peu de cette rigueur.

« Les constructions se faisaient ainsi et se seraient achevées de même, écrit M. Myionnet, si je n'avais fait de pressantes observations, d'abord au sujet de la toiture en chaume, dans laquelle nous aurions mis le feu, bien certainement, toutes les pièces devant être chauffées par des poêles dont les tuyaux auraient traversé le chaume; puis le sol en terre, qui nous aurait laissés dans une humidité très malsaine pour les enfants et pour nous.

« Dans ce premier plan, il n'y avait pas de caves, pas de loge pour le concierge, pas de parloir pour les enfants. M. Le Prevost finit par se décider à faire bâtir une loge, un parloir, à faire couvrir en ardoises, à mettre du parquet et du carreau partout. »

Ces modifications au plan primitif eurent naturellement pour conséquence de doubler le prix des constructions prévu par le devis de l'architecte. L'acquisition du terrain avait coûté soixante-cinq mille francs; c'était donc en tout une dépense de cent quinze mille francs, somme énorme pour la bourse de M. Le Prevost. La divine Providence en avait déjà procuré vingt-cinq mille, c'était quatre-vingt-dix mille francs qu'il restait à trouver.

« A partir du mois de juillet 1853, jusqu'au mois de février 1854, poursuit M. Myionnet, je venais

passer toutes les journées à Vaugirard pour surveiller les travaux. Pressés par le propriétaire de quitter
la Maison de la rue de l'Arbalète le 8 janvier, nous
obtînmes d'y rester jusqu'au 8 février : mais il
fallut partir à cette date, quoique les travaux à Vaugirard ne fussent pas encore terminés. Avec de la
bonne bolonté, nous trouvâmes moyen de nous
loger quand même. Les plâtres n'étaient pas parfaitement secs, ceux du dortoir des enfants principalement. Trois grosses cloches de blanchisseuses,
allumées toute la nuit, remédiaient au mal. Personne
ne fut indisposé.

« Notre déménagement dura trois ou quatre
jours. Notre bon P. Lantiez présidait au charge-
ment rue de l'Arbalète, et moi au déchargement à
Vaugirard. Qu'on est riche, quand on déménage!
On n'en finissait pas. Mais ceux qui furent heureux,
ce furent nos enfants, qui arrivèrent les derniers.
Comme ils étaient heureux! Chacun portait un petit
paquet contenant ses divers cahiers de classe. « Ici,
« c'est chez nous, disaient-ils, cette maison est à
« nous! »

« Une petite chapelle avait été organisée provisoirement dans la salle qui fut plus tard la salle de
communauté et qui est devenue ensuite la lingerie.
C'est là que Notre-Seigneur descendit pour la première fois dans notre Maison de Vaugirard. Obligés
de sortir à la hâte de notre Maison de la rue de
l'Arbalète, nous trouvâmes les ouvriers partout dans
la Maison de Vaugirard. Les froids n'étaient pas
encore passés; il gelait un jour, il dégelait l'autre; le
terrain défoncé par les charrettes n'était ni nivelé,
ni sablé. La cour de récréation était presque à cinq
minutes de chemin des classes; les enfants mar-

chaient dans la boue jusqu'à la cheville : l'un perdait son soulier, l'autre sa galoche; on riait, on chantait, on était content quand même : nous étions chez nous!

« Pour mettre de l'entrain et aller rondement, on faisait marcher les enfants au pas et par pelotons; sans cela, ils auraient mis dix minutes pour se rendre de la cour à la classe. Notre bon P. Lantiez avait composé trois ou quatre petites chansons dont je ne me souviens plus, mais qui étaient charmantes et mettaient la joie dans l'âme de nos petits enfants, Ils étaient alors de 75 à 80.

« Il fallait voir le P. Lantiez, marchant dans la boue avec ses grands pieds et ses grandes jambes, à la tête de nos petits enfants et faisant chanter, avec sa grosse voix, les chansonnettes qu'il avait composées. »

Une lettre de M. Le Prevost, du 12 juillet 1853, montre bien que la nécessité seule avait pu pousser le fondateur à s'engager dans une entreprise aussi supérieure à ses ressources :

« ... Nous avons été plus vite que vous dans notre œuvre d'orphelins, écrit-il. J'espère que c'est par la volonté de Dieu et non par notre inspiration propre. » Et, après avoir rappelé les raisons qui le déterminèrent, il ajoute : « C'est un acte un peu hardi dans notre position, mais nous avons bien prié avant d'agir; nous avons aussi pris de sages conseils; nous espérons donc que le Seigneur sera avec nous... »

C'est pour la fête de saint Joseph que la chapelle de Vaugirard fut inaugurée.

« Enfin, le 19 mars, écrit M. Myionnet, il nous fut

permis de prendre possession de la chapelle dédiée aux Sacrés Cœurs de Jésus et de Marie [1].

« Voici encore, une attention de la Providence sur nous, pendant que nous établissions nos constructions. Un petit coin de terrain, appartenant à M. Fondary, nous gênait beaucoup pour nous mettre au carré. C'est le coin de terre occupé maintenant par la lingerie et la salle de communauté.

« L'acheter ?... Nous n'avions pas d'argent. Demander un échange ? On nous aurait fait payer la convenance. Je crois d'ailleurs que nous n'y avions pas pensé ; mais la Providence, toujours attentive à nous donner ce qu'il nous faut, se chargea d'arranger l'affaire.

« C'est M. Fondary qui vint le premier proposer l'échange. Il avait un projet de percement de rue au milieu des terrains qu'il possédait près des nôtres. L'échange qu'il proposait lui était certainement avantageux ; mais nous nous empressâmes d'accepter, car cela nous permettait de mettre nos bâtiments au carré.

La chapelle de Notre-Dame de la Salette.

« A peu près un an ou deux plus tard, nous sommes devenus acquéreurs du champ de la Salette, d'une manière bien plus merveilleuse :

« Un vaste terrain nous bordait, longeant le chemin des Morillons et le chemin du Moulin (aujourd'hui rue de Dantzig). Il appartenait à M. Laroze.

1. Le 19 était un dimanche, c'est le lundi 20 mars 1854 que la chapelle fut bénie par Mgr Buquet, vicaire général de Paris. Le P. Félix fit le sermon.

On pouvait craindre que ce terrain, vendu par lots, ne vît s'établir des marchands de vin ou autres commerçants de ce genre. Il y en avait déjà un de l'autre côté du chemin. Les murs de notre chapelle et de nos classes étaient mitoyens avec cette propriété. Quel affreux voisinage nous aurions eu, si, de la chapelle, nous avions entendu des jurements, des instruments de musique, des danses, tous les dimanches au moins.

« L'unique moyen d'éloigner un pareil voisinage était d'acheter le terrain; mais, pour l'acheter, il fallait 18 000 francs [1].

« Il n'y avait que deux ans que nous étions à Vaugirard; nous n'avions pas même fini de payer la première acquisition. Comment faire ? M. Le Prevost, comme toujours, demanda à Dieu un signe de sa volonté, le priant de lui donner les premiers fonds. Il n'y a rien à craindre, quand le Bon Dieu fait voir qu'il veut une chose.

« M. Le Prevost s'adressa à la sainte Vierge et lui dit : « Ma bonne Mère, vous voyez combien il serait « fâcheux pour nous d'avoir dans ce champ quelque « voisin désagréable; si vous voulez que je l'achète, « donnez-m'en une marque en m'aidant un peu; je « vous promets que, sur ce terrain, je ferai construire « un petit sanctuaire sous le vocable de Notre-Dame « de la Salette, et que, tous les jours, après la messe, « on y récitera un *Ave Maria* et trois invocations « à Notre-Dame de la Salette. »

---

1. Le récit authentique, signé de MM. Le Prevost, Myionnet, Planchat, Lantiez, Hello, Maignen, Beauvais, Tourniquet, A. Vasseur, Paillé, H. Piquet, indique seulement 16 000 francs, et c'est aussi la somme que relate le *Journal de la Communauté* à la date du 11 décembre 1855.

« M. Le Prevost me fit part, au bout de quelque temps, de cette promesse qui, il me le fit bien remarquer, n'était pas un vœu.

« Quelques mois après, il partait dans le Midi pour y rétablir sa santé exténuée par les fatigues que lui avait causées la double fondation de Vaugirard et de Nazareth [1], m'abandonnant, pendant son absence, la direction de la communauté.

« Il y avait plusieurs mois qu'il était parti, lorsqu'un grand Monsieur vint pour voir « M. Le Prevost » et me fit appeler en son absence [2]. Je ne

1. Le transfert du patronage de la rue du Regard à la rue Stanislas, sous le nom de patronage de Nazareth.

2. Les souvenirs de M. Myjonnet sont inexacts, quant à la durée du temps écoulé entre le départ de M. Le Prevost et la visite de M. Houdard, dont il est ici parlé. M. Le Prevost quitta Vaugirard le 12 novembre ; or le *Journal* de la Communauté porte, à la date du 28 novembre, la note suivante : « Aujourd'hui l'affaire de Notre-Dame de la Salette commence sérieusement par convention verbale arrêtée avec M. Laroze pour l'acquisition du terrain. Le notaire est averti. » Les choses étaient donc fort avancées lorsque M. Le Prevost partit.

On lit dans un récit recueilli de la bouche de M. Le Prevost : « Nous promîmes à Notre-Dame de la Salette un petit sanctuaire... Je pensais que tout se bornerait à une statue avec un simple entourage. Presque immédiatement, dans les deux ou trois jours, se présente un Monsieur inconnu... » Il est manifeste, d'après ce récit, que la visite de M. Houdard a dû précéder le départ de M. Le Prevost pour le Midi, ce qui n'empêche pas que M. Myionnet ait reçu le visiteur, en l'absence de M. Le Prevost, momentanément sorti de la Maison.

La contradiction flagrante de ces deux témoignages serait ainsi conciliée. La version de M. Le Prevost est seule conforme aux documents contemporains.

Le récit authentique, fait sous les signatures énumérées dans une note précédente, dit que, le troisième jour d'une neuvaine commencée aussitôt après la promesse de M. Le Prevost, « un respectable vieillard, M. Houdard, qui alors nous était

le connaissais pas. Il me dit à peu près ce qui suit :
« On m'a parlé de vous ; je désire vous faire du bien
« et je viens vous demander ce dont vous pouvez
« avoir besoin. »

« Ne m'attendant pas à pareille offre, je ne sus,
au premier moment, que lui répondre. Je lui fis,
autant qu'il m'en souvient, cette réponse : « Mon-
« sieur, cette propriété où nous venons de nous éta-
« blir, n'est pas encore payée ; nous trouverions là,
« très heureusement, le placement de la somme que
« vous avez la bonté de nous destiner. Quant à nos
« constructions, cela demande réflexion, et, pour
« vous faire une demande qui ne soit pas indiscrète,
« je désirerais savoir à peu près combien vous dési-
« rez y mettre. — La somme que je désire vous don-
« ner est de trois mille francs, et, avec cette somme,
« je vous ferais une construction qui vous coûterait
« autrement six mille francs. J'ai des entrepreneurs
« avec lesquels je suis en compte et qui construi-
« raient, pour moi, à très bas prix. »

« A ce moment, l'acquisition du champ me vint
à l'esprit, et je dis à ce Monsieur : « Je demanderais
« quelques jours pour répondre à vos désirs. M. Le
« Prevost n'est pas ici ; je n'ai pas d'idée arrêtée sur
« la construction dont nous pourrions avoir besoin,
« mais permettez-moi de vous exprimer le désir que
« nous aurions d'acheter un terrain voisin du nôtre. »

entièrement inconnu, vient trouver M. Le Prevost pour le
consulter sur l'emploi en bonnes œuvres d'une somme de
3.000 francs et consent à les appliquer à l'acquisition du champ.
Quelques jours après, une autre personne offre 4.000 francs.
En moins d'un mois M. Le Prevost était à même de faire l'acquisition du champ, appelé désormais *Champ de la Salette.* ◆

Et je lui fis le détail de tous les avantages et inconvénients dont j'ai parlé plus haut.

« Il me répondit carrément : « Non, c'est en « constructions que je veux vous donner la somme « de trois mille francs; réfléchissez et donnez-moi « réponse d'ici quelques jours. » Je lui demandai son nom et son adresse, pour lui faire parvenir la réponse. — « Non, je ne veux pas être connu; « je reviendrai vous voir. »

« Il prend son chapeau et part; du parloir à la porte, il y avait une certaine distance; je le conduisis jusqu'à la rue. Au moment de me quitter, il me dit : « Toutes réflexions faites, montrez-moi donc « ce terrain que vous voulez acheter. » La chose était facile. Je lui fis voir la chapelle, les classes; il comprit l'inconvénient d'avoir si près de nous des voisins bruyants ou pis encore, se retira content d'avoir vu et me promit les trois mille francs pour l'acquisition du terrain. Trois jours après, je les recevais, sans connaître le nom du donateur [1].

« La volonté du Bon Dieu se manifestait, continue M. Myionnet. Il voulait un sanctuaire à Notre-Dame de la Salette. Trois mille francs, ce n'était pas beaucoup : nous avions encore des dettes; avancer eût peut-être été téméraire. Nous racontâmes ces faits à M. et Mme Restou, amis de M. Le Prevost,

---

1. M. Houdard, le généreux bienfaiteur dont il est ici parlé, avait été envoyé à M. Le Prevost par les Pères jésuites du collège de l'Immaculée-Conception, à Vaugirard. Depuis le 10 janvier 1855, les Pères jésuites amenaient les congréganistes les plus âgés du collège à l'orphelinat de Vaugirard pour y donner des encouragements et des avis aux orphelins de la deuxième classe et exercer près d'eux une sorte de patronage.

qui, à leur tour, les racontèrent à MM. Tulasne [1]. Ces derniers, voulant aider à la bonne œuvre, nous firent offrir une somme de mille francs. Une autre personne, qui nous faisait une petite rente, nous offrit de nous en donner le capital : huit mille francs. Cela nous faisait douze mille francs. Nous faisons part de toutes ces bonnes nouvelles à M. Le Prevost et lui demandons ce que nous avons à faire. Il nous répondit, sans hésiter : « La volonté de Dieu est là; « il n'y a pas témérité à avancer : achetez! Dieu fera « le reste. »

« Ainsi fut acheté le champ de M. Laroze, qui fut. appelé depuis le *champ de Notre-Dame de la Salette.* »

Le contrat fut signé le mardi 11 décembre 1855, moins d'un mois après le départ de M. Le Prevost. Il est possible, d'après les indications du *Journal* de la communauté, de rétablir les dates des faits qui viennent d'être racontés. Tous ne peuvent s'être accomplis, en effet, dans l'intervalle si court qui sépare l'acquisition du champ de la Salette du départ de M. Le Prevost. Le *Journal* porte, à la date du 10 octobre, l'indication d'une neuvaine commencée par la communauté, « pour obtenir par l'intercession de Notre-Dame de la Salette la guérison de M. Letaille, de notre cher Fr. Vince, celle de M. l'abbé de Ségur [2], et en même temps pour attirer la bénédiction de la sainte Vierge sur l'affaire relative à l'acquisition du terrain qui touche aux bâti-

1. Les docteurs Tulasne, dont l'un membre de l'Institut, confrères de la Conférence Saint-Sulpice.

2. M. Letaille était un ami de M. Le Prevost et de ses œuvres; il dirigeait un grand établissement d'imagerie religieuse dans le quartier Saint-Sulpice. Mgr de Ségur venait d'être frappé de cécité à Rome.

— 219 —

ments de la communauté et qui serait si utile à notre tranquillité. » C'est le 12 ou le 13 octobre qu'eut lieu la visite de M. Houdard, puis en quelques semaines, avant le 28 novembre (convention verbale avec le vendeur), la bonté de Marie procura les autres dons nécessaires à l'achat projeté.

Le 8 décembre 1855, premier anniversaire de la définition dogmatique de l'Immaculée Conception, une petite statuette de Notre-Dame de la Salette était offerte à la communauté par M. l'abbé Choyer, qui dirigeait à Angers des ateliers de sculpture. Elle fut solennellement bénie et portée en procession par les enfants de l'orphelinat. Une neuvaine de prières fut commencée devant cette pieuse image et, le 11 décembre, fut signé le contrat d'acquisition du champ de la Salette.

M. Le Prevost fut très frappé de cette nouvelle marque de la sollicitude de la Providence qui témoignait par tant de signes du désir de voir honorer Marie sous le vocable de Notre-Dame de la Salette. Le 17 décembre, il écrivait de Vernet-les-Bains à M. Maignen : « Je désirerais bien que vous me donniez quelques petits détails sur le groupe de Notre-Dame de la Salette donné par M. Choyer. Quelles en sont les proportions ? A-t-il du mérite comme piété, sentiment, art ? L'arrivée si opportune de cette pieuse image me semble un encouragement bien direct de la très sainte Vierge, que nous désirons honorer et faire honorer de tous [1]. »

Du fond de l'exil auquel la maladie l'avait con-

1. Le groupe dont il est ici question est conservé actuellement à Tournai; il est placé dans le petit oratoire attenant à la chapelle de Notre-Dame du Bon-Conseil et consacré au souvenir des Frères défunts.

damné, M. Le Prevost avait la consolation de voir
les bénédictions que Dieu accordait à ses fils. Déjà
les bâtiments de Vaugirard devenaient trop petits
pour les contenir. L'arrivée de deux nouveaux
Frères, au commencement du mois d'août, avait
obligé à construire plusieurs cellules dans le grenier.
L'année de l'Immaculée Conception avait été l'une
des plus fécondes depuis la fondation de l'Institut.

« Le champ était acheté, continue M. Myionnet,
il nous restait à remplir la promesse faite par M. Le
Prevost. L'*Ave Maria* et les trois invocations à
Notre-Dame de la Salette furent dits chaque jour
après la messe.

« Nous nous mîmes en mesure de bâtir le sanctuaire. Le premier projet de M. Le Prevost était
d'avoir un tout petit sanctuaire. Notre confiance en
la sainte Vierge allant peut-être jusqu'à la témérité,
nous pensâmes qu'un tout petit sanctuaire ne
répondrait pas suffisamment à la piété des fidèles et
au besoin que nous éprouvions déjà nous-mêmes
d'avoir une chapelle plus grande que celle que nous
avions: Nous conçûmes le projet de faire construire
sur le terrain de la Salette une chapelle qui pût
répondre à ces deux fins. C'est pourquoi le Conseil
décida que le dixième des dons et quêtes serait
consacré à cette construction. A peine avions-nous
trois cents francs, que nous nous mîmes à l'ouvrage.
M. Courtin, architecte, et M. Bonté, entrepreneur [1],
furent chargés de l'exécution du travail. La chapelle
devait être placée dans le même sens que celle

---

1. M. Bonté, entrepreneur, ami de M. Le Prevost et dont
la famille est restée fidèle aux Frères de Saint-Vincent de
Paul.

actuelle; mais un peu plus à l'est. L'entrée devait être juste à la place de la porte qui existe maintenant pour communiquer de la salle Saint-Louis de Gonzague dans le champ de la Salette[1]. Les travaux de terrassement étaient achevés, la première assise était presque posée, lorsqu'il fut reconnu par l'architecte et par M. Bonté que le terrain sur lequel nous voulions bâtir n'était pas solide. Des crevasses assez nombreuses indiquaient que les carrières exploitées en galeries rendaient le terrain impropre à recevoir une construction importante, à moins qu'on ne se décidât à faire des travaux considérables dans ces carrières mal comblées. Il nous fallut donc arrêter les travaux. M. Le Prevost, de retour du Midi où il avait passé l'hiver, s'en tint à la première idée d'un petit sanctuaire. Il m'envoya chez l'architecte, pour lui demander un plan dont l'exécution ne devait coûter que cinq cent francs. L'architecte fit un devis qui devait bien en coûter cinq mille. M. Le Prevost l'accepta quand même. Mais, à peine les fondations étaient-elles sorties de terre, que, voyant l'exiguïté de cette petite chapelle, il demanda qu'on la fît un peu plus longue. La chapelle terminée, on la trouva encore trop petite. On prit alors le parti de la joindre à la chapelle des Sacrés-Cœurs. Primitivement, elle formait un corps de bâtiment entièrement séparé, laissant une distance d'environ quatre ou cinq mètres entre les deux. Cet espace est aujourd'hui occupé par les deux petits bas-côtés et, pour cette partie, la

---

1. La salle Saint-Louis de Gonzague occupait la partie de la grande chapelle qui est maintenant au-dessous de la tribune.

voûte est dissemblable de celle du sanctuaire [1].

« Plaise à Dieu que ce sanctuaire consacré à la sainte Vierge (où reposent les restes de notre vénéré abbé Planchat et le cœur de notre bien aimé fondateur et premier supérieur), plaise à Dieu, dis-je, que ce sanctuaire devienne encore trop petit et que nous soyons forcés d'en écarter les murs [2].

Protection de Marie.

« Dès que le mois de Marie fut arrivé, nous nous empressâmes de venir le célébrer dans le terrain qu'elle nous avait donné. Une statue de la sainte Vierge fut placée au milieu du champ, sur un piédestal entouré de quelques fleurs. Tous les soirs, après le souper, nous rangions nos enfants dans l'allée des sycomores et, la croix en tête, nous nous rendions près de la statue de la sainte Vierge en chantant les litanies. Nos enfants étaient bien quelquefois distraits par les hannetons qui volaient autour d'eux. Mais, malgré cela, notre bon abbé Lantiez savait captiver leur attention par quelques belles histoires. Il savait leur inspirer une confiance si vive en la Mère de Dieu que, plusieurs fois, il leur a fait faire je dirais presque des miracles.

1. Depuis, les voûtes ont été rendues uniformes quand, en 1886, on a bâti la partie qui regarde l'autel de Sainte-Philomène, siège de l'archiconfrérie de l'Œuvre de Sainte-Philomène et du Bienheureux curé d'Ars.

2. Ce désir de M. Myionnet est pleinement réalisé, quant à sa première partie; le sanctuaire de la Salette et celui des Saints-Cœurs est devenu trop petit et une souscription est ouverte pour permettre d'en « écarter les murs. »

« J'ai cité un fait qui s'est passé à la rue de l'Arbalète. J'en citerai d'autres qui ont eu lieu à Vaugirard. Je ne les placerai peut-être pas ici dans l'ordre où ils se sont produits, mais je les rapporterai aussi exactement que l'éloignement du temps et ma pauvre mémoire me le permettront.

« Pendant que M. Le Prevost était dans le Midi, la première année (pendant l'hiver de 1856, je crois), il m'avait laissé, comme je l'ai dit, l'administration de la maison [1]. Nos orphelins, au nombre de cent, ne payaient encore que vingt francs de pension par mois. Dès le commencement, le prix de la pension avait été calculé, non pas sur ce que les enfants pouvaient coûter, mais sur ce que raisonnablement les parents pouvaient payer en se réservant quelque chose pour vivre. Vingt francs par mois, ce n'était certainement pas ce qu'ils coûtaient. De plus, il fallait pourvoir aux besoins de quinze ou vingt Frères. Deux ou trois d'entre eux avaient quelques revenus; mais la communauté n'avait aucune réserve.

« M. Le Prevost savait administrer avec économie et trouver des ressources. Il était connu dans le monde charitable et avait tout ce qu'il fallait pour se faire ouvrir les bourses; mais moi, je n'avais rien de tout cela et, par-dessus tout, M. Le Prevost me répétait sans cesse que je ne savais pas administrer avec économie. A force de me le répéter, il a fini par m'en convaincre.

« Dans de pareilles conditions, je ne fus pas long-

---

1. L'absence de M. Le Prevost dura du 12 novembre 1855 au 23 mai 1856.

temps à dépenser les deux ou trois mille francs qu'il m'avait laissés.

« Un jour, j'avais à payer et pas d'argent dans la caisse. Je dis à mes petits enfants, dans la prière desquels j'avais grande confiance : « Mes bons petits « enfants, vous savez que nous ne sommes pas bien « riches. Ce que vos parents et protecteurs peuvent « payer pour votre pension ne nous suffit pas pour « vous nourrir. J'ai en ce moment le boulanger à « payer et pas d'argent! Que faut-il faire? Quand un « petit enfant a faim, que fait-il? Il s'adresse à sa « mère, il demande et puis il pleure jusqu'à ce que sa « maman lui donne du pain. Je ne vous enverrai pas « demander du pain à vos mamans. Mais nous avons « une Mère qui nous en enverra, prions-la bien. Une « bonne mère ne refuse jamais à son enfant, à plus « forte raison la sainte Vierge. » Nos petits enfants se mettent à genoux et prient de tout leur cœur. La semaine n'était pas passée, que j'avais reçu de différentes personnes une somme de mille francs.

« Plus tard, M. Le Prevost eut connaissance du fait. Il me reprocha mon imprudence d'avoir dit aux enfants qu'on n'avait plus de pain à leur donner. Je reconnus mon tort, sans cependant promettre de ne plus recommencer, puisque la sainte Vierge avait si bien exaucé la prière de nos petits enfants.

« Une autre fois, la caisse de la petite Conférence avait été volée de quatre cents francs environ. Le dimanche matin, à la réunion, je dis à nos petits enfants :

« Chers enfants, la loterie que nous avons faite, il y a quelques semaines, avait mis quatre cents francs dans notre caisse. J'ai la douleur de vous apprendre aujourd'hui que nos pauvres n'ont plus rien. Les quatre cents francs nous ont été volés. Je n'ai de soupçon sur personne. Prions bien le Bon Dieu pour qu'il mette le repentir dans le cœur du voleur, afin qu'il nous rende l'argent des pauvres sans se faire connaître. »

« Nos petits enfants prièrent de tout leur cœur. Quelques mois après, un aumônier des prisons de Paris nous apportait deux cent cinquante francs, en nous disant que le reste nous serait rendu. Effectivement il fut rendu plus tard. Le coupable avait été condamné pour un autre vol. Son nom est toujours resté inconnu.

« Voici un autre trait de la protection de la très sainte Vierge. Un matin, un enfant avait demandé à rester au lit, parce qu'il avait mal à la gorge. L'infirmier, ne le jugeant pas assez malade, s'était contenté de lui donner quelques tasses de tisane et l'avait laissé au dortoir. Le dortoir était alors où est la salle Saint-Jean [1], à quelques pas de l'infirmerie, qui était où se trouve aujourd'hui la sacristie. Sur les six heures du soir, je trouve l'enfant respirant à peine. Inquiet, je fais aussitôt appeler l'infirmier qui, surpris de le voir aussi mal en si peu de temps, court chercher le médecin. Celui-ci ne se fait pas attendre et constate que le mal est très grave. Il n'y a pas de temps à perdre pour administrer bien vite le pauvre enfant, qui n'a plus que quelques instants à vivre. Il lui tenait le bras dans sa main et se rendait compte que le pouls ne battait presque plus. Il demanda qu'on commençât les onctions par les pieds, de

---

1. Local maintenant détruit.

peur qu'en lui remuant la tête on n'accélérât son dernier soupir. A ce moment, sonne la fin de la récréation du soir. Les enfants doivent entrer au dortoir où se trouvait toujours le malade. Le médecin, M. Desquibe me dit : « Arrêtez l'entrée des enfants. Dans quelques minutes il sera mort. Nous le transporterons à l'infirmerie; ils entreront ensuite. »

« Je cours au-devant des enfants. Je les arrête dans l'allée des sycomores. Je leur dis que leur petit camarade, encore la veille au milieu d'eux, était près de mourir. J'ajoutai que M. Faÿ [1], alors notre aumônier, était occupé à l'administrer, que dans dix minutes il serait probablement mort, et qu'il fallait prier de tout cœur pour lui pendant ce temps. Nous nous mettons à genoux aux pieds de la statue de la sainte Vierge qui était au haut de la chapelle et nous commençons le chapelet. Chose merveilleuse! à mesure que la récitation du chapelet avançait, le mieux du malade devenait plus sensible. Le chapelet étant à peu près à moitié, je vais voir le malade. On me dit : « Il va mieux. » Je « retourne à mes enfants et je leur dis : «Courage, mes « bons petits enfants, votre petit camarade va mieux, priez encore plus fort. » Ils se remettent à prier avec un cœur dont l'ardeur se reflétait sur le visage. Il fallait les voir, leurs petites mains jointes et les yeux élevés vers la sainte Vierge. Le chapelet terminé, je vais voir M. Desquibe qui était toujours près du malade, lui tenant le bras et suivant le

1. L'abbé Justin Faÿ, entré le 31 mars 1857 dans la communauté, au sortir du séminaire Saint-Sulpice. Il fut le premier maître des novices de la congrégation, fonda en 1870 la Maison de Tournai et mourut le 25 décembre 1871.

mouvement du pouls. Il me dit : « Je n'y connais plus rien. L'enfant va sensiblement mieux. La respiration est revenue. Patientez encore quelques minutes et il sera transportable à l'infirmerie. »

« En effet, un quart d'heure après, il y était rendu. Le mieux continua et, trois jours après, il était en pleine convalescence.

« La guérison de notre petit Leclerc, aujourd'hui notre bon abbé et Frère Leclerc, est plus merveilleuse encore. »

Cet enfant n'avait pas encore dix ans; il était né en 1845, un an avant l'apparition de Notre-Dame de la Salette, l'année même de la naissance de la Congrégation. Fils d'un de ces ouvriers intelligents et habiles qui font la renommée des ateliers parisiens, il avait à peine connu son père, mort d'une blessure reçue pendant les journées de juin 1848. A la mort de sa mère, se trouvant seul au monde, il avait été adopté par la Société des Amis de l'Enfance qui l'avait placé à l'orphelinat de Vaugirard.

Au mois de mai 1855, Alfred Leclerc fut atteint d'une maladie grave. Privé brusquement des soins maternels, l'enfant avait souffert du régime nouveau auquel il était soumis. M. Le Prevost et M. Myionnet, si attentifs qu'ils fussent à la bonne tenue de la maison, ne pouvaient tout savoir et tout empêcher. Nous avons déjà entendu M. Myionnet déplorer l'inexpérience de certains de ses premiers collaborateurs, à la rue de l'Arbalète; il en était de même encore à Vaugirard, au moins pour quelques-uns. Les postulants qui se présentaient pour faire partie de l'institut étaient employés d'ordinaire, à titre d'essai, aux divers services de l'orphelinat. Ces essais n'étaient pas toujours heureux. Des punitions souvent imméritées, parfois excessives, étaient infligées aux enfants par ces surveillants improvisés. Ce fut une punition de ce genre qui causa au petit Leclerc une maladie qui faillit lui coûter la vie. Il fut bouleversé par l'injustice et la dureté du traitement auquel il avait été soumis; son sang subit une sorte de décomposition, une hémorragie violente se produisit; le sang sortait par la bouche et par le nez, sans qu'aucun des moyens employés d'ordinaire suffît à l'arrêter. Le médecin dut fixer par un ressort deux bouchons de charpie dans les narines et deux autres au fond de la bouche. L'écoulement, un instant comprimé, fit enfler le visage du malade et bientôt le sang se fraya de nouveau passage, en repoussant la charpie. L'enfant épuisé allait s'éteindre, lorsque l'infirmier se souvint de l'eau de la Salette dont il avait récemment éprouvé l'efficacité sur le jeune Louis Gentil. Il fit une prière à Notre-Dame de la Salette; puis, sortant des narines du malade les deux tampons qui ne voulaient pas tenir, il les trempa dans l'eau miraculeuse et les remit à leur place. A partir de ce moment, ils restèrent dans les narines, comme s'ils y avaient été collés, et l'écoulement cessa sans qu'il en résultât aucune congestion. Néanmoins la situation du malade était encore grave; le corps de l'enfant devint tout noir et vergé, comme s'il eût été meurtri de coups; ses forces diminuaient de jour en jour; il n'y eut bientôt plus d'espoir. Sur le conseil du médecin, M. Lantiez donna l'extrême-onction à Alfred Leclerc et lui fit faire sa première communion. Cependant les prières à Notre-Dame de la Salette continuaient; tout l'orphelinat y participait, le petit malade s'unissait à ce concert de supplications, mais ses forces déclinaient de plus en plus et il finit par tomber dans une sorte de léthargie qui dura deux jours. Pendant tout ce temps, on ne cessa pas de donner de l'eau de la Salette à l'enfant; peu à peu il sortit de son engourdissement et fut bientôt complètement guéri [1].

M. Myionnet rappelle ensuite la guérison de Félix His, atteint de surdité, et qui entendit le son de l'Angélus, tandis que ses camarades priaient pour lui.

Il ajoute le fait suivant :

« Dans le courant du mois de Marie, M. Alphonse Vasseur et M. Polvèche [2] sont appelés au conseil de révision. La veille, à l'exercice du soir, M. Lantiez fait la petite exhortation comme d'habitude et la termine en exhortant nos petits enfants à prier bien fort, mais bien fort, pour que par la protection de Marie ces deux Frères soient exemptés du service militaire. Il fit cette exhortation avec cet accent de foi que tout le monde connaît et qui pénétrait les cœurs. Nos petits enfants l'écoutaient avec attention et ils prièrent avec une foi profonde. L'exemption de M. Polvèche était très probable; mais, pour M. Vasseur, personne ne lui connaissait de cas de réforme, pas même lui. Le lendemain, ils se rendent

---

1. La relation authentique porte les signatures : Le Prevost, Cl. Myionnet, L. Lantiez, l'abbé Planchat, prêtre, Hello pr., Maurice Maignen, Paillé, J.-M. Tourniquet, Émile Beauvais, Alph. Vasseur, H. Piquet, A. Leclerc. — L'infirmier était M. Émile Beauvais.

Le miraculé fut supérieur général des Frères de Saint-Vincent de Paul de 1884 à 1907, date de sa mort.

2. Jeunes Frères attachés à la direction de l'orphelinat.

au conseil. M. Polvèche est exempté, comme on s'y attendait. M. Vasseur est appelé à son tour. On lui demande s'il a un cas d'exemption. Il répond qu'il n'en sait rien. Examiné par le chirurgien, il est déclaré bon pour le service. M. Vasseur se retirait, lorsque le chirurgien, le voyant marcher, le rappelle en lui disant : « Mais, jeune homme, vous ne marchez pas droit, vous avez une jambe plus courte que l'autre. » M. Vasseur, tout étonné de ce qu'on le trouvait boiteux, répond : « Peut-être bien ! — Cou-« chez-vous sur ce lit, » dit le major. Puis il lui tire les jambes et trouve effectivement qu'il y avait une légère différence de longueur entre les deux jambes. Il le renvoie enfin en le déclarant impropre au service. M. Vasseur se hâte de se retirer, craignant qu'on ne le rappelle une seconde fois. Il nous arrive à Vaugirard transporté de joie, nous racontant la bonne nouvelle. Mais, interrogé par nous sur laquelle de ses jambes était la plus courte : « Je n'en sais rien, nous dit-il, j'étais tellement hors de moi, en m'entendant déclarer impropre au service, que j'ai oublié de le demander. »

« Il me semble que c'est l'année suivante [1] que le besoin réel d'agrandir la maison se fit sentir de plus en plus. Nous ne pouvions loger que cent orphelins et nous étions obligés d'en refuser peut-être deux cents chaque année. Le nombre des Frères augmentait également. Bâtir était une chose urgente. Nous avions du terrain, il ne fallait que l'argent. M. Le Prevost, trop fatigué, ne pouvait plus se remettre à quêter. Alors M. Lantiez ne voit pas d'autre moyen que de faire demander une grande

---

1. Le fait précédent eut lieu en 1854.

maison à la sainte Vierge. Nous entrions dans le mois de Marie. Il mit dans la tête des enfants qu'il fallait qu'elle nous accordât cela pendant le mois qui lui est consacré. C'est pourquoi, tous les soirs, sans y manquer, la dizaine de chapelet et le Souvenez-vous étaient dits à cette intention.

« Pas plus que précédemment, la sainte Vierge ne résista à la prière de nos petits enfants. M. Olivier Urvoy de Saint-Bedan, ancien confrère de la Conférence Saint-Sulpice, du temps que M. Le Prevost en était le président, demanda à entrer dans la communauté [1]. Il n'y vécut que peu d'années, nous laissant trois cent mille francs, qui furent consacrés à l'agrandissement de la chapelle des Sacrés-Cœurs, à la construction de l'orphelinat et un peu à l'acquisition de la maison de Chaville.

« Dans d'autres circonstances, la protection de la sainte Vierge s'est manifestée par la préservation d'accidents. Avant de partir pour la promenade, nos petits enfants se rangeaient trois par trois, en colonnes, en face de la porte de sortie. Au signal donné, chacun se découvrait et le directeur de la promenade récitait l'*Ave Maria* suivi de trois invocations : « Notre-Dame de toutes joies, priez « pour nous. » Ainsi, sous la protection de la sainte Vierge, nous n'avons jamais eu aucun accident grave à déplorer, et plusieurs fois nos enfants ont été préservés de dangers imminents. Une fois entre autres, dans la rue Desnouettes, un conducteur de fiacre avait laissé son cheval et sa voiture à la porte d'un marchand de vin. Au moment où nous

---

1. M. Urvoy fut admis dans la communauté le 3 octobre 1858 et mourut le 18 février 1861. C'est en 1859 que fut construit le grand bâtiment de l'orphelinat.

passions, le cheval a peur. Il prend le mors aux dents et arrive au-devant des enfants au grand galop. Ceux-ci, débandés, n'ont que le temps de se ranger à droite et à gauche le long des murs, pour laisser passer la voiture au milieu d'eux [1].

« Une autre fois, en sortant du parc de Saint-Cloud, nos enfants traversaient la grande rue de Sèvres et la place qui est en face de la grille. Deux chevaux d'omnibus, échappés, arrivaient au grand galop, Aux cris de : gare! gare! la colonne de nos enfants se coupe en deux. Les chevaux la traversent sans faire de mal à personne, pas même à un enfant qui, sans faire attention aux cris de ses camarades, était resté au milieu de la rue. Les deux chevaux l'ont effleuré en le laissant au milieu d'eux. »

---

1. C'était un lundi de Pentecôte, le soir, au retour de la grande promenade. M. Myionnet oublie d'ajouter qu'il se précipita lui-même au-devant du cheval et lui lança son chapeau pour l'arrêter. (Note d'un témoin.)

CHAPITRE IX

Nous reproduisons tel quel le récit que Clément Myionnet poursuit ainsi « à bâtons rompus », comme il le dit lui-même.

La fête des vacances.

« Je viens à parler ici de la fête des vacances, non pas tant pour la grande part que j'ai prise à son organisation que pour laisser apercevoir que la communauté peut y trouver une ressource de plusieurs mille francs pour faire vivre son noviciat et la maison mère.

« Quand M. Le Prevost me poussa à l'organiser, j'y avais une grande répugnance.

« Voici quelle en est l'origine. M. Le Prevost, en allant dans le Midi refaire sa santé, m'avait laissé le gouvernement de la communauté, charge dont je m'acquittai fort mal, surtout du côté des finances. A son retour, il me trouva endetté de six mille francs. A cette époque et surtout pour lui, c'était une dette énorme.

« Après m'avoir donné sur mon peu de savoir-faire une semonce que je méritais bien, il me chargea de combler le déficit. Je ne savais comment

m'y prendre. Il m'indiqua une petite scène militaire avec des courses et une tombola.

« Je me trouvais bien incapable de mettre
tout ce plan à exécution. Il insista et m'indiqua
le sujet de la pièce. Aidés de mon P. Lantiez, qui
se chargea de la tombola; de mon P. Planchat,
qui répandait les billets à profusion, nous arrivâmes à faire une recette de mille francs, quinze
cents francs, deux mille francs, tous frais payés,
chaque année. Nous l'avons fait trois années de
suite, 1856, 1857, 1858.

« Comme je viens de le dire, on donnait cette
fête pour procurer quelques ressources à la communauté qui, à cette époque, ne faisait qu'un avec
l'orphelinat. Une grande partie des billets se distribuait dans les Conférences, par un de nos Frères,
accompagné de deux de nos petits enfants. J'étais
autorisé par le Conseil de Paris à présenter des billets
dans toutes les Conférences.

« Aujourd'hui la même autorisation pourrait
peut-être être obtenue, et le prix des billets aug-
menté, afin d'en diminuer le nombre sans diminuer
la recette. La dernière année, 1858, l'assistance était
beaucoup trop nombreuse. Il n'y avait pas place
pour tout le monde. Je crois que c'est cette affluence
qui fit prendre à M. Le Prevost la détermination
de ne pas continuer. Il y avait bien une autre raison,
c'est que le champ de la Salette fut planté d'arbres
fruitiers et mis en jardin. Trois ou quatre ans plus
tard, la fête des vacances fut reprise, mais plus
modestement et au profit de la petite Conférence.
Jusqu'à ce moment, cette Conférence vivait d'une
petite loterie à dix centimes le billet. Mais une loi
parut qui interdisait toute loterie non autorisée par

le Préfet de police. Le souvenir de notre petite fête des vacances nous revint à l'esprit. Le numéro de la tombola fut mis sur le billet d'entrée. Des billets furent plusieurs fois portés à la Préfecture de police, qui n'y fit pas attention et ne nous en fit jamais d'observation, la tombola n'étant qu'accessoire dans la fête. On a continué cette fête jusqu'en 1876, où elle fut abandonnée, parce qu'elle causait trop de dérangement et mettait la tête des enfants à l'envers. Elle donne beaucoup de dérangement : c'est incontestable. Elle met la tête des enfants à l'envers : cela est vrai; mais est-ce un mal que, pendant les vacances, ils soient préoccupés d'une chose qui les distrait de leurs jeux ordinaires, lorsqu'il n'y a pas excès [1]? Si cette année [2] elle est remise en vogue, c'est que les petites Conférences qu'on avait laissées tomber en 1876, et qu'on avait remises sur pied en 1879, demandaient un moyen quelconque pour remplir leurs caisses. Il est à désirer que cette petite fête, si elle est bien conduite, puisse donner des ressources pour la Conférence du Sacré-Cœur de Jésus, pour celles du Saint-Cœur de Marie, de Saint-Mathieu, de Saint-Laurent et pour les œuvres de la Sainte-Famille et du patronage de Saint-Mathieu.

---

1. Il faut remarquer que jamais, du temps de M. Le Prevost et de M. Myionnet, aucun orphelin de Vaugirard n'a été autorisé à passer les vacances hors de la maison. Les petites promenades de tous les jours, les grandes promenades qui se faisaient deux fois par semaine et la préparation de la fête militaire, dite des vacances, procurèrent aux enfants des vacances plus salutaires, à tous les points de vue, que le séjour dans des familles plus ou moins chrétiennes.

2. 1880.

Le secret de la réussite.

« On m'a quelquefois demandé de mettre par écrit les moyens que j'ai pris pour conduire l'orphelinat. J'en serais bien en peine. Si l'on veut des méthodes pour étudier la manière d'élever les enfants, il n'en manque pas et je conseille beaucoup de les approfondir ; mais, avec toutes les méthodes possibles, tout le monde ne réussit pas toujours dans l'art de conduire les enfants. Chacun a son petit *moi*, ses qualités personnelles. Ce que fait celui-ci, tel autre ne le pourra pas faire. Est-ce ce petit *moi*, qui a fait que mes enfants m'ont toujours témoigné beaucoup d'affection, que vous voulez connaître ? Eh bien ! je ne vous le dirai pas. Peut-être que ceux que j'ai élevés le savent. Pour moi, je me suis toujours connu, comme je l'ai déjà dit plusieurs fois, comme un être très insignifiant, n'ayant rien d'aimable et toujours très au-dessous des situations dont on m'a chargé.

« Voulez-vous savoir ce que j'ai fait pour attirer la bénédiction du Bon Dieu sur ce que j'avais à faire ? Le voici : premièrement, j'étais persuadé qu'en entrant en communauté un religieux centuplait ses forces et devenait capable de faire toutes les choses pour lesquelles non seulement il n'avait pas d'inclination, mais même pour lesquelles il ne se sentait aucune aptitude. Il n'y avait pas deux ans que j'étais au patronage de la rue du Regard, que j'en avais la preuve.

« M. Bourlez, président général des patronages, mettait dans ses annales que celui de la rue du Regard était un patronage modèle ; que c'était l'école normale des patronages. Je retire tout ce qu'il y avait d'hyperbolique dans ces expressions exagérées de M. Bourlez. Il est cependant certain que le patronage était en meilleur état que lorsque je l'avais pris. Dieu sait pourtant avec quelle répugnance j'en avais pris la direction, parce que je m'en croyais réellement incapable. Il en a été de même de l'orphelinat.

« Toutes les fois qu'un supérieur a dit de marcher, il faut marcher avec confiance, le Bon Dieu fait notre ouvrage.

« J'ai fait encore autre chose, j'ai prié pour que le Bon Dieu vînt à mon aide. Je commençai alors à dire aussi souvent que je pouvais dans la journée : *Deus, in adjutorium meum intende!* Seigneur, daignez venir à mon aide! Puis, trouvant que ce n'était pas assez, je pris l'habitude de dire, tous les soirs, avant de me coucher, le *Veni Creator*, pendant que je me promenais dans le dortoir pour faire ma dernière ronde.

« J'ai encore fait autre chose. Persuadé que la prière est très puissante, mais que son efficacité est centuplée par la mortification, j'y ajoutai mes tournées de nuit et la discipline; d'abord une fois, puis deux fois, puis trois fois par semaine. Maintenant je la prends presque tous les jours, excepté les dimanches et fêtes. Si j'écris cela, mon Père, ce n'est pas que je croie faire beaucoup de pénitences. C'est le contraire. Chose singulière! lorsque je me donnais la discipline une fois par semaine, avec une méchante discipline de corde qui faisait plus de bruit que de besogne, le diable me faisait croire que j'étais un saint. Aujourd'hui que je me sers presque tous les jours d'une petite chaîne de fer qui cingle beaucoup mieux et avec beaucoup moins de bruit et qu'au lieu de m'en donner cinquante coups, je m'en donne deux cents, je me reproche de n'en pas faire assez. Je le disais un jour à M. Chaverot : plus je fais de pénitences et moins je me trouve en faire [1].

« Que nos bons Frères soient bien persuadés qu'avec le Bon Dieu on fait quelque chose, quand même les talents manquent. Je crois avoir fait remarquer déjà combien il est important qu'un directeur de patronage connaisse tous les jeux qui peuvent être mis en usage, et combien tous ces jeux m'avaient été utiles pour me faire aimer des jeunes gens et pour leur faire aimer le patronage. Au noviciat et à la maison d'études, il serait très utile d'y consacrer une heure ou deux par semaine, tant pour les laïques que pour les ecclésiastiques, car il est très utile que les aumôniers fassent de temps en temps la partie de barres avec les jeunes gens.

« Je dis tout cela parce que M. Chaverot m'a dit de tout dire; mais je crois qu'on n'y comprendra rien.

« Je me résume : pour réussir dans une œuvre, il faut avoir confiance en Dieu et, quoique incapable, se croire capable de tout avec son secours, puis obéir, prier et se mortifier.

1. M. Chaverot était mort le 30 juin 1879, et l'expression « mon Père » désigne le P. Lantiez, qui fut Supérieur général de 1874 à 1884.

Cette chaîne dont M. Myionnet se servait pour se donner la discipline est précieusement conservée. Son dernier directeur spirituel (M. Imhoff) atteste que c'est seulement deux ou trois semaines avant sa mort que M. Myionnet, terrassé par sa dernière maladie, lui demanda permission de cesser cette rude pénitence.

« Si l'orphelinat a produit de bons fruits, il faut en attribuer le mérite à M. Le Prevost, qui était là tout près de moi pour me guider.

« Ce qui précède a été écrit à bâtons rompus, à un, deux, trois et quatre mois de distance. En le relisant, depuis que je suis à Valloires [1], il m'est revenu bien des souvenirs. Je les place ici comme ils se présentent à la mémoire; on en fera ce que l'on voudra.

De quelle manière je me proposais d'élever les enfants quand M. Le Prevost me mit à la tête de l'orphelinat.

« Il y avait six ans que j'étais au patronage de la rue du Regard. J'avais eu peu d'action sur les apprentis, que je ne voyais que le dimanche et dont la moitié ne pouvaient aller à la messe. Nous avions même bien de la peine à les faire confesser à Pâques, n'ayant en ce temps-là ni chapelle ni aumônier comme maintenant. Je m'estimais heureux de me trouver dans l'avenir au milieu de petits orphelins dociles et charmants, que j'entrevoyais enfin comme de petits anges.

« Les deux premiers en effet étaient très bons, bien élevés par leurs mères, je n'avais rien à leur dire. Le troisième était moins charmant : pendant trois jours il ne cessa de pleurer, voulant toujours s'en aller. A cette époque, je ne savais pas encore comment m'y prendre pour les apprivoiser. Ce

1. Ancienne abbaye de Bernardins, où les Frères de Saint-Vincent de Paul furent appelés en 1880 par Mgr l'évêque d'Amiens.

pauvre enfant était entêté et pas méchant. Le quatrième et le cinquième étaient de la plus mauvaise rue, élevés sur les fortifications de Vaugirard, n'ayant plus de mère, un père sans conduite : vagabonds du matin au soir. M'étant figuré que je n'aurais que des enfants charmants, qui obéiraient au premier commandement, je voulus prendre ces deux derniers par la douceur et les sentiments; mais il fallut bientôt changer de méthode. Le sixième, qui était breton, voulait absolument retourner dans son pays. Il resta deux jours sans manger plutôt que de céder; mais sa mère, qui était bretonne aussi, ne lui céda pas. L'enfant se mit à manger le troisième jour et s'accoutuma si bien à la maison qu'il est devenu persévérant d'abord, puis Frère de Saint-Vincent de Paul. Il est mort dans la communauté [1].

« Ainsi mes moyens de douceur n'avaient pas réussi sur tous les premiers.

« M. Le Prevost me dit : « Tous les enfants ne « sont pas susceptibles d'être conduits par les senti- « ments. Parmi les six que vous avez, deux ont été « élevés à coups de pied, à coups de fouet, avec des « imprécations et des blasphèmes. Ils sont comme « ils ont été élevés, vagabonds, indisciplinés. Ils « n'ont marché jusqu'à présent que par la crainte. »

« En effet, quand je leur commandais quelque chose, ils me riaient au nez, répondaient grossièrement et ne faisaient rien.

---

1. Paul Baffait, mort le 13 août 1867.
Ici M. Myionnet se répète en modifiant légèrement ce qu'il a dit (ch. VII) en parlant de la fondation de l'orphelinat. Il indique ici la venue d'un troisième orphelin, dont il n'a pas été question précédemment, et le cinquième, Paul Baffait, devient le sixième.

« Commencez par vous faire craindre, ajoutait
« M. Le Prevost, et, à mesure qu'ils deviendront
« plus dociles, vous emploierez la douceur. »

« J'ai suivi ces conseils en cette circonstance
et en bien d'autres après, et je m'en suis bien
trouvé.

« Quand on a un petit groupe d'enfants à gouverner, il faut commencer par la douceur. Si l'on
ne réussit pas à se faire obéir, il faut recourir à la
sévérité pour se faire craindre, puis revenir à la
douceur par degrés. Ce système est bon pour les
enfants en particulier; mais, pour une classe entière,
il faut commencer par se faire craindre par une
grande fermeté.

Comment je m'y prenais pour habituer les nouveaux.

« Lorsqu'il m'arrivait un nouveau, au moment
de la séparation, la maman, en embrassant son
enfant, lui disait le plus souvent : « Ne pleure pas,
« mon enfant, je reviendrai te voir bientôt. » C'était
ordinairement le signal pour faire venir les larmes de
l'enfant. Puis venaient les sanglots, et la maman de
pleurer elle-même, tout en recommandant à son
enfant de ne pas pleurer.

« Moi, je prenais le parti contraire. « Pleurez, mon
« enfant, disais-je, vos pleurs me prouvent que vous
« aimez bien votre maman et que vous avez un bon
« cœur. » Puis je cherchais à causer avec lui, lui
demandant son nom, celui de son père ou de sa mère,
ce qu'ils faisaient, où ils demeuraient. Je lui demandais où il allait à l'école avant de venir chez nous.
Puis je le questionnais s'il savait jouer aux billes, à
la balle, à la toupie, aux autres jeux; s'il aimait les

biscuits, les sucres d'orges fondants, etc. Alors les larmes se séchaient. J'envoyais quelquefois un camarade de son âge pour jouer avec lui jusqu'à la prochaine récréation, et pour le patronner au milieu des autres enfants. Bien des fois il arrivait que ce petit enfant, ainsi apprivoisé, venait me sauter au cou, la première fois que, dans les rangs, il passait devant moi, avec autant d'affection que si j'avais été son papa. Je ne pouvais attribuer cet attachement qu'au moyen que j'avais employé pour consoler l'enfant, car on m'a toujours dit que j'étais très laid et que j'avais une figure peu attrayante.

« Ce doit être au mois de juin 1851 que nous eûmes pour la première fois la Première Communion à l'orphelinat [1]. Nous étions alors à la rue de l'Arbalète. Nos communiants étaient au nombre de six. Ils y furent préparés par l'abbé Gentil, le deuxième prêtre entré dans la congrégation. Il s'occupa de nos chers enfants avec le plus grand zèle. Nous regrettâmes bien ce bon et excellent prêtre, quand il vint à nous quitter. Il fut nommé vicaire à Boulogne, puis devint curé de Billancourt. Sur les six enfants, trois restèrent dans la communauté: deux pendant un certain nombre d'années et le troisième jusqu'à sa mort [2].

Encore le travail manuel.

« Comme je l'ai dit plus haut, la maison de la rue de l'Arbalète fut déclarée comme ouvroir de petits garçons plutôt que comme école. Il nous fallut donc

1. On a vu plus haut (ch. vii) que la date exacte est le 3 juillet 1851.
2. Paul Baffait.

faire travailler nos petits enfants. Nous avions
d'abord un travail tout trouvé dans le jardin : ce fut
le premier. Mais, au mois de janvier, il fait froid ou il
tombe de l'eau. Il nous fallait un travail à faire dans
l'intérieur. Badigeonner nos pièces et faire une douzaine de paillasses fut bientôt fait. Il nous fallait
autre chose. Je trouvai un fabricant de petits anneaux
pour les encadreurs. Il m'en donna par milliers;
mais, le nombre de nos enfants augmentant, il ne
put suffire à nous entretenir d'ouvrage. Je cherchai
autre chose. Ce fut de faire des chapelets : nous en
fîmes plusieurs grosses que nous vendions aux bonnes
sœurs de Saint-Vincent de Paul; mais nos chapelets
n'étaient pas solides. On nous fit des reproches; la
fabrication allait plus vite que le débit. Un de mes
amis, M. Gonthier, étant venu me voir, il visita la
maison. Je lui fis voir notre fabrication de chapelets.
Cet atelier de petits travailleurs l'intéressa beaucoup. Il me proposa la fabrication des lotos pour son
frère. Notre atelier prit de l'extension : mais le
débit ne suffisait pas. Nous nous adressâmes à un
autre fabricant, M. Thomaron, 25, rue Chapon.
Comme il faisait le commerce plus en grand, il nous
en donna à faire plus que nous n'en voulions.

« En 1852 ou 1853, nous fûmes obligés d'interrompre, faute de Frères, trois ou quatre nous ayant
quittés en l'espace de quinze jours ou trois semaines.
C'est alors qu'il nous fallut envoyer nos enfants en
classe rue de l'Estrapade, comme je l'ai dit plus haut.
Le travail manuel ne fut repris qu'en 1854, lorsque
nous arrivâmes à Vaugirard. Là, des travaux de
nivellement, de plantations, de remblai se présen-
tèrent à faire de tous côtés, dans cet immense terrain.
Nos enfants y furent occupés jusqu'en 1860. C'est

alors que M. Gévelot, fabricant de cartouches, nous donna des travaux de préparation pour cet article.

« Ce travail marchait de pair avec la fabrication des lotos que nous continuâmes jusqu'à la guerre, en 1870. Après la guerre, le travail ne fut pas repris immédiatement, faute de Frères pour le diriger [1].

« Pendant plusieurs années, la fabrication des sacs de papier fut reprise pendant les vacances. Quand il faut acheter le papier, le produit en est presque nul ; mais, en gardant tous les cahiers des enfants et en se procurant du papier gratuitement, le bénéfice serait un peu plus grand. Cependant, ce ne serait pas assez pour indemniser du mal que cela donne, d'autant plus que les enfants ne sont pas assez soigneux pour ce genre de travail. Aujourd'hui on fait ces sacs à la machine.

« Un travail plus sérieux et qui rapporterait plus de bénéfice, c'est celui des crèches. M. Chaffaut [2] était alors infirmier. Un jour de sortie, un enfant lui apporta une crèche. Elle était faite avec un peu de sarment et de la paille. Il se mit à en faire une semblable. Les enfants enchantés lui en demandèrent. L'idée lui vint d'en offrir à des marchands qui les acceptèrent. Au bout de quelque temps, l'infirmerie se trouva transformée en atelier de fabrication de crèches. Quand les enfants avaient été réellement malades, leur convalescence ne se terminait plus. Cette fabrication devint tellement importante qu'on fut obligé d'en faire une véritable atelier dont M. Mi-

---

1. Et puis les lois nouvelles supprimèrent le travail des jeunes enfants.

2. M. Antoine Chaffaut, bon paysan de la Haute-Marne, saint religieux entré le 11 mai 1862 à la communauté, mort le 20 octobre 1903.

touard fut nommé directeur[1] il ; s'en fabriquait pour plusieurs milliers de francs chaque année. On expédiait non seulement à Paris, mais même en province. Les difficultés pour les emballages et les paiements, les préoccupations que cela donnait firent abandonner ce travail.

« Un ancien relieur étant entré dans la communauté, nous avons entrepris le pliage du papier, que nous avons gardé tout le temps que ce Frère est resté avec nous.

« J'ai oublié de parler de la fabrication des petites boîtes de carton, que nous avons essayée à la rue de l'Arbalète. Mais ce travail demandait beaucoup de propreté et nos enfants n'étaient pas assez soigneux pour le faire.

« Un autre travail fut essayé, celui du triage des lentilles; mais c'était tellement ennuyeux que nos enfants dormaient en le faisant.

« Nous avons eu aussi le polissage des pointes d'acier, travail assez lucratif. Le fabricant avait inventé une machine dont il fut la victime. La meule en émeri dont il se servait éclata et lui brisa le crâne [2].

« Parmi les travaux que les enfants ont faits, un des plus utiles fut celui des terrassements de Vaugirard. Le terrain n'était que trous et bosses, planté de chardons monstrueux. Le premier travail fut de le niveler. On acheta pelles, pioches et brouettes, et chaque jour, à tour de rôle, une division de nos

----

1. M. Jacques Mitouard, entré chez les Frères de Saint-Vincent de Paul le 19 octobre 1863, est mort le 5 décembre 1887. C'était l'oncle du futur président du Conseil municipal de Paris, du même nom.

2. C'était en 1867.

écoliers était au travail. Comme les plus petits ne pouvaient rouler la brouette et qu'à chaque instant ils la laissaient rouler au fond de la carrière, je me procurai une vingtaine de hottes. Pour encourager nos petits hottiers et nous rendre compte de leur travail, on leur donnait un haricot par tour. Le soir, on comptait les haricots de chacun et les meilleurs travailleurs avaient une bonne note.

« Nous avons encore entrepris la fabrication des balais. C'était assez lucratif ; mais le fabricant préféra centraliser le travail chez lui et en donner la direction à son père.

« Nous avons aussi entrepris la fabrication des grottes de Lourdes ; mais la vente ne répondit pas à notre attente.

« Voici quelle était l'organisation du travail manuel : les enfants étaient partagés en trois classes et chaque classe en deux divisions. Les divisions paires de chaque classe travaillaient le matin ; les divisions impaires, le soir.

« Les enfants, pour le travail manuel, étaient ainsi répartis : un aidait le lampiste à faire les lampes et le balayage ; un aidait Mme Sadron pour faire le réfectoire [1] ; quatre travaillaient à la lingerie ; quatre travaillaient au jardin ; quatre, à la cordonnerie ; quatre, à la ciselure ; un, à faire les écritures du chef de discipline. Les autres étaient occupés à

---

1. Mme Sadron, respectable veuve, dont le fils unique, Henri, élève de l'orphelinat dès la rue de l'Arbalète, devint persévérant, puis Frère de Saint-Vincent de Paul, et mourut le 28 août 1907, après avoir rempli durant bien des années les fonctions de directeur de la maison qui l'avait élevé. Elle-même était cuisinière des orphelins à la rue de l'Arbalète, et resta jusqu'à sa mort (18 juillet 1889). à leur service.

quelques-uns des travaux mentionnés plus haut, où
les enfants pouvaient être occupés en grand nombre
sous la surveillance d'un seul.

« Voici maintenant quel était le produit du travail manuel fait par les écoliers. Ce produit du travail manuel a toujours été contesté par ceux qui ne
l'aimaient pas, surtout par les professeurs.

« *D'abord pour l'atelier des capsules et des lotos.* —
C'est celui qui a duré le plus longtemps et dont
le rapport a été le plus constant. C'est là qu'il y
avait le plus d'enfants employés et c'est moi qui
recevais les paiements. Or, avec le produit de ces
deux industries qui marchaient simultanément, je
touchais chaque année de deux à trois mille francs,
soit en moyenne : deux mille cinq cents francs.

« *Pour l'atelier de ciselure*, on peut sans exagération
estimer le produit du travail de quatre enfants à
25 centimes l'un pour la matinée et autant pour la
soirée : c'est-à-dire à 2 francs par jour. — A 5 jours
par semaine = 10 francs; à 40 semaines par an =
400 francs.

« *Pour le travail du jardin*, on peut également
l'évaluer à 400 francs.

« *Pour le travail de la taillerie*, il y avait deux enfants dont le travail, évalué au même taux, donne
200 francs.

« *Pour le travail de la lingerie*, quatre enfants donnaient un produit de 400 francs. Le travail d'un
enfant au réfectoire nous économisait le paiement
d'une femme de service, c'est-à-dire 400 francs par
an. Le service des lampes et du balayage des dortoirs donnaient encore une économie de 400 francs.

« Toutes ces sommes additionnées donnent un
total général de 4 700 francs.

« De plus, quand il y avait surabondance de légumes, comme oseille, pommes de terre, petits pois, haricots, on prenait une escouade d'enfants pour éplucher ces légumes. Le balayage des classes tous les soirs ; les balayages extraordinaires pendant l'hiver ; les arrosages pendant l'été ; la préparation des fêtes du Saint Sacrement, de la Salette, de la Saint-Jean, etc..., tout cela était fait par les enfants.

« Les confessions ne se faisaient jamais pendant les classes, mais pendant le travail manuel. Ce travail avait encore en plus l'avantage de fortifier la santé.

« Une grande difficulté pour faire travailler les enfants, c'est le peu d'intérêt qu'ils y trouvent. Cela ne va bien qu'autant que le travail les amuse. Nous avions inventé une monnaie de carton qui avait une valeur de convention, avec laquelle on payait les enfants chaque semaine, suivant leurs notes de travail. Quand le produit pouvait être compté, comme les capsules qui se faisaient à la boîte et les lotos qui se faisaient à la douzaine, on les payait aux pièces. De cette manière, les enfants prenaient intérêt à ce qu'ils faisaient.

« Avec le salaire que nous leur donnions, les enfants pouvaient, en travaillant modérément, s'entretenir de toutes leurs fournitures de classe. Avec leurs petits cartons, ils allaient acheter plumes, crayons, cahiers, etc. S'ils n'avaient pas assez de cette monnaie de convention ,c'était la preuve qu'ils n'avaient pas suffisamment travaillé ou qu'ils étaient des sans-soin : alors on les privait de dessert. Si, au contraire, par leur travail et leur bonne administration, ils avaient gagné plus qu'ils ne dépensaient, le surplus de leur gain était porté à leur compte de caisse d'épargne. Quand ils avaient un avoir de trois ou quatre francs, ils avaient la permission d'acheter à la boutique tout ce qu'ils voulaient. Afin de prévenir la fraude, celui qui tenait le livre de caisse d'épargne donnait à chaque fois à l'acheteur un petit billet portant la somme que l'enfant voulait dépenser et l'objet qu'il voulait acheter. Le billet était timbré et signé, et la balance du compte de chaque enfant se faisait à mesure sur le livre de caisse.

« Par le moyen de cette caisse d'épargne, on peut infliger des amendes à ceux qui n'ont pas soin de leurs affaires, et ainsi leur donner des leçons d'ordre et d'économie.

« On peut également les engager à faire plus fructueusement l'aumône, à faire partie de la Société de la Sainte-Enfance, de la Propagation de la Foi et à donner quelque chose pour d'autres œuvres de charité. Presque tous les enfants ayant quelque argent en réserve à la caisse d'épargne, quand on faisait la quête, ils n'avaient qu'à mettre un petit billet signé dans la bourse.

« Avec le produit du travail manuel, j'entretenais les classes de tout ce qui était nécessaire en fait de petit matériel : ce que j'évaluais à 1 franc par mois et par enfant, soit, pour 12 mois et 200 enfants, une somme de.................................... 2 400 fr.

« De plus, je faisais les frais de la distribution des prix .... environ 200 »

des fêtes et processions........ — 100 »

des promenades.............. . — 50 »

de l'entretien des jeux......... — 50 »

Total................. 2 800 »

« Il se faisait aussi à la boutique un petit commerce d'environ 3 000 francs, sur lequel nous avions vingt pour cent de bénéfice : ce qui faisait encore un boni de 600 francs.

« Aujourd'hui que tout cela est détruit, on a pris des domestiques qui coûtent pour le ba-

layage..	1 200 fr.
pour les lampes	1 200 »
pour la cuisine	700 »
Et on doit acheter pour	2 000 »
Total.........	5 100 »

« Pourquoi a-t-on détruit le travail manuel de l'orphelinat? La véritable raison, c'est qu'on n'avait pas de surveillant capable de faire travailler les enfants à l'atelier des capsules. Après la guerre, lorsque j'ai demandé si l'on avait un Frère capable de conduire ce travail, il m'a été répondu qu'on n'avait personne et la chose est tombée, sans qu'on se rendît compte du déficit que l'on causait à la caisse de l'orphelinat.

« Le travail manuel a toujours déplu aux professeurs. Ils prétendaient qu'il nuisait aux études. Depuis dix ans nous n'en avons plus; les études sont-elles meilleures? On a dit aussi que ce travail ne produisait presque rien, parce que les enfants usaient et salissaient beaucoup. Quelques parents aussi n'aimaient pas le travail manuel; mais ils nous donnaient néanmoins leurs enfants. Et nous en avions toujours plus que nous n'en voulions.

« M. d'Arbois de Jubainville[1] avait l'intention de

---

1. Qui fut nommé en 1870 supérieur de l'orphelinat.

le rétablir, car, si l'orphelinat est bien utile pour la formation de nos Frères, il pèse bien lourdement sur la communauté.

« Quels seraient les états les plus utiles aux enfants et à la maison?

« Je crois que ce serait la cordonnerie, la taillerie, la lingerie et le jardinage. Il est très utile à un ouvrier de savoir mettre une pièce à un pantalon et à un soulier. Un enfant est bientôt mis en état de gagner cinquante centimes pendant ses heures de travail.

« Le jardinage a de plus l'avantage de faire travailler en plein air et de fortifier la santé.

« On pourrait avoir à Vaugirard un pensionnat dont les pensions seraient de 500 francs, sans travail manuel, et à Chaville un orphelinat dont les pensions seraient de 360 francs avec travail manuel.

« Le projet de M. d'Arbois était de faire faire aux enfants des travaux qui leur donnassent du mouvement: des lotos, des petites boîtes en bois pour les plus grands et, si on était à Chaville, du jardinage.

« Pour qu'un atelier rapporte, il faut qu'il y ait à la tête un homme qui sache le conduire. Lorsque M. Vasseur [1] a quitté la cordonnerie, non seulement il entretenait toute la maison, Frères et enfants; mais, de plus, nous étions sur le point de travailler à façon. Il avait pour apprentis MM. Sadron, Mesny et Leduc, qui commençaient à savoir travailler [2].

---

1. Entré dans la communauté le 4 février 1853, M. Alphonse Vasseur commença par y exercer son métier de cordonnier à l'orphelinat. Il passa presque vingt-cinq ans au patronage de Nazareth dont il fut le directeur laïque très apprécié, et mourut le 20 décembre 1889.

2. Tous trois étaient persévérants; le premier seul est resté dans la communauté.

« Avant d'établir un atelier, il faut avoir un homme capable de conduire les enfants et l'ouvrage.

Souvenirs de 1848.

« Voici un souvenir qui me revient. Je le mets ici, quoiqu'il n'y soit pas à sa place.

« C'était en 1848, je crois. Le choléra sévissait avec fureur dans Paris. On ne rencontrait que des cercueils portés dans des corbillards, des tapissières et des fiacres. Nous avions répondu comme tous les autres à l'appel qui avait été fait dans les Conférences de Saint-Vincent de Paul pour aller soigner les cholériques à domicile : je l'ai dit plus haut. Mais le choléra avait fait des orphelins. Mgr l'archevêque ayant fait appel à la charité publique pour s'en charger, M. Le Prevost fit la proposition à M. Maignen et à moi de prendre une cinquantaine de ces enfants. Nous acceptâmes la proposition avec empressement et la demande en fut faite à l'archevêché, qui ne nous répondit pas, ayant tourné ses vues d'un autre côté. Le Bon Dieu a tenu compte de notre bonne volonté. Comment aurions-nous fait, nous trois, pour élever cinquante enfants?... Maintenant je sais ce que c'est que d'élever des enfants.

Ma surveillance de nuit.

« On a beaucoup parlé de ma vigilance pendant la nuit. On a dit que j'étais sur pied une partie de la nuit. Je laissais effectivement les enfants dans cette croyance. Je leur disais même assez souvent que je faisais le tour du dortoir toujours deux fois par nuit, et souvent trois ou quatre fois et plus. Si je laissais les enfants dans cette croyance, c'était pour empêcher tout désordre, les enfants s'imaginant être sous le coup d'une surveillance continuelle. Mais il ne faut pas se faire meilleur que l'on n'est. Voici ce qu'il en était. Tous les soirs, avant de me coucher, je faisais ma première tournée pour voir s'il ne manquait personne. Le matin, avant le lever des enfants, je faisais une seconde tournée pour couvrir ceux qui, pendant la nuit, se découvraient. Trois fois par semaine, vers le milieu de la nuit, je faisais pendant longtemps une troisième ronde. Dans les dernières années, M. Le Prevost décida que cette troisième ronde ne serait faite que deux fois par semaine.

« Faut-il dire aussi que j'ai été non pas l'inventeur du service des tonneaux, mais que j'en ai introduit l'usage à Vaugirard, et que j'en ai fait le service pendant plusieurs années soit avec M. Vasseur, soit avec M. Jean-Marie [1]; faut-il ajouter que c'est moi qui ai demandé qu'on continuât cet usage comme un excellent exercice de noviciat?

« J'ai commencé aussi le service des halles. J'y allais avec la petite charrette et deux ou trois de nos enfants les plus forts. Quand les sacs étaient trop lourds, je les mettais sur mon dos, et quand la charrette était trop chargée, j'attelais mes petits enfants

---

1. M. Jean-Marie Tourniquet, venu comme M. Vasseur du patronage d'Amiens, le 16 octobre 1854. Après avoir été directeur laïque du patronage Saint-Charles de Paris et des cercles militaires de l'armée pontificale, à Rome, il mourut à Tournai, le 7 juillet 1871, de la petite vérole contractée au chevet d'un de ses jeunes gens.

par-devant et je poussais par-derrière. Mon Frère
Vasseur m'a souvent accompagné et faisait comme
moi.

Mes retraites à l'infirmerie.

« J'ai assez souvent été obligé d'aller à l'infirmerie pour des maux de gorge, auxquels j'ai été
très sujet. Je n'avais de repos qu'à ce moment-là.
Je disais en plaisantant quand le mal me prenait :
« Je vais aller en retraite. » Effectivement, les sept
ou huit jours que je passais à l'infirmerie étaient
pour moi de véritables retraites. Il m'arriva une fois
d'avoir ainsi deux angines l'une après l'autre. On
m'avait mis dans une chambre où j'étais seul.
J'étais si heureux d'avoir trouvé le repos pendant
quinze jours, durant lesquels j'avais fait une véritable retraite, que j'étais dans l'intention de demander une troisième angine. Quand M. Le Prevost vint
me voir, je lui demandai la permission d'adresser
à Dieu cette prière. Il me refusa, aussi je fus obligé
de guérir.

« Depuis bien des années, quand je vais à l'infirmerie, je fais un acte de préparation à la mort.
Quand mes Frères me disent qu'ils vont prier pour
ma guérison, je leur demande de prier pour que Dieu
me donne la patience de souffrir plutôt que de m'en-
lever les souffrances.

« Cependant, en 1876, comme j'avais si grand mal
aux yeux, je souffris tellement que je ne pus m'empêcher de dire : « Assez, mon Dieu. » Quand je suis à
l'infirmerie, je me rappelle la manière de prier de
ma sœur et je la mets en pratique.

Autres souvenirs.

« En me rappelant mes premières années de patronage, il me revient une réflexion que j'ai souvent faite en faisant mes visites chez les patrons : combien nos Frères sont exposés, surtout si on les laisse trop jeunes faire ces visites. Jusqu'ici nous avons été préservés par une attention particulière de la Providence, parce qu'il y avait nécessité de le faire ; mais elle ne nous a pas promis de nous préserver toujours des dangers de ces sortes de visites, quand la nécessité ne nous pressera pas autant. Ces dangers iront en grandissant, à mesure que la congrégation se répandra davantage.

« On va peut-être se récrier pour ce que je vais dire maintenant ; mais il me semble que j'ai bien le droit de faire la critique de ce que j'ai inventé ou développé.

« Les *promenades* de patronage ont été développées à la rue du Regard ; les *pièces de théâtre* existaient ailleurs : mais c'est par la rue du Regard qu'elles ont été introduites dans les patronages de la Société de Saint-Vincent de Paul. Les *distributions de prix* : c'est à la rue du Regard qu'elles ont été inventées.

« Si, dans ce temps-là, j'avais vu ces trois choses dans le développement qu'elles ont aujourd'hui, je crois que j'aurais cherché à les étouffer plutôt qu'à les favoriser. Je ne les crois pas nécessaires et je les crois très dangereuses par l'abus qu'on en fait.

« Parmi les bonnes inventions sorties de la rue

du Regard, la meilleure, je crois, est celle des *petites Conférences;* mais je ne me rappelle plus les circonstances de leur institution [1].

Les vacances.

« Faire l'histoire des vacances de la communauté dépasserait les forces de ma mémoire, d'autant plus que j'y prenais rarement part. Dans les temps primitifs, avant que nous ayons Chaville, elles avaient le nom de vacances plutôt que la réalité. Elles consistaient en quelques promenades à Clamart, Chaville, Ville-d'Avray, Saint-Cloud. Je me rappelle que, lorsque nous demeurâmes à Grenelle, ces vacances avaient une certaine organisation élémentaire. Nous étions quatre et nous nous partagions en deux bandes : M. Le Prevost et M. Maignen d'un côté; de l'autre, M. Paillé et moi. Chaque bande prenait trois jours consécutifs : pendant que les uns gardaient le service des œuvres, les autres allaient se promener.

« Quand M. Le Prevost revint du Midi en 1856, on lui loua la petite maison Rose de la rue de l'Église [2]. C'est alors seulement que les vacances prirent leur véritable forme.

« Ce serait toute une histoire (qui amuserait nos descendants), que ces vacances à Chaville. J'y

1. L'idée en vint à M. Myionnet pendant un sermon de M. l'abbé Gaduel aux apprentis de la rue du Regard, le 20 juillet 1845, solennité de Saint-Vincent de Paul. La première petite Conférence fut inaugurée le jour de Noël suivant, sous la présidence de M. Connelly, avocat, depuis prêtre et professeur à l'Institut catholique de Paris.

2. A Chaville, Seine-et-Oise

allais très rarement, à peine un ou deux jours.
M. Le Prevost n'aimait pas me voir quitter l'orphelinat. J'étais inquiet aussi, lorsque je n'y étais
plus. Et puis je trouvais que mes Frères avaient plus
besoin de vacances que moi. Comme les enfants me
craignaient, quand j'étais avec eux, je tenais la
place de deux ou trois surveillants, qui pouvaient
aller se reposer. J'avais avec cela la fête des vacances
à préparer, de sorte que ma présence était presque
indispensable. Dieu m'a donné une bonne santé
qui m'a permis de faire cela sans me fatiguer.

« Je n'ai pris réellement des vacances de quinze
jours de suite, que lorsque M. Lantiez, cédant aux
instances de ma sœur, m'envoya près d'elle en 1876,
avec un groupe de petits novices. Depuis cette époque, je n'ai jamais cessé de prendre mes vacances
comme tous mes Frères.

*Affaires de famille. — Je partage le reste de
ma fortune avec mes frères.*

« J'ai déjà dit en son lieu que mes frères, par suite
de la situation des affaires en 1848, après la Révolution, s'étaient vus arrêtés dans leur commerce
et avaient proposé un arrangement à leurs créanciers. Ceux-ci y avaient consenti; mais à condition
que les parents soient remboursés les derniers.
J'avais vingt-huit à trente mille francs de placés
chez eux. Mes sœurs, pour éviter une déclaration de
faillite, avaient consenti à l'arrangement proposé.
Je ne pouvais pas faire autrement. M. Le Prevost
me le conseilla. Il me restait une petite ferme de

trente mille francs, que mes frères étaient chargés d'administrer.

« Les revenus ne m'étaient pas toujours envoyés régulièrement. Je voyais bien que mes frères pensaient que je donnerais le reste de ma fortune à la communauté. Pour les tranquilliser, voici la bonne inspiration que le Bon Dieu m'envoya et que je leur proposai, après en avoir parlé à M. Le Prevost. J'avais à peu près quarante ans à cette époque. Voici ce que je dis à mes frères : « J'ai quarante ans. « Je puis vivre jusqu'à soixante. Prenez aujourd'hui « la moitié de ce que je possède. Dans vingt ans, les « intérêts vous auront donné l'équivalent de l'autre « moitié que je vais céder à la communauté. » Ils acceptèrent avec plaisir et moi, encore bien plus content qu'eux, j'apportai à M. Le Prevost les quinze mille francs qui me restaient [1]. »

1. M. Myionnet, né en 1812, avait quarante ans en 1852. Le *Journal* de l'orphelinat et de la communauté note, au 14 décembre 1857, son départ pour Angers. Cela lui faisait quarante-cinq ans.

CHAPITRE X

Investissement de Paris.

« Mon histoire pendant le siège des Prussiens, c'est un peu l'histoire de la maison de Vaugirard.

« Après le 4 septembre, le siège de Paris était une chose certaine. L'administration de la capitale invitait tous les habitants à prendre leurs précautions contre l'incendie et la famine. C'est ce que nous fîmes. Nous étions à la maison environ deux cent cinquante personnes. M. Audrin[1] fit des provisions de légumes secs, de chocolat et de tout ce qui pouvait se conserver. Il fit griller une quantité considérable de pain pour remplacer le biscuit de mer.

« Au dernier conseil, avant notre dispersion, M. Le Prevost nous demanda quelles précautions il y avait à prendre pour le siège. Je lui proposai trois choses : 1º de mettre nos maisons sous la protection de saint Joseph et, pour cela, de placer sa statue au-dessus de la marquise de l'orphelinat; 2º de nous préparer un refuge au centre de Paris en cas de

---

1. M. Audrin (Célestin), ancien membre du Cercle Montparnasse, entré en communauté le 19 mars 1862, alors économe de l'orphelinat, succéda à M. Myionnet comme directeur. Il mourut le 21 janvier 1893.

bombardement; 3° de nous prémunir contre l'incendie et la famine (ce qui se faisait déjà).

« Je m'occupai immédiatement des deux premières
précautions, une statue de saint Joseph fut placée
sur la marquise et j'allai demander à Saint-Charles [1]
si l'on pourrait nous donner asile : ce que M. Richard
et M. Gresser [2] nous accordèrent avec la charité de
vrais confrères de Saint-Vincent de Paul.

« Les préparatifs de défense se poursuivaient avec
la plus grande activité. Les deux bastions les plus
près de nous étaient défendus par des pièces de
marine du plus gros calibre, parce qu'on s'attendait
à être particulièrement attaqué de ce côté. C'est ce
qui me détermina à prévenir les parents de nos enfants de les venir chercher, à cause du danger que
nous avions à courir, vu notre proximité des fortifications. Le 28 août fut fixé pour le départ de ces
chers enfants. Que de larmes furent versées ce jour-
là ! Combien ils étaient attachés à leur maison de
Vaugirard et à leurs maîtres qu'ils embrassaient en
pleurant ! Cette triste journée avait été précédée
d'une autre, dont la matinée nous avait comblés de
consolation, moi plus particulièrement. Trois de mes
enfants entraient dans le sacerdoce : MM. Leclerc,
Pattinote et Adolphe Laîné. Leur ordination avait
été avancée au 25 août, à cause de la difficulté des
temps. Mais la soirée fut bien triste. M. Lantiez et
M. Hello partaient comme aumôniers d'une ambulance formée en partie de ceux de nos Frères qui
étaient en état de porter les armes.

1. Le patronage Saint-Charles, situé rue Bossuet, près de
l'église Saint-Vincent de Paul.
2. Président et directeur du patronage.

« Il nous resta environ vingt-cinq de nos enfants, qui étaient sans parents ou dont les protecteurs ne pouvaient se charger, à cause de leur éloignement de Paris ou pour d'autres raisons. Nous les employâmes tout d'abord au déménagement. Nous mîmes au milieu du jardin tout ce qui était dans les greniers : un tas de vieilleries qui n'avaient pas de valeur et dans lesquelles le feu aurait pris facilement. Nous ramassâmes dans la cave les paillasses et les matelas et un peu de chlore.

« Jusqu'au 6 janvier, il n'y eut rien d'extraordinaire pour les enfants. C'est pendant ce temps que le jeu du combat, si en vogue aujourd'hui, a pris naissance. Comme on n'entendait parler que de batailles, nos petits enfants voulurent aussi avoir les leurs. Une forteresse bâtie dans le coin d'une grande salle, attaquée, défendue, prise et reprise, faisait leur récréation ordinaire. Une partie des bâtiments de l'orphelinat avait été mise en réquisition par l'autorité militaire. La nouvelle Garde républicaine vint y prendre garnison. Nous n'eûmes aucunement à nous plaindre de ces braves gens. Ils furent remplacés par la Garde nationale de la banlieue, qui fut également très convenable. Ils avaient établi leur cantine dans l'ancienne taillerie. Il y avait là huit grandes marmites, où l'on faisait la soupe pour tout le bataillon, dispersé dans le quartier. Sous le hangar, il y avait une grande vacherie. Trois nourrisseurs de Chaville étaient venus nous demander à se réfugier chez nous pour éviter le pillage des Prussiens. Dans la salle Saint-Jean, nous avions établi une ambulance de vingt et quelques lits. M. Mitouard était resté à Chaville pour garder la propriété.

« Le 19 septembre 1870, l'investissement de Paris fut complet. C'était l'anniversaire de l'Apparition de Notre-Dame de la Salette.

Siège de Paris.

« Jusqu'au 6 janvier, le siège suivit son cours. Nos exercices de communauté se faisaient comme à l'ordinaire. Les fêtes de Noël et de saint Jean se firent un peu plus modestement, mais elles se firent cependant.

« Le jour de l'Épiphanie, il n'en fut pas de même. A 6 heures du matin, je traversais la cour avec M. Audrin, pour aller à la messe. Quatre obus vinrent à passer presque au-dessus de nos têtes. Je ne dis rien à personne à la chapelle; mais, aussitôt la messe terminée, je vais trouver M. Le Prevost pour lui dire qu'il était temps d'aller à Saint-Charles, où l'on nous avait réservé à coucher. M. Le Prevost, qui n'avait rien entendu, hésitait encore à me laisser partir avec les enfants, lorsqu'on vint l'avertir qu'une maison, rue Cambronne, venait d'être défoncée. Peu après, on venait chercher le brancard de l'ambulance pour trois gardes nationaux qui venaient d'être blessés aux fortifications. Enfin le facteur vint nous avertir de ne laisser sortir personne : quatre éclats d'obus étaient tombés devant lui dans le chemin du Moulin[1]. Devant tous ces témoignages, M. Le Prevost consentit à me laisser partir avec mes enfants. Je vais aussitôt les chercher et je les trouve... devinez où?... Ils étaient au dortoir, regardant par les fenêtres les obus éclater en l'air. Sitôt qu'ils

---

1. Depuis rue de Dantzig.

m'aperçoivent, ils m'appellent de toute leurs forces pour aller jouir du même spectacle. Je les fais descendre à la hâte. Je fais charger sur une charrette matelas et couvertures, et nous partons pour Saint-Charles. En passant, j'avertis à l'hôpital Necker qu'ils se hâtent d'aller chercher leurs blessés qui étaient en danger [1].

« A Nazareth, je préviens M. de Varax [2] d'aller chercher M. Le Prevost. MM. Sadron et Ladouce [3] étaient venus avec moi.

« Le soir, je revins à Vaugirard chercher plusieurs choses qui me manquaient. La canonnade était encore plus forte que le matin : les obus tombaient et les bastions répondaient avec vigueur. La maison [4] de M. Popeau venait d'être défoncée. M. Le Prevost était parti.

« Après avoir pris ce que j'étais venu chercher, et recommandé la prudence à ces messieurs, je prends la rue d'Alleray, pour aller gagner l'omnibus de la Chaussée du Maine. Près le rond-point, un obus traverse la rue à vingt mètres devant moi. Le lendemain j'ai appris que M. Le Prevost, ne pouvant rester séparé de ses Frères, était revenu dire sa messe à Notre-Dame de la Salette.

Aux avant-postes.

« J'oubliais de dire que, le 19 septembre, quelques soldats furent amenés à notre ambulance et nous

1. Les blessés de l'ambulance établie à l'orphelinat.
2. Supérieur de la maison, qui devint l'année suivante vicaire général de M. Le Prevost.
3. Tous deux professeurs des orphelins.
4. 54, rue Dombasle.

donnèrent quelques détails sur cette triste journée. Le canon avait cessé de gronder. La bataille était perdue et la redoute de Châtillon occupée par les Prussiens. Ce même jour, sur les onze heures ou minuit, M. Leclerc, prêtre depuis un mois, brûlant d'aller porter le secours de son saint ministère à nos pauvres soldats, vint me trouver au dortoir pour me prier de l'accompagner sur le champ de bataille. Je lui répondis à moitié endormi que je ne croyais pas la chose praticable d'aller dans les bois de Clamart et de Meudon à cette heure-là, et que d'ailleurs on ne nous laisserait certainement pas passer à la porte de Versailles, dont le pont-levis devait être baissé. Je crois qu'il alla demander à M. Le Prevost, qui était du même avis que moi. Notre bon abbé fut obligé de rester.

« Huit jours après, une canonnade bien nourrie se fit entendre dès le matin 5 heures jusqu'à 10 heures, du côté de Bicêtre. Tous les trois, M. Leclerc, M. Audrin et moi, portant à la tête et au bras nos insignes d'ambulanciers, nous partons. On nous laisse passer à la barrière de Fontainebleau. Nous arrivons à Bicêtre, où nous apprenons que les Prussiens avaient seulement attaqué la redoute des Hautes-Bruyères et le fort de Bicêtre, mais que cela n'avait été qu'un combat d'artillerie. On nous dit qu'il y avait très peu de blessés, et qu'ils avaient été transportés immédiatement dans le fort. M. Leclerc alla seul les visiter. Nous suivions un régiment qui allait relever le poste des grand'gardes, lorsque, près de nous, de deux en deux minutes, une demi-douzaine d'obus vinrent tomber à trente mètres environ tout autour. Aucun des soldats n'avait été atteint. Le chirurgien-major qui nous accompagnait

nous dit de nous mettre à couvert derrière les glacis
du fort, en attendant ce qui allait arriver. Nous y
restâmes peut-être une heure ou deux; mais rien ne
se fit entendre. Nous prîmes le parti de revenir à
Vaugirard. En arrivant à la barrière qui, bien entendu, était fermée, on nous demanda si c'était vrai
que dix mille Prussiens avaient été cernés dans un
bois au delà de Villejuif. Nous répondons que nous
l'avions entendu dire à Bicêtre, mais que nous n'en
avions pas la certitude. Aussitôt des cris de : « Vive
« Trochu! vive le clergé! » se font entendre. La nouvelle nous précédait tout le long des fortifications et
le nombre des Prussiens cernés allait toujours en
augmentant. Un rédacteur de journal que nous
rencontrâmes nous demanda si c'était bien quarante
mille et, à notre entrée à la maison, M. Le Prevost
nous demanda si c'était bien soixante mille.

« Je ne suis pas allé aux autres combats qui
avaient lieu autour de Paris. Je trouvais que c'était
trop fatigant pour moi. Je crois aussi que je n'étais
pas assez brave.

Au patronage Saint-Charles.

« Je reviens au bombardement. Toutes les semaines, quelques-uns de nous venaient de Saint-Charles
à Vaugirard. Nous y venions pour nous confesser
et chercher des provisions. Je recommandais à ceux
qui partaient de dire leur acte de contrition, parce
qu'on n'était pas sûr de revenir. Pour moi, j'y allais
au moins tous les huit jours et de là à Charonne,
pour avoir des nouvelles de nos Frères.

« Le bruit du canon était tellement continuel

qu'on n'y faisait plus attention. Pour le sifflement des obus, ce n'était pas tout à fait la même chose. Je me rappelle qu'en sortant de me confesser et faisant mon acte de résignation à la mort, j'entendis siffler un obus qui se dirigeait de mon côté. Je ne pus m'empêcher de frissonner, jusqu'à ce que je l'entendisse tomber de l'autre côté de la rue des Morillons.

« A Saint-Charles, nous nous installâmes le mieux possible dans les pièces occupées par le cercle. L'une des pièces nous servait de classe et de cuisine; la salle de billard nous servait de dortoir. Tous les soirs, nous étendions nos matelas et nos couvertures, et nous nous endormions paisiblement au bruit du canon, que nous entendions de loin en loin. Toutes les semaines, nous allions chercher notre nourriture à Vaugirard.

« Sous ce rapport, nous avons été très heureux. Comme nous avions fait des provisions pour deux cents enfants et qu'il ne nous en restait que vingt-cinq, nous avions en abondance riz, haricots, lentilles. Les nourrisseurs, à qui nous avions donné asile, nous donnaient du lait. Avant de le manger, nous en retirions la crème avec laquelle nous faisions du beurre qui se vendait 15 francs la livre. Seulement, le pain faisait défaut et la viande également.

« Nous avions trouvé un marchand de pâté de viande qui ne vendait pas trop cher. Mais je crois que ses pâtés étaient composés de toutes sortes de bêtes : chien, rat, cheval et je ne sais quoi encore. M. Le Prevost et nos Frères, au nombre de douze, sont restés tout le temps exposés aux obus qui pleuvaient jour et nuit, jusqu'à la fin du siège, couchant dans les caves. Six obus seulement tombèrent sur la propriété, avec un grand nombre d'éclats; mais personne ne fut blessé.

« L'armistice ayant été conclu, nous rentrâmes, à notre grande satisfaction, dans notre cher Vaugirard, le premier jour de février. »

CHAPITRE XI

LES DERNIÈRES ŒUVRES

La cité Brancion.

Ici s'arrête l'autobiographie de M. Myionnet. C'est d'ailleurs peu d'années après 1871 qu'elle fut écrite. M. Le Prevost étant mort le 30 octobre 1874, M. Chaverot qui était alors le confesseur de M. Myionnet, commença de recueillir avec le plus grand zèle tous les témoignages qui pouvaient perpétuer le souvenir vénéré du fondateur de l'Institut.

Déjà M. Myionnet avait été amené à rédiger un mémoire sur le rôle qu'avait eu Mgr Angebault dans la fondation des Frères de Saint-Vincent-de Paul. Il ne pouvait moins faire pour M. Le Prevost. Mais M. Chaverot voulait plus encore et, profitant des circonstances qui ont été racontées au début de ce livre, il obligea M. Myionnet à faire le récit complet de sa vie [1].

M. Myionnet vécut encore une quinzaine d'années, continuant à diriger l'orphelinat de Vaugirard jusqu'à la mort de M. Le Prevost (30 octobre 1874) et à assister ses successeurs dans le gouvernement de l'Institut. En 1879, il eut la joie de voir entrer dans la congrégation son neveu Paul Myionnet, qui venait

---

[1] Voir l'introduction.

d'achever ses études de médecine et fut ordonné prêtre à Paris le 22 décembre 1883 [1].

Il s'adonna, durant ses dix dernières années, à la visite des pauvres et à l'exercice d'œuvres de charité bien dignes de couronner sa carrière de serviteur des pauvres. Il est intéressant de faire connaître ces œuvres.

Le dimanche, après-midi, M. Myionnet quittait la maison et s'en allait, accompagné d'ordinaire par un novice, de préférence ecclésiastique, visiter les pauvres du quartier alors le plus déshérité de Vaugirard et occupé maintenant par les abattoirs de la rive gauche.

Vêtu d'un long paletot, dont les vastes poches contenaient une provision de médailles, chapelets, images de piété, et même de friandises, il tenait à la main son chapelet, dont les grains s'entrechoquaient sur sa canne. Sa haute taille, voûtée par l'âge; sa barbe blanche, courte et raide; ses petits yeux brillants, éclairant un visage ridé, mais rayonnant d'une inexprimable bonté; son chapeau haut de forme, souvenir d'un autre âge, tout contribuait à attirer sur lui l'attention des passants. Mais ils étaient rares en ces quartiers, et presque tous connaissaient le « Père Myionnet », comme ils l'appelaient familièrement.

Les gamins essayaient bien parfois de crier *couac* au jeune ensoutané qui l'accompagnait, mais, dès

1. Mort à Angers, directeur de l'Œuvre de Notre-Dame des Champs, le 6 juillet 1903. Son frère aîné, Georges, qui projetait aussi de devenir Frère de Saint-Vincent de Paul, s'engagea dans les Zouaves pontificaux et fut tué à Castelfidardo le 18 septembre 1860. Ils étaient fils d'Auguste Myionnet. Ce nom de Myionnet est maintenant éteint.

qu'ils avaient reconnu « le père Myionnet », ils s'empressaient autour de lui. L'un s'emparait de sa canne, l'autre de son chapelet, un troisième essayait des travaux d'approche autour des poches mystérieuses du grand pardessus, qui recélait tant de surprises; et, après quelques bonnes paroles du « père Myionnet », tous s'en allaient en lui disant : « Au revoir ! »

A cette extrémité de Vaugirard, près du chemin de fer de Ceinture et des fortifications, ce que l'on appelait la *cité Brancion* formait alors un coin réservé où la police ne se hasardait pas. Elle était habitée exclusivement par des « chiffonniers », nom sous lequel se dissimulaient toutes sortes d'autres professions moins avouables. Si les habitants de la cité Brancion ne voulaient pas de « sergots » dans leurs murs, ils voulaient moins encore de « curés ».

M. Myionnet, n'étant pas « curé », ne désespérait pas d'entrer dans la place et même d'y introduire un jeune novice portant soutane.

Voici comment celui-ci a raconté l'expédition : « M. Myionnet était devenu sympathique en tournant un petit compliment, je ne sais sur quoi, à une vieille au nez crochu nommée Séraphine, qui s'était enhardie jusqu'à lui demander son âge. Le père Myionnet, sans se faire prier, avait avoué ses soixante-douze ans! Voilà que c'était l'âge de la vieille! — « Et quel mois? — Septembre. — Ah! « moi aussi! »

« A un jour près, ils étaient nés ensemble. Jugez donc du succès. Toute la cité le sut bientôt. Du fond de la cour, on entendait crier : « Mais non, c'est pas « un curé puisque je te dis qu'il est de l'âge de Séra « phine! » L'argument ne défiait pas toute réplique.

« Peu à peu, M. Myionnet, protégé par la concierge
et bien vu de Séraphine, avait gagné quelques sym-
pathies. Le cercle de ses nouvelles amies s'élargit
encore, quand on s'aperçut qu'il s'y connaissait en
chiffons et qu'il distinguait, en vrai connaisseur, un
os de mouton · d'un os de lapin ! Mais, malgré la
certitude acquise pour les gens de la cité que le père
Myionnet n'était pas un curé, ni un sergent de ville,
il avait eu raison d'attendre, pour parler du Bon
Dieu, le moment opportun que bénirait la grâce. »

« Quelques jours après, M. Myionnet emmène de
nouveau le séminariste et entre avec lui dans la cité
Brancion. A peine ont-ils franchi la grille, la concierge vient au-devant d'eux et dit : «Ah! c'est vous,
« M. Myionnet, il y avait longtemps qu'on vous avait
« pas vu! » Et, s'adressant à l'abbé avant qu'il ait eu
le temps de placer un mot : « C'est pas ici, monsieur
« le curé, faudrait voir la porte à côté, je vous avons
« pas fait demander, il n'y a personne à mourir ici.
« — Ah! pardon, ma bonne dame, reprend M. Myion-
« net, cet ecclésiastique est un de mes amis, cela lui
« fera plaisir de voir les braves gens de la cité Bran-
« cion, je l'ai prié de m'accompagner. »

« La concierge devint pâle, continue le narrateur,
et subitement muette; elle rentre brusquement dans
sa loge, ferme la porte du bas, pousse le contrevent
du haut, boucle toutes les fenêtres. Elle a l'air aussi
inquiet que si tous les diables avaient fait irruption
dans sa maison. Sa figure décomposée semble dire
aux imprudents : « Il arrivera ce qui pourra, ce ne
« sera toujours pas de ma faute. »

« Le père Myionnet n'insiste pas auprès de la concierge, quoiqu'il n'ait guère envie de reculer. Le voilà
qui avance à pas de loup au milieu de la cour, en

disant de temps en temps à l'abbé : « Suivez-moi
« toujours. »

« D'habitude, quelques enfants, apprivoisés par
des bonbons, venaient au-devant de M. Myionnet,
quand il était seul. Mais les pauvres petits ont à peine
aperçu la soutane, qu'ils s'enfuient à toutes jambes,
comme si un chien enragé aboyait à leurs trousses...

« Une véritable révolution se serait produite si,
par bonheur, la plupart des hommes ne se fussent
trouvés absents. Le calme revint à l'intérieur des
maisons, quand chacun eut pu, à son aise, toucher
les uns la pincette, les autres un vieux gril ou un fer à
repasser. Du moment qu'on avait touché du fer, le
malheur serait peut-être conjuré, quoiqu'il eût
mieux valu, disait-on, que cet « oiseau de malheur »
n'entrât jamais chez nous. Vous eussiez joui du
calme de M. Myionnet appuyé sur son bâton, ayant
à ses côtés le jeune abbé...

« Au milieu de ce brouhaha, maîtresse Séraphine,
cachée derrière un rideau, avait mis ses lunettes et
dévisageait de son mieux les deux « intrus » plantés
comme des piquets au milieu des cabanes à chiffons.

« Soudain un éclair de génie illumine la face jaune
et ridée de la chiffonnière, elle a trouvé l'énigme :
« Ce jeune curé ressemble à M. Myionnet, que c'est à
« s'y méprendre. — C'est comme deux gouttes d'eau,
« dit une autre. — Tiens, je te dis que c'est son fils. —
« Ah, ça, Séraphine, t'as peut-être bien raison. Un si
« brave homme, le Père Myionnet, que c'était malheu-
« reux qu'il soit l'ami des curés. Après tout, ce p'tit
« prêtre, c'est-y pas un homme comme un autre? »

« Sur ce, pour être plus sûre de son fait, la chiffonnière au nez crochu quitte sa cabane, prend un air mys-
térieux, s'approche discrètement des visiteurs, quoi-

que regardant l'abbé encore un peu de travers, et,
prenant son toupet à deux mains, elle dit à M. Myionnet : « Vous allez nous trouver bien curieuses; mais
« je disions que ce prêtre, ça doit pas être un curé;
« je soutenons que ça peut être que votre garçon.
« — Comme vous voudrez, ma brave femme,
« reprend sans se gêner M. Myionnet, mais pourquoi
« tout le monde s'est-il sauvé en nous voyant?
« M. l'abbé ne mangera personne. Voyez plutôt.»

« Sur un signe de M. Myionnet, l'abbé avait sorti
ses munitions de bouche, il en avait plein les poches.
Les gamins commencent à se persuader qu'ils ne
seront pas mangés; l'affaire est en bonne voie, le
rêve du père Myionnet commence à s'accomplir,
car, en attendant mieux, les jeunes sauvages
apprennent à ne plus détester la soutane, grâce à
deux sous de bonbons. »

Les choses n'en restèrent pas là et la cité Brancion fut le théâtre de conquêtes plus décisives. Mais
nous avons tenu à citer ce récit, un peu dramatisé
peut-être, parce qu'il montre bien la mission du
Frère laïc de Saint-Vincent de Paul, se consacrant
tout entier à rapprocher le peuple du prêtre.

Le « bureau » de M. Myionnet.

Sur le « champ de la Salette », dont nous avons
vu l'histoire [1], près du patronage, à la fondation
duquel il avait contribué, M. Myionnet avait établi
son « bureau ».

Qu'on ne se représente pas une pièce confortable,
garnie de cartons verts soigneusement étiquetés.

1. Page 213.

C'était un bureau d'un genre à part, où il n'y avait point de dossiers, ni de statistiques, ni de traités d'économie politique, mais un assemblage plutôt pittoresque d'objets très usagés et destinés au soulagement des plus criantes misères d'un faubourg de Paris.

« Dans un coin d'une pièce avoisinante, poursuit le récit déjà cité, se trouve le magasin des escarbilles. Ce sont des résidus de charbon ou de coke ramassés chaque jour par M. Myionnet lui-même, au bas de tous les poêles de la maison. Que de pauvres gens sont encore trop heureux, en hiver, d'employer ces restes pour entretenir tout le jour les feux de chambre, là surtout où les malades, les vieillards et les petits enfants succomberaient sous le froid et la neige !

« Vous dirai-je que ces escarbilles avaient un immense succès, si bien que l'on faisait queue le matin pour en avoir un sac? A côté de ces combustibles, gisait tout un approvisionnement de vieilles chaussures, récoltées çà et là, et qui faisaient encore le bonheur des mamans.

« Au milieu, un vestiaire, vêtements d'hiver et d'été, vieux parapluies et ombrelles, chapeaux d'hommes en tout genre, rubans et fleurs pour dames, pantalons et chemises, assortiment complet.

« Où le père Myionnet trouvait-il tout cela? Ce n'est pas en quêtant; il a avoué souvent qu'il saurait mal s'y prendre. Mais quelle délicatesse exquise pour recevoir! On savait ses besoins, qui étaient ceux des pauvres, et bien des gens du monde apportaient discrètement ce don en nature, toujours aussi utile que joyeusement reçu !

« N'oublions pas la bibliothèque installée dans le

même bureau. Les soirées sont si longues, l'hiver, pour les ouvriers sans ouvrage; et le livre est un si bon compagnon pour le malade, seul tout le jour!

« Souvent des hommes d'œuvres, plus jeunes que M. Myionnet, souriaient de la rusticité de ses moyens et plaisantaient le saint homme, qui ne manquait pas alors de répliquer en toute charité : « Ces petits « moyens cachent de grandes grâces, que vos progrès « modernes ne possèdent pas toujours. Les moyens « simples seront toujours les meilleurs, car, où il y « a moins de l'homme, il y a plus de Dieu! »

« Toujours est-il que ces moyens, petits ou grands, simples en réalité, produisaient des merveilles. Le bureau du père Myionnet était connu dans les quartiers des Morillons, de Plaisance, de Vaugirard et de Montrouge. Il s'ouvrait à jours et à heures fixes. Dans ce tête à tête avec les pauvres, à propos d'un sac d'escarbilles ou d'une paire de savates, M. Myionnet donnait Dieu. Il apprenait que les gens n'étaient pas mariés, les enfants pas baptisés. Il savait qu'un tel était malade, qu'une telle n'avait pas fait ses Pâques depuis soixante ans, et le reste.

Il invitait à venir aux réunions de la Sainte-Famille [1], où l'on racontait des histoires, où tout le monde chantait, où il y avait une loterie à laquelle tous avaient des bons numéros.

« Enfin, pour compléter son œuvre, après avoir créé un patronage spécial pour les en-

1. Cette œuvre, établie à Vaugirard en mai 1880, avait été fondée par M. Le Prevost tout d'abord à Saint-Sulpice, en 1844.

fants[1], M. Myionnet eut l'idée d'une réunion pour les mères de famille, si ignorantes aujourd'hui de leurs devoirs les plus essentiels. Il y aurait pour elles un enseignement toujours à leur portée et toujours agréable à entendre. Cette œuvre en appelait une pareille pour les hommes, et M. Myionnet l'institua le dimanche. »

Conversion d'un chiffonnier.

La cité Brancion, dont il a été parlé plus haut, finit par se familiariser tout à fait avec la visite du prêtre. Plusieurs de ses habitants étaient devenus membres de la Sainte-Famille; l'on commençait à signaler à M. Myionnet les malades à visiter.

« Il n'y avait, après plusieurs semaines, qu'une seule cabane toujours fermée à l'influence céleste [2]. Au-dessus de la porte d'entrée, une grosse Marianne, en bonnet phrygien, semblait se croire chez elle, et ses yeux colorés ressemblaient à ceux d'un dogue qui défend son maître.

« Effectivement, c'était la demeure d'un vieux célibataire coupable de tous les crimes. Ce malheureux ne croyait à rien, n'était pas baptisé, et n'avait regardé un prêtre qu'au bout de son fusil, sous la Commune.

« Ah! il avait bien une tête de communard,

---

1. En réalité le patronage dit d'abord de « Saint-Henri », puis de « Saint-Mathieu », en souvenir du Père Planchat (Henri Mathieu), martyr de la Commune, et que l'on nomme définitivement « Patronage de la Salette », avait été fondé en 1873; M. Myionnet y fit ajouter le « Patronage des Saints-Anges », où l'on recevait les petits garçons de six à dix ans.

2. Suite du récit précédent.

ce pauvre monstre humain, tout écumant de rage et de haine contre ce qu'il ne connaissait pas. Il était craint dans la cité Brancion dont il ne sortait plus. Ses cochifonniers, avec l'esprit partageux qui les caractérise, le prenaient aussi en pitié. On lui réservait les meilleurs restes de cigares ramassés dans les cafés; l'une lui apportait la soupe, une autre de la saucisse; lui-même apprêtait son café avec du vieux marc également rapporté dans les hottes, et celui-là était son ami, qui mettait le comble à la bonté, en lui payant un verre de goutte bien corsée.

« Pour lui laisser l'illusion de son cher métier, sa cabane, large de quelques pieds, n'avait pour tout meuble que deux monceaux de chiffons. Il s'y endormait comme dans son élément, réchauffé par deux gros chats, laids et sales comme leur infortuné maître.

« S'il ne pouvait dormir, il allumait une vieille lampe à pétrole et lisait les chroniques révolutionnaires, qui l'entretenaient dans la haine de la religion et de ses ministres.

« Donc, avec ce forcené, humainement parlant, il n'y avait rien à faire. Aussi bien l'habitude s'était prise de ne plus croire à sa conversion, et de ne plus faire attention à ce cerbère, ni à ses jurons.

« Mais voilà qu'un beau dimanche, à l'heure où M. Myionnet apparaissait dans la cour, toujours escorté de l'abbé, toutes les femmes arrivent au-devant d'eux, l'air affolé. Elles parlaient toutes ensemble, si bien que pas un mot ne se pouvait comprendre. A force d'explications et surtout après un peu de silence, M. Myionnet saisit qu'il s'agissait du communard. La nuit précédente, il s'était endormi sans éteindre sa lampe. Le pétrole, après s'être répandu sur les chiffons, y avait mis le feu et le brave homme, réveillé en sursaut, ne s'était sauvé de l'incendie qu'en cassant les carreaux de sa cabane et en retournant, à la hâte, le paquet de chiffons, qui avait ainsi cessé de brûler.

« Par malheur, aucun des voisins ne l'avait entendu ; et, le matin seulement, vers deux heures, quand les chiffonniers partaient pour les rues, on lui avait trouvé quelques onguents pour panser son pauvre corps, qui n'était plus qu'une plaie. Enfin, lui qui n'aimait pas les prêtres, adorait ses deux chats ; et, pour comble d'infortune, ils étaient rôtis comme des poulets, ce qui avait amené une crise de désespoir, et menaçait d'avancer sa mort.

« Ce fut sur ces entrefaites qu'arrivèrent les deux « visiteurs », admis comme père et fils dans la cité Brancion.

« M. Myionnet presse le pas, va droit à la cabane, au rez-de-chaussée, à droite, entre doucement et fait signe à l'abbé de rester à la porte et de prier. »

Que s'est-il passé entre M. Myionnet et le pauvre chiffonnier ?

« Cette entrevue suprême dura bien un quart d'heure, continue le témoin. Puis M. Myionnet fit signe à l'abbé d'entrer. Celui-ci tendit à l'ennemi du prêtre sa cordiale poignée de main ; il sentit l'autre main, malgré les brûlures, la serrer avec bonheur, tandis que deux grosses larmes brillaient comme deux perles sur ce visage déjà défiguré par le feu. Quelques mots entrecoupés expliquaient tout. Il était assez excusable, cet énergumène. Dès sa jeunesse, le prêtre lui avait été présenté comme un ennemi, jamais un cœur plein de Dieu n'avait débordé dans le sien, jamais une main chrétienne n'avait serré la sienne en amie... La conversion était proche. Il fallait apprendre à cet ouvrier de la onzième heure l'essentiel des vérités que la charité venait de lui faire goûter. M. Myionnet ne le quitta pour ainsi dire pas, pendant plusieurs jours.

« Un soir, comme l'humble religieux se rendait au réfectoire avec ses Frères, on vint lui annoncer que l'ex-communard était au plus bas et voulait un prêtre. Il s'en trouvait un tout prêt. M. Myionnet l'accompagna. Le chiffonnier reçut le baptême, sans que le temps permît d'autre sacrement que celui qui devait l'introduire le jour même dans le Paradis, auquel il n'avait cru qu'au moment d'y entrer. »

L'œuvre des miséreux.

Depuis les origines de la congrégation, M. Le Prevost faisait distribuer les vendredis, à 3 heures, une aumône à tous les pauvres qui se présentaient. En 1880, M. Myionnet commença de réunir ces pauvres gens dans la salle du patronage, constituée au moyen d'un pavillon provenant de l'Exposition universelle de 1878. Là, il leur adressait quelques bonnes paroles, avant la distribution des secours. Enfin, au commencement de l'année 1886, qui devait être celle de sa mort, il les convoqua à une messe dite spécialement pour eux, tous les dimanches, dans la chapelle de la rue de Dantzig. Ce fut l'origine d'une nouvelle œuvre [1].

Vers la même époque, un ordre religieux voué à la contemplation, et justement réputé pour l'abon-

---

1. La première messe des pauvres eut lieu le 14 février 1886.

dance de ses aumônes, chargea les Frères de Saint-Vincent de Paul d'en distribuer une part importante aux pauvres les plus abandonnés.

C'est dans leur maison de Vaugirard et par les mains de M. Myionnet que l'on commença. L'aumône, distribuée sous forme de deux bons permettant à chacun des assistants de la messe des pauvres de passer chez le boulanger et le charcutier, ou au fourneau économique voisin, y attira nombre d'hommes et de femmes. On y vit affluer les clients de l'hospitalité de nuit, les consommateurs des restes de la *popote* des casernes, tout ce que Paris compte de gens couchant sous les ponts ou dans les carrières de la banlieue.

Par six et sept cents à la fois, ils remplissaient la chapelle et ses dépendances. Il y avait là des misères de toutes sortes : les unes anciennes et invétérées, d'autres accidentelles et passagères. Toutes les professions étaient représentées, car toutes fournissent leur contingent à cette armée de la misère : avocats, médecins, notaires, artistes, hommes de lettres, sans omettre des policiers, venus tout exprès pour chercher leur proie et qui assistaient dévotement aux réunions, chantant des cantiques et écoutant les avis de M. Myionnet et les instructions catéchistiques de l'abbé de Préville [1].

Voyant ces pauvres gens si dociles, on essaya bientôt de leur prêcher une retraite et de leur faciliter les moyens de s'approcher des sacrements. Ils vinrent par centaines. Dans l'intervalle des exercices, tandis que les prêtres de la maison en confessaient

---

1. Alors maître des novices des Frères de Saint-Vincent de Paul.

un grand nombre, les novices, dirigés par M. Myionnet, leur rendaient le service méritoire de leur couper les cheveux, tailler la barbe, cirer les souliers; en un mot, ils faisaient la toilette du corps, pendant qu'à la chapelle les âmes se purifiaient pour la communion du lendemain.

Il fallait voir M. Myionnet au milieu de cette foule de miséreux; ils avaient pour lui une vénération affectueuse et confiante. La simplicité de ses vêtements, de son maintien, de sa parole, les mettait à l'aise, en même temps que le rayonnement de sa vertu et de sa charité leur inspirait le respect. Parmi ceux dont la misère était l'effet de circonstances passagères, il en est que M. Myionnet put relever. L'aumône de vêtements plus convenables permettait aux uns de trouver une place et de sortir de la misère; d'autres n'avaient besoin que d'être rapatriés. M. Myionnet reçut plus d'une fois des lettres de remerciements d'hommes qui avaient fréquenté l'œuvre aux mauvais jours et qui, rentrés dans une situation meilleure et même honorable, exprimaient leur reconnaissance en termes touchants, et y joignaient parfois une offrande pour leurs anciens compagnons de misère.

Aussi, lorsque M. Myionnet mourut, les pauvres gens, au nombre de plusieurs centaines, assistèrent à ses obsèques; ils offrirent de renoncer à l'une des distributions dont ils bénéficiaient chaque semaine, afin que cette somme fût employée à faire dire une messe pour leur bienfaiteur et à déposer une modeste couronne sur son cercueil.

Ce cortège d'hommes en haillons, cette aumône de la misère, étaient bien dus à un tel ami des pauvres et de la sainte pauvreté.

CHAPITRE XII

Après la mort de M. Le Prevost.

On l'a vu dans toutes ces pages, si M. Myionnet fut un homme d'œuvres, dans la plus haute acception du mot, il fut avant tout et par-dessus tout un religieux. Et c'est à cela qu'il dut de faire aux pauvres et aux enfants un bien sérieux et durable. Il fut, comme il l'a dit lui-même, une pierre, posée par Dieu dans les fondements de l'Institut. A nous, il est permis d'ajouter qu'il en fut la première pierre, la pierre d'angle, principalement en ce qui concerne la vie religieuse, l'esprit d'obéissance et de pauvreté.

Or, et ce fut là certainement la suprême épreuve de sa vie, il eut, sur ses vieux jours, des inquiétudes au sujet de cette congrégation qu'il avait si puissamment contribué à faire naître. Il ne trouvait pas que la vie religieuse y fût assez fidèlement pratiquée, et cela lui faisait craindre pour l'avenir.

Après la mort de M. Le Prevost, l'Institut avait pris des développements trop rapides et s'était accru de sujets insuffisamment formés. Il en était résulté un fléchissement de la vie religieuse, dont l'œil exercé de M. Myionnet saisissait mieux que d'autres les moindres symptômes, et dont son esprit de foi lui montrait toutes les conséquences possibles, non seulement pour les individus, mais pour la communauté entière.

Ces appréhensions étaient partagées du reste par les membres de la congrégation les plus anciens et les plus fervents, notamment par tous les assistants généraux : le P. Leclerc, le P. Hello et Maurice Maignen.

Les choses en vinrent à ce point que M. Myionnet eut la pensée d'offrir à Dieu le sacrifice de sa vie pour le salut de la congrégation. Il s'en ouvrit à un saint prêtre, alors supérieur de la maison de Vaugirard, où lui-même résidait, M. Bouquet. Celui-ci lui répondit simplement qu'il venait de faire précisément ce sacrifice et pour la même raison. Peu de jours après, le 11 mai 1884, M. Bouquet rendait pieusement son âme à Dieu.

Outre la tradition orale qui s'en est conservée, ce fait est attesté par une lettre du P. Leclerc à Maurice Maignen, datée de Tournai, le 3 juin de cette même année 1884.

« Que je vous fasse part, écrivait le P. Leclerc, d'une confidence que j'ai recueillie des lèvres de M. Myionnet : comme la mienne, votre âme en sera ravie et consolée. Le premier jour que M. Bouquet était malade et alité, M. Myionnet, à la fin de sa confession, lui parla de nos grandes épreuves, et lui demanda la permission de s'offrir à Dieu en victime pour la famille : « Ma vie est bien peu utile ; si c'est la « volonté du Seigneur, je serais bienheureux de lui « faire le sacrifice des jours qui me restent à passer « sur cette terre. Si sa sainte volonté est que ma vie « se prolonge, je lui offre mon corps ; qu'il l'éprouve « par la souffrance ; je lui demande seulement la

« patience. Il y a une autre croix qui me serait plus
« pénible; j'ai toujours été très sensible à l'affection
« et à l'estime de mes Frères; s'il plaît au Seigneur de
« m'ôter ma réputation et d'éloigner les cœurs, j'ac-
« cepte avec joie ce sacrifice pour la congrégation. »

« Alors M. Bouquet lui dit simplement : « J'ai
« offert ma vie à Dieu pour notre famille. » C'était le
premier jour de sa maladie. M. Audrin m'a raconté
que ce cher saint Frère avait, à plusieurs reprises,
renouvelé son offrande.

« Et M. Myionnet, avec cette simplicité inimitable,
me dit : « Je n'ai pas été exaucé; mon offrande n'a
« pas été agréable. Le Seigneur regardait les sacri-
« fices d'Abel, il se détournait de ceux de Caïn. »

« Quelles âmes! continuait le P. Leclerc, et comment pourrions-nous périr ? Cependant, notre cher
Frère Myionnet a des vues d'avenir peu consolantes. »

Cette lettre, écrite moins de trois semaines après
la mort de M. Bouquet, laisse assez entendre que
M. Myionnet avait fait effectivement, lui aussi, le
sacrifice de sa vie; elle montre aussi quelles étaient
les inquiétudes des membres du Conseil et notamment des deux fondateurs encore vivants, au sujet
de ces « grandes épreuves, » dont le P. Leclerc ne
fait ici qu'une discrète mention.

Quelques semaines plus tard, le P. Lantiez, qui
avait succédé à M. Le Prevost, donnait sa démission
et, le 20 août, le P. Leclerc était élu supérieur général.

C'était assurément une consolation pour M. Myionnet, comme pour Maurice Maignen, de voir à la
tête de l'Institut ce jeune prêtre, élevé près de
M. Le Prevost, guéri miraculeusement par Notre-
Dame de la Salette et si profondément pénétré de
l'esprit du fondateur que celui-ci, en mourant,

regrettait qu'il n'eût pas dix ans de plus pour pouvoir prendre immédiatement la direction de la congrégation. Or dix années s'étaient écoulées depuis lors, et l'on pouvait considérer le choix du chapitre comme une réalisation des désirs du fondateur.

M. Myionnet avait dû souffrir plus que tout autre de se trouver en désaccord, quant à la direction de l'Institut, avec le P. Lantiez, qu'il aimait et estimait profondément et qui avait partagé ses fatigues et ses travaux de toutes sortes, depuis les origines de l'orphelinat de la rue de l'Arbalète.

Le nouveau supérieur général, aidé de son conseil qui comprenait les deux fondateurs, se mit résolument à l'œuvre pour parer aux difficultés multiples de la situation de l'Institut. La tâche était lourde; il y fallait non seulement du temps, de l'énergie, de la prudence, mais surtout les secours de Dieu.

Méditations et entretiens suprêmes.

Deux ans après le chapitre de 1884, M. Myionnet n'était pas encore sans inquiétudes sur l'avenir. Nous en avons la preuve dans un document de la plus grande importance pour l'histoire de l'Institut.

M. Myionnet était alors presque aveugle. Ne pouvant plus travailler ni faire de pieuses lectures, il passait sa journée en prière et, quand ses forces le lui permettaient, en pèlerinages à tous les oratoires de la maison et aux statues de saints de la cour et du jardin.

Ou bien encore, dans sa chambre, il passait des heures accoudé sur sa table, ayant devant lui, tout contre ses yeux malades, une chromolithographie représentant le Christ en croix et, au-dessous, le purgatoire. Sur cette image, M. Myionnet avait épinglé cinq petits chromos ainsi disposés : à la main droite du Christ, une image du Sacré-Cœur ; à sa gauche, l'image du Cœur immaculé de Marie ; au pied de la croix, saint Michel terrassant le dragon ; au bas, à gauche, saint Vincent de Paul d'après Simon François ; à droite, saint François de Sales d'après Philippe de Champaigne.

Durant ces longues heures de solitude et de prière, il pouvait réfléchir à loisir aux besoins de l'œuvre qui lui était le plus chère : sa famille religieuse. C'est le fruit de ces méditations que nous possédons dans un manuscrit de vingt-cinq pages, rédigé par Maurice Maignen, au cours de plusieurs entretiens qu'il eut alors avec M. Myionnet, et dont voici les principaux passages :

« A la fin de juillet 1886, M. Myionnet n'inspirait pas de crainte grave pour une fin prochaine. Cependant il s'était fort affaibli depuis quelque temps. Diverses infirmités et surtout une disposition habituelle au sommeil pouvaient faire craindre, en raison surtout de son âge, un trouble subit dans les facultés. Il y avait donc hâte de recueillir les derniers conseils de celui que Dieu avait choisi pour base à l'édifice de notre Institut, et dont les lumières et les exemples ont si grandement contribué à sa formation.

« Le samedi 31 juillet 1886, il exprima à plusieurs reprises le désir de me voir. On vint m'en avertir au Cercle [1] et je me rendis immédiatement à Vaugirard. Il m'entretint de diverses questions relatives à la congrégation. Je vis qu'il avait encore beaucoup de choses à me dire. Il me sembla que ce désir était

---

1. Le Cercle Montparnasse.

une indication de la volonté divine. Je pensai que je devais faire le sacrifice de toute autre affaire, et je demandai au Père supérieur de me dispenser d'assister au congrès des Directeurs des œuvres ouvrières qui se réunissait à Caen, ma présence auprès de M. Myionnet me paraissant plus utile à la congrégation. Le Père supérieur me l'accorda.

« Le lundi 2 août, je retournai à Vaugirard et je dis à M. Myionnet que j'avais été si frappé de l'entretien que nous avions eu ensemble, le samedi précédent, que je lui demandais la permission de revenir pour recueillir ses pensées sur la congrégation, dont elle aurait grandement à profiter.

« Il me répondit avec sa simplicité ordinaire :

« Si vous croyez que je puisse être utile, je ferai
« ce que vous voudrez. Je n'ai dans mon cœur qu'un
« désir, après celui du salut de mon âme, c'est le bien
« de la congrégation. Sans doute, je voudrais bien
« m'en aller le plus tôt possible avec le Bon Dieu;
« mais, si la prolongation de mes souffrances peut
« servir à notre Institut, je ne demande pas mieux
« que de vivre encore. »

« Nous convînmes que je reviendrais le lendemain et les jours suivants; mais M. Chaffaut, son infirmier, m'avertit qu'il ne permettrait pas que cette conversation durât chaque fois plus d'une demi-heure.

« Je notai le même jour, en rentrant à Nazareth, une des pensées qu'il m'avait dites, en ce premier entretien, et dont j'avais été frappé :

« Je passe mon temps à prier pour la congréga-
« tion. Je pense aussi aux bons amis de ma jeunesse,
« surtout à ceux de nos Frères que le Bon Dieu a
« rappelés à Lui. Je ne puis vous dire le bonheur que
« j'éprouve à revenir sur ma vie passée, à penser que

« je reverrai bientôt ceux que j'ai tant aimés sur la
« terre, mes camarades d'enfance, puis M. Le Pre-
« vost, M. Paillé, M. Planchat, M. Chaverot et tant
« d'autres. J'éprouve pourtant une confusion, c'est
« de ressentir beaucoup de joie à la pensée de les
« revoir, et d'en éprouver si peu à celle de voir le
« Bon Dieu. Faut-il que je sois peu fervent ! »

« Le mardi matin, je vins m'asseoir à son chevet,
le crayon à la main, et je lui demandai, en exécution
de sa promesse, de me faire part de ce qu'il croyait
utile au bien de notre famille religieuse.

« Je suis bien fatigué, me répondit-il, et je ne
« saurais rien vous dire, si vous ne m'interrogez. —
« Eh ! bien, alors, quel est actuellement à votre sens,
« ce qui manque le plus à la Congrégation ? »

« Il se recueillit un instant et me dit : « Faisons
« d'abord une prière. »

« Après quelques minutes, il reprit : « Ce qui nous
manque surtout, c'est la vie religieuse. J'ai toujours
eu, de cette vie, une grande idée, un grand amour ;
je la désirais telle que me l'avait enseignée Mgr l'évêque d'Angers, telle que je l'avais pratiquée dans mes
retraites chez les trappistes et chez les bénédictins.
J'ai gardé toujours ce désir de la vie religieuse parfaite, avec ses obligations, avec ses fonds de mortification, de pauvreté et d'obéissance. Avant mon
départ d'Angers, Mgr Angebault m'avait demandé
si je me sentais la force de pratiquer la mortification et l'obéissance ; je lui répondis que je ne comprenais pas autrement la vie religieuse. Je n'ai
jamais changé d'avis. — Quant à la mortification,
malgré nos travaux, je la crois possible ; elle est
même indispensable, en raison du danger de nos
œuvres et de nos rapports avec le monde. Vous vous

rappelez que, dans les premiers temps, à la rue du Regard, je déjeunais avec du pain sec, et que je ne changeai de régime que sur l'avis de M. l'abbé Beaussier et de M. Le Prevost.

« J'ai recherché toute ma vie la perfection de la vie religieuse. Je ne trouvais pas les mêmes tendances pour la conduite de la Congrégation chez M. Le Prevost. Il voulait plutôt pour elle l'esprit et la vie de famille. J'ai obéi, je me suis laissé conduire, mais j'ai toujours pensé que nous n'étions pas assez des religieux. J'avais confiance cependant en M. Le Prevost, qui m'était si supérieur, et qui était d'ailleurs en relations, pour notre direction, avec Mgr l'évêque d'Angers qui m'avait guidé dans ma vocation, et avec les Pères jésuites et d'autres personnes ayant beaucoup d'expérience. Je me suis reproché pourtant de n'avoir pas exprimé plus souvent à M. Le Prevost et à notre Conseil le fond de ma pensée à cet égard. — Chez nous, la vie religieuse est trop faible. Il n'y a pas assez d'obéissance, pas assez d'esprit de pauvreté et de mortification. Nous ne subsisterons pas longtemps ainsi... »

Nous ne pouvons reproduire intégralement ici toutes les notes prises par M. Maignen au cours de ces entretiens. En voici encore quelques-unes qui concernent spécialement les œuvres et sont par conséquent d'une portée plus générale.

« La vie religieuse, dans nos maisons, dépend surtout de la fermeté des supérieurs. Leur premier devoir est la direction spirituelle très suivie des Frères. — Du fond de son cabinet le supérieur, par la direction, doit savoir tout, doit entendre tout. — Tout savoir, tout entendre, mais user de tout avec prudence et discernement. Distinguer ce qui est un manquement particulier à un individu de ce qui serait un signe réel de relâchement dans la communauté. Il suffit, pour le premier cas, d'un avis particulier. — Nos maisons ne vaudront que ce que valent leurs supérieurs...

« L'oraison est l'âme de la vie religieuse. La pauvreté, l'obéissance, la mortification, ce ne sont pas seulement les directoires et la vigilance des supérieurs qui les maintiennent, c'est surtout l'esprit d'oraison. Il convient donc de travailler à corriger ce qui, chez nous, fait obstacle à l'esprit et à la pratique de l'oraison.

« La vie religieuse et les exercices de communauté doivent passer avant tout. Il faut supprimer ou réduire dans les œuvres ce qui leur nuit. Il y a bien des choses dans nos œuvres, dont nous nous sommes exagéré l'importance, quand nous étions jeunes. C'est vous qui avez poussé aux jeux de théâtre et les directeurs vous ont suivi. Vous savez ce qu'étaient nos fêtes à la rue du Regard, et ce qu'elles sont aujourd'hui comme nombre et complication. Je crois le théâtre permanent plus dangereux qu'utile aux membres de nos œuvres. Trois ou quatre fêtes par an suffisent. J'en dis autant des promenades éloignées. Où est le temps où nous nous contentions du Luxembourg ou du Champ de Mars et, pour les grands jours, du Bois de Boulogne ?

« Il faudrait examiner ce qu'exige véritablement de dépenses physiques le bien de nos œuvres; ce qui leur est nécessaire comme mouvements au dehors, moyens d'action, ressources pécuniaires; tout ce qui absorbe non seulement le temps et les forces, mais remplit l'esprit de préoccupation et d'inquiétude et empêche l'application de l'âme aux choses spirituelles.

« Nous avions compris, dans nos commencements, la nécessité de l'esprit d'oraison et du recueillement. On s'était réservé, d'après le conseil de Mgr Angebault, soit la matinée jusqu'au second déjeuner, chaque jour, soit deux jours entiers par semaine, à l'étude de la vie intérieure, au recueillement, à la solitude et au silence. Cependant nous n'avions guère moins d'œuvres qu'aujourd'hui, en proportion de notre nombre; et, de plus, nous avions tout à fonder. Maintenant, comme autrefois, il faut être persuadé de la nécessité de l'oraison. Il faut prendre les moyens de la faire, non seulement d'une façon régulière, mais en sa perfection. Que ce soit l'attention principale des supérieurs. C'est l'indispensable contre-poids à la vie active. Que l'on s'applique à donner aux Frères, à ce sujet, toute facilité, tous les soutiens possibles.

« Il y a la question des livres de méditations. On s'en plaint. Il est presque impossible d'en avoir qui conviennent à tous. On pourrait, comme pour la lecture spirituelle, permettre aux Frères des livres particuliers. On en a déjà autorisé quelques-uns. — Il faut songer que, si l'oraison est indispensable, l'exercice en est très difficile. Il y a les têtes dures qui oublient les points; il y a les esprits distraits et paresseux; il y a la diversité des voies spirituelles et des aptitudes.

« Que les supérieurs s'efforcent donc de rendre l'oraison facile à leurs Frères, afin qu'ils y puisent la force et le courage et, s'il plaît à Dieu, la consolation nécessaire à l'accomplissement de leur tâche de religieux et d'hommes d'œuvres...

« Quel bien la Congrégation pourrait faire dans l'Église, si elle était fidèle à la mission que Dieu lui a donnée et qui est si belle! Les événements nous montrent de plus en plus l'utilité, la nécessité d'un ordre religieux de prêtres et de laïques sans aucun dehors monastique pour travailler au salut des âmes. Mais elle ne pourra répondre à sa mission qu'à la condition de posséder l'esprit de la vie religieuse et de pratiquer l'obéissance, la pauvreté et la mortification; autrement, elle ira toujours s'affaiblissant. Elle périra, à moins que quelques hommes sérieux ne surgissent dans nos rangs pour réformer la Congrégation comme vie religieuse; ce sera une scission. Si nous continuons, c'est fini! Elle ne pourra subsister. »

Ces paroles sont d'autant plus frappantes que la « scission » pressentie et souhaitée par M. Myionnet s'est réalisée depuis, lorsque Pie X, de sainte mémoire, ayant donné un visiteur apostolique à l'Institut, un certain nombre de Frères ecclésiastiques et un plus grand nombre de Frères laïcs refusèrent de se soumettre aux supérieurs nommés par le Saint-Siège et sortirent bruyamment de la Congrégation. Qu'il nous suffise ici de dire que l'Institut des Frères de Saint-Vincent de Paul a surmonté cette épreuve et que la vie religieuse s'y affermit de plus en plus, sous la conduite des supérieurs que Pie X lui avait choisis, et qu'un chapitre général, réuni en 1920, a tenu à maintenir à la tête de la Congrégation [1].

---

1. Depuis ce temps, le pape Pie XI a signé, le 6 janvier 1924, l'approbation définitive des Constitutions de l'Institut des Frères de Saint-Vincent de Paul.

Les notes de Maurice Maignen relatent encore ces paroles de Clément Myionnet :

« Mon Dieu, souffrir, mourir, vivre, tout pour le plus grand bien de la Congrégation. — Aller à vous le plus tôt possible pour vous posséder et jouir du bonheur du ciel. — Souffrir encore, si mes souffrances peuvent avoir quelques mérites devant vous, pour la Congrégation. — Vivre encore, si ma vie peut lui être de quelque utilité. — Tout ce qu'il vous plaira, mon Dieu ! — Je suis indifférent, ou il me le semble, à la vie, à la mort, c'est la grâce que Dieu m'a faite. »

En terminant cette relation, M. Maignen ajoute : « Je n'ai pu recueillir ces quelques pensées de M. Myionnet que difficilement, à cause de sa faiblesse croissante. Malgré son courage et sa volonté, il lui était devenu impossible de parler. Après quelques minutes passées auprès de lui, j'étais obligé de me retirer.

« Du reste, ce qui précède formait le fond de ses idées au sujet de la Congrégation. Sa formation à la vie religieuse, qui pour lui était l'unique condition de sa durée, avait toujours été l'objet principal de ses pensées, le but de ses désirs et de ses prières constantes.

« Ceux qui l'ont connu intimement le retrouveront là tout entier. J'ai fait de mon mieux pour conserver à sa pensée la simplicité et la clarté qui donnaient tant de force à ses paroles. Au moins suis-je assuré de n'y avoir rien ajouté de moi-même, et d'avoir uniquement laissé parler son cœur. »

On voit, par le soin que M. Maignen a mis à recueillir les derniers entretiens de M. Myionnet, qu'il partageait pleinement ses sentiments. Nous avons donc ici le double témoignage des deux fondateurs alors vivants.

Ceux qui avaient la direction de l'Institut prirent immédiatement des mesures pour donner plus de force à la vie religieuse. M. Myionnet était mort le 3 décembre 1886. Pendant les trois années suivantes, 35 prêtres et 20 Frères firent, à Chaville, les exercices de saint Ignace, dits retraite de trente jours. Les plus anciens, comme le P. Hello et M. Maurice Maignen, voulurent donner l'exemple, ainsi que les deux assistants généraux ecclésiastiques et le maître des novices. C'était un grand effort, car, jusque-là, les retraites annuelles étaient combinées de manière à ce que les aumôniers et directeurs d'œuvres ne fussent pas absents le dimanche : elles ne duraient donc que cinq jours pleins. Cet effort ne fut certes pas sans résultat, et, si la Congrégation a pu résister dans la suite à tant d'épreuves, et en sortir finalement plus forte et plus vivante, le regain de vie religieuse que les grands exercices de saint Ignace lui avaient procuré, y est sans doute pour quelque chose.

CHAPITRE XIII

Les derniers jours.

Les entretiens suprêmes des deux fondateurs s'échelonnèrent durant tout le mois d'août 1886 et peut-être un peu au delà.

Le 23 novembre suivant, fête de saint Clément, son patron, M. Myionnet était cloué sur son lit de douleur. Le matin, il avait encore pu communier à jeun, à la messe célébrée à l'infirmerie par l'un de ses anciens élèves, M. Adolphe Imhoff, devenu son confesseur depuis 1885. Le P. Leclerc, accompagné de quelques Frères anciens, vint lui offrir les vœux de toute la famille. C'est alors qu'il adressa à ceux qui l'entouraient les paroles suivantes, aussitôt recueillies par son confesseur :

« Mes bien chers amis, je vous remercie bien. Vous êtes bons pour moi plus que je ne le mérite. Je ne puis rien faire, mais je pense toujours de plus en plus à la mission de la Congrégation dans la société. Je me suis toujours demandé comment le Bon Dieu a été chercher un pauvre individu comme moi. Je n'étais bon à rien. Et, quand je me suis vu près de M. Le Prevost, je me suis dit que je ne pourrais rien faire avec un homme qui m'était si supérieur, que je ne pourrais pas m'entendre avec lui. — Ah! mes bons amis, c'est par la prière que nous pourrons faire quelque chose, la mortification et l'humilité. Si le Bon Dieu m'a envoyé cette idée, c'est qu'il a voulu en faire quelque chose. Pour cela, soyons fidèles à nos exercices de communauté. Hélas! j'ai la triste expérience de ce que c'est que d'y manquer. Je n'ai pas fait mes exercices de communauté par nécessité, j'ai continué par routine. On a du zèle, mais cela ne suffit pas. Avec la vie de communauté, notre famille pourra rester jusqu'à la fin du monde. Sans elle, elle durera soixante, quatre-vingts, cent ans. Faisons en sorte qu'elle soit en état de durer jusqu'à la fin du monde. Je vous dis cela, vous le direz à d'autres, et ceux-ci à d'autres encore... »

Ces paroles ne furent pas alors assez remarquées; précisément parce qu'elles avaient un caractère presque prophétique, elles eurent le sort ordinaire des prophéties; elles n'ont été pleinement comprises et appréciées à leur valeur que depuis les événements auxquels nous avons fait allusion plus haut.

Cependant la faiblesse du malade allait croissant; il était sujet à de fréquents accès de fièvre et les paroles qu'il proférait dans son délire n'étaient pas moins édifiantes que ses entretiens ordinaires, aux heures de calme. Le lundi 29 novembre, tous les Frères de Saint-Vincent de Paul de Paris furent convoqués à 4 heures du soir, pour assister à l'administration du sacrement d'extrême-onction. Les petits novices de Chaville et un groupe d'élèves de l'orphelinat étaient présents.

M. Myionnet n'était pas seulement résigné, sa joie

se révélait sur son visage et dans ses paroles. Le P. Leclerc lui fit les onctions saintes. M. Myionnet demanda pardon à tous des « scandales » qu'il croyait, dans son humilité, avoir donnés. Après la cérémonie, un orphelin, un petit novice, puis un novice vinrent l'embrasser. Le P. Leclerc, le P. Lantiez, M. Maurice Maignen s'entretinrent quelques instants avec lui. Quant tout fut fini, et avant que les assistants eussent quitté l'infirmerie, il s'écria, avec une expression indicible de joie et de reconnaissance :

« Comme la vie de communauté est belle! »

Le lendemain mardi, à 6 heures du soir, les Frères de la maison et quelques orphelins se réunirent pour réciter les prières des agonisants. M. Paul Myionnet, pour la vocation duquel son oncle avait tant prié, était présent. Le mercredi, il célébra la sainte messe à l'infirmerie et put encore donner la sainte communion au malade. Cette communion fut la dernière.

La nuit suivante, il y eut une crise violente, le râle commença et le malade ne donna pour ainsi dire plus de signes de connaissance. Dans la journée du jeudi, arriva de Rome la bénédiction du Saint-Père. C'était la suprême consolation. L'image de la mort commença à paraître sur le visage du mourant; il n'avait plus qu'un souffle. De nouveau les prières des agonisants furent récitées; il était 8 h. 30 du soir. La communauté se rendit ensuite à la chapelle de La Salette pour l'adoration nocturne, qui y avait lieu chaque mois. Le Saint Sacrement fut exposé et les prières se continuèrent toute la nuit.

La mort.

Quelques minutes après minuit, la respiration s'arrêta; Clément Myionnet rendit son âme à Dieu, en un soupir à peine sensible. C'était le premier vendredi du mois, 3 décembre 1886, en la fête de saint François Xavier. M. Maurice Maignen, M. Paul Myionnet, l'infirmier et deux autres prêtres de la congrégation, MM. Pattinote et Stumpf, étaient présents au moment suprême.

Le corps fut transporté, dès le matin du 3 décembre, dans la salle attenante à la chapelle, où un grand nombre de personnes du voisinage, les membres de la Sainte-Famille, des anciens élèves de l'orphelinat, des pauvres, vinrent le visiter.

Après la messe célébrée le dimanche pour les « miséreux », ces pauvres gens, au nombre de plus de trois cents, défilèrent devant le cercueil. Le soir, après la réunion de l'œuvre de la Sainte-Famille, tous les assistants vinrent aussi jeter l'eau bénite sur le cercueil. La douleur de ces bonnes gens était vraiment touchante; plusieurs avaient les larmes aux yeux et les mères mettaient le goupillon aux mains de leurs petits enfants. Tous voulurent se cotiser pour offrir une couronne à celui qu'ils appelaient leur père.

Les funérailles eurent un caractère de simplicité et de solennité tout ensemble, auquel rien ne peut être comparé.

Nous laissons ici la parole à Léon Aubineau, rédacteur de l'*Univers*, qui a publié à ce propos un article nécrologique remarquable sur Clément Myionnét, dont il était le compatriote et l'ami; ces pages formeront la meilleure conclusion de tout le livre.

Les funérailles.

(Article de Léon Aubineau)

« L'église de Saint-Lambert de Vaugirard était trop étroite, lundi matin, 6 décembre 1886, pour la foule qui remplissait la grande nef et les bas côtés, se pressait dans les chapelles et le pourtour du chœur et débordait sur les marches du perron extérieur. Un grand nombre d'ecclésiastiques en surplis entouraient l'autel ; beaucoup d'autres étaient mêlés dans l'assistance. L'autel était voilé de noir. Aucune tenture aux murs, ni aux portes de l'église. C'était le convoi du pauvre.

« La foule, qui assistait, était pauvre elle-même. On y reconnaissait bien quelques membres des Conférences de Saint-Vincent de Paul, quelques-uns des hommes qui s'occupent habituellement de bonnes œuvres, divers chefs d'ateliers, modestes et chétif ateliers sans doute, pour la plupart. La grande presse était des pauvres, et des plus misérables qui se puissent voir. Ils venaient, dans leurs guenilles sordides, rendre hommage à l'homme de bien, au chrétien fervent, à l'apôtre par goût, par choix, par vocation, des plus déshérités et des plus abandonnés. Il y avait un grand nombre d'orphelins : car le bon, humble et grand catholique qu'il s'agissait de conduire à sa dernière demeure, éta t un des Frères de Saint-Vincent de Paul, un des plus anciens, le second, si je ne me trompe, de la congrégation, le premier qui se soit engagé avec M. Le Prevost, leur fondateur, on le sait.

« Le nom de Clément Myionnet n'a jamais été

cité par la presse; il n'a retenti nulle part, et il doit être inconnu à la plupart même de mes lecteurs, à qui il semblera ne rien dire. Mais combien il était connu, aimé et vénéré des pauvres! Combien ils regrettaient le cher défunt, combien aussi ils étaient fiers de lui! Ils étaient accourus à ses funérailles, et on eût dit qu'ils assistaient à un triomphe. Ce triomphe, ils l'avaient préparé depuis trois jours.

« Dès que Myionnet fut mort, ils envahirent et ne cessèrent d'envahir la maison de Saint-Vincent de Paul. Ils venaient prier auprès de leur vieil ami et verser des larmes. Mais ils venaient encore et surtout lui rendre hommage; ils entouraient de fleurs sa dépouille mortelle, ils tenaient à orner le lit de repos où elle était exposée. Et quel cortège ils lui ont fait! un cortège d'amour, un cortège de reconnaissance, un cortège splendide. Les haillons paraissaient radieux. La charité embellit tout. Elle va de celui qui donne à celui qui reçoit, et aussi de celui qui a reçu vers celui qui a donné : c'est alors qu'elle se montre dans sa suprême beauté.

« Ce cortège de l'humble Frère de Saint-Vincent de Paul, si énergiquement et si pleinement voué au service des pauvres, était donc magnifique. Tout le deuil de la mort avait, pour ainsi dire, disparu. O mort, tu n'as pas vaincu! Quand les prêtres chantaient autour du cercueil : *Suscipiat te Dominus* [1], ils n'exprimaient pas les sentiments de cette foule; le vœu de la parole liturgique était une certitude dans tous ces cœurs, qui n'avaient plus de place pour l'espérance; la foi les remplissait, la foi au salut de l'apôtre « pieusement décédé », comme disent ses

---

1. Que le Seigneur t'accueille.

Frères, et vraiment expiré « dans le baiser du Seigneur. »

« Clément Myionnet avait soixante-quinze ans. Il y en avait plus de quarante qu'il s'était voué, comme nous l'avons dit, sous la conduite de M. Le Prevost, au service des pauvres. Il faut entendre le mot de service dans son acception la plus étendue. Les Frères de Saint-Vincent de Paul sont les serviteurs des pauvres de toutes manières et dans tous leurs besoins. Ils élèvent les enfants, soutiennent les vieillards, soignent les malades, nourrissent les affamés, non seulement les nourrissent, mais les éclairent, les réchauffent et les évangélisent.

« Le Fr. Clément, comme la plupart de ses compagnons, comme M. Le Prevost lui-même, avait fait son apprentissage, sinon son noviciat, au milieu des Conférences de Saint-Vincent de Paul. C'est alors que je l'ai connu. Il habitait Angers. Il y était, avec ses frères, à la tête d'une grande maison de négoce, héritage paternel, je crois. Il avait dans le cœur le souci des pauvres et le goût de les servir. Il s'occupait des œuvres de la Conférence, et, d'une façon particulière, de l'œuvre des apprentis. Une œuvre délicate, charmante, fructueuse, surtout quand on s'y dévoue et qu'on la pratique avec esprit de suite, ou plutôt, pour ne pas nous amuser aux mots et pour parler chrétien, quand on la pratique avec l'esprit de charité. C'est tout dire. Myionnet aimait ses apprentis et ses pauvres, et j'étais allé de Tours à Angers pour prendre auprès de lui des renseignements, chercher des conseils et voir des exemples. Je me trouvai en présence d'une manière de géant : un colosse, une carrure d'épaules formidable, des yeux brillants et flamboyants, une barbe terrible,

des mains larges, puissantes, capables de tordre
et de rompre, comme des pailles, les plus grosses
barres de fer qu'elles remuaient dans les ateliers et
les magasins de la famille. Il les tendait toutes
ouvertes, ces mains loyales; on avait conscience
que leur moindre serrement eût brisé celle qu'on
était heureux d'y faire reposer. Car ce géant, de si
terrible apparence, était bon, doux, simple; il avait
le sourire gracieux et avenant; la charité qu'il
aimait déjà et où il commençait, sans le savoir,
à passer maître, la charité était chez lui débordante
et aimable. Le titre de membre des Conférences
de Saint-Vincent de Paul était, à ses yeux, un titre
d'honneur et de fraternité; il y faisait le meilleur
accueil...

« Il a tout fait avec simplicité. La simplicité était
le trait particulier de son caractère. Il a vu un plus
grand bien. Il y est allé. Il avait senti les touches
puissantes et profondes de l'amour de Dieu. Il céda
à cet aiguillon, et il embrassa ce trésor, qu'il avait
entrevu, uniquement pour le trésor même, et dans
la nuit la plus complète. Rien n'était assuré, rien
n'existait même des projets de M. Le Prevost, et, de
l'autre côté, toute la prétention de Myionnet,
tout le but qu'il voulait atteindre était d'aimer Dieu
davantage et de servir les pauvres avec plus de
zèle. Il se mettait sous l'obéissance de M. Le Prevost, sans savoir si cette obéissance serait stable,
et s'il n'en serait pas relevé un jour. Quelle folie!
Il formait à lui seul alors, lui Myionnet, il formait
toute la Congrégation des Frères de Saint-Vincent
de Paul; et M. Le Prevost, qu'il prenait pour son
supérieur, n'en était encore membre lui-même qu'en
espérance et en attente. Une espérance irréalisable

humainement parlant, une attente sans issue raisonnable possible.

« On comptait sur la Providence.

« La Providence ne fit pas défaut. Clément Myionnet vit les obstacles tomber les uns après les autres;
il vit s'accroître le nombre de ses Frères, M. Le Prevost recevoir les ordres, la congrégation des Frères
de Saint-Vincent de Paul s'ériger canoniquement
avec son double élément de prêtres et de laïques; il la
vit florissante, multipliant ses maisons et servant
partout les pauvres.

« Ce que fut la vie de Myionnet durant ces longues
années, à travers tant d'œuvres, au service des
pauvres, à tous les services des pauvres, est-il besoin
de le dire ? Vie obscure, avons-nous dit, mais
dévouée et magnifique. Qui a connu Myionnet ? Qui
l'a vu ? Qui a causé avec lui ? Personne au monde, à
moins que ce ne fût pour le service des pauvres, et
encore! Encore avait-il une manière de se dérober
et de disparaître qui nous fait supposer qu'en dehors
des pauvres, les pauvres volontaires, ses frères et les
vrais pauvres ses maîtres, Myionnet n'a eu de commerce ici-bas avec personne.

« Mais le commerce avec les pauvres, comme il
l'étendait, comme il le prolongeait. Les pauvres qu'il
logeait, qu'il enseignait, qu'il nourrissait, les orphelins au milieu desquels il passait sa vie à les surveiller
et à les instruire, les apprentis, les ouvriers, tous ceux
qui fréquentaient, à quelque titre que ce soit, les
maisons des Frères de Saint-Vincent de Paul, étaient
ses enfants et sa famille, et ils ne lui suffisaient pas.
Il y avait en lui du conquérant et du découvreur de
mondes. Où ne pénétrait-il pas ? Il portait des
aumônes, il portait des secours dans des abîmes de

misère. Avec sa grande taille, il faisait l'effet de saint Christophe, et il portait vraiment l'Enfant Jésus tout au travers du torrent des immondices du xixe siècle.

« Les derniers mois de sa vie ont été une fête, et c'est le rayonnement de cette fête qui illuminait si brillamment et si pieusement son cercueil.

« La vie des Frères de Saint-Vincent de Paul, dont l'établissement a été merveilleux, est merveilleuse elle-même. Et, pour soutenir tant d'œuvres et soulager tant de misères, ils reçoivent et ils tiennent de la Providence seule toutes leurs ressources. La Providence leur vient en aide quotidiennement : elle a aussi ses grands jours, et c'est un de ces grands jours qui a couronné la pauvre et héroïque vie de Myionnet. L'hiver dernier, les Frères de Saint-Vincent de Paul furent de Providence choisis pour les dispensateurs, dans Paris, d'une aumône venue de loin, et dont nous n'avons pas besoin de désigner autrement l'origine : c'était une aumône abondante et plus que royale.

« Myionnet précisément, et de Providence aussi, venait de découvrir un filon extraordinaire de pauvreté et de misère, comme il y en a 'dans Paris, et comme le malheur et les mœurs des temps modernes en fomentent et en couvent tous les jours de nouveaux. Les aumônes de la Providence avaient donc leur écoulement providentiel. Myionnet et ses confrères n'étaient pas hommes à se contenter de porter des secours de toutes sortes, du pain, des vêtements, des remèdes, que sais-je ? Je l'ai dit, ils portaient surtout avec eux Jésus-Christ, la lumière, la vérité; et ils atteignaient les âmes. Oh! que les âmes des malheureux sont préparées à recevoir et à goûter

Notre-Seigneur, et comme la charité illumine leur ignorance! On convia à une retraite tous ceux d'entre ces pauvres gens qui avaient de la bonne volonté. On était aux approches de Pâques, les Pâques dernières. Une retraite ne suffit pas : ces affamés avaient tous faim du pain spirituel. Les retraites se succédèrent : cinq cents au moins de ces pauvres gens reçurent sacramentellement le Dieu dont Myionnet avait été le messager, le Dieu qui était allé les convoquer dans leurs taudis. Il faut bien dire que le messager avait commencé le travail de la retraite; et, dans les visites qu'il faisait comme dans celles qu'il provoquait, il avait bien, tout en distribuant des vivres, fait un peu de catéchisme et donné la parole de Dieu.

« Cette évangélisation des pauvres a toutes les grâces et toutes les joies de l'apostolat. — « Si vous « saviez, me disait lundi un des prêtres qui avaient « été employés aux retraites dont je parle, si vous sa- « viez comme ces pauvres âmes sont bonnes, comme « elles sont disposées à goûter Dieu et à l'aimer! « C'est l'occasion de le connaître qui leur manque à « la plupart, et, quand elles la trouvent, elles ne de- « mandent pas mieux que de courir à leur Sauveur. »

« Heureux ceux qui savent faire naître ainsi l'occasion de rapprocher Dieu des âmes qui l'ont oublié, qui le méconnaissent, et que la misère, ajouterons-nous, prépare et pousse à la grâce.

« Heureux sont-ils! et bénies aussi les âmes reconnaissantes qui sentent le bienfait et le savent reconnaître! C'est ce témoignage des pauvres qui a rendu si magnifique le pauvre convoi de l'humble Frère de Saint-Vincent de Paul.

« Le souvenir de sa vie, l'assurance de ses mérites,

la vue comme sensible des miséricordes de Dieu, en faisaient une fête. Tous y ont pris part; le nombreux clergé qui chantait les paroles de la sainte liturgie, était entouré des religieux et des religieuses des divers ordres de charité. Les Frères des Écoles chrétiennes ne manquaient pas à leur poste de prière et d'admiration. Nous avons noté, au milieu de ces pauvres qui ont été l'œuvre de la dernière heure de Myionnet, des chefs d'atelier et des maîtres ouvriers, en grand nombre, qui avaient été ses élèves jadis et ses enfants, dans les orphelinats et dans les diverses maisons d'apprentis. Rien ne manquait à la gerbe des œuvres du bon Frère : le grain était nombreux, doré, pesant.

« Vive Dieu, qui n'abandonne pas la France, et y fait toujours luire et resplendir la charité !

« Vivent aussi les saints du Bon Dieu, qui sont les merveilleux soutiens et la force mystérieuse d'une société que le prétendu progrès, la prétendue liberté et les richesses frivoles, minent et rongent de toutes parts !

Léon AUBINEAU. »

On peut se mettre en rapport avec les Frères de Saint-Vincent de Paul, en écrivant :

A M. l'abbé Garnier, 27, rue de Dantzig, Paris (XVe);

Ou directement aux supérieurs des établissements suivants :

Maison Henri Planchat, 26, via Palestro, Roma, 21 (Italie);

Maison Saint-Vincent de Paul, 12, rue Frinoise, Tournai (Belgique).

Patronage Saint-Vincent de Paul, 62, Côte d'Abraham, Québec (Canada);

École apostolique Saint-Vincent de Paul, 44, rue du Saulchoir, Kain-La-Tombe (Belgique).

Imp. Letouzey et Ané, 87, Boulevard Raspail, Paris-VI.

R. O, Seine 49141

DU MÊME AUTEUR

Le Prêtre du peuple ou la Vie d'Henri Planchat, prêtre de la Congrégation des Frères de Saint-Vincent de Paul, fusillé en haine de la religion, à Paris, le 26 mai 1871. — Librairie P. Téqui.

Jean-Léon Le Prevost, prêtre, fondateur de la Congrégation des Frères de Saint-Vincent de Paul. — Librairie Desclée.

Le P. Hello, des Frères de Saint-Vincent de Paul, aumônier du Patronage de N.-D. de Nazareth. — Librairie Desclée.

En préparation : Maurice Maignen.

En cours de publication

LES
Grands Ordres Religieux

ORIGINES, HISTOIRE,
BUT ET RÈGLES, ÉTAT ACTUEL,
BIBLIOGRAPHIE.

Volumes in-12 de 160 pages. . . . . 3 fr. 50; *franco*, 4 fr.

EN VENTE :

1. **La Congrégation de Saint-Joseph de Cluny**, 160 p. 8 gr., hors texte.
2. **La Société des Missions étrangères**, 164 p., 18 gr., 1 carte en couleurs.
3. **La Congrégation du T.-S. Rédemteur**, 160 p.
4. **La Congrégation de Sainte-Chrétienne**, 160 p., 14 grav.
5. **Les Frères de l'Instruction Chrétienne de Ploërmel**, 160 p.
6. **Les Frères du Sacré-Cœur**, 160 p.
7. **Les Sœurs servantes du Sacré-Cœur de Jésus**, 160 p., 2 grav.
8. **La Compagnie de Marie**, 160 p.
9. **Les Sœurs de Saint-Joseph de l'Apparition**, 160 p., 6 grav.
10. **Les Filles de la Charité du S.-C. de Jésus**, 160 p., 4 grav.
11. **Les Religieuses de N.-D. de Sion**, 160 p., 6 grav.
12. **Les Sœurs aveugles de Saint-Paul**, 160 pages.
13. **Les Filles de la Charité de Saint-Vincent de Paul**, 160 p., 8 grav.
14. **La Visitation**, 160 p.
15. **La Société de Marie (Maristes)**, 160 p., 8 grav.
16. **Les Trinitaires de Valence**, 160 p., 8 grav.
17. **Les Franciscaines de Calais**, 160 p., 12 grav.
18. **Les Barnabites**, 190 p., 14 grav.
19. **Les Dominicaines du Tiers Ordre**, 160 pages.
20. **Les Religieuses des S. S. Cœurs de Jésus et de Marie et de l'Adoration perpétuelle du S. Sacrement (Picpus)**, 160 p., 8 grav.
21. **Les Sœurs Augustines de l'Hôtel-Dieu**, 160 p., 14 grav.
22. **Les Petites Sœurs des Pauvres**, 256 p., 11 grav.
23. **Les Frères des Écoles Chrétiennes**, 160 pages.
24. **La Société des Missions Africaines (Pères Blancs)**.
25. **Les Frères Prêcheurs**.
26. **Les Cisterciens Trappistes**.
27. **Les Augustines de Cambrai**.
28. **Les Dames du Sacré-Cœur de Marie de Béziers**.
29. **Les Clarisses**.
30. **Les Oratoriens**,

GUIDE DE VOCATION RELIGIEUSE

Par l'Abbé RAIMBERT

3 forts volumes in-8° raisin de 600 pages, ornés de gravures

Prix du volume : **30** francs

SOMMAIRE DU T. II (CONTEMPLATIVES ET MIXTES)

1. Bénédictines. — 2. Bénédictines du S. Sacrement. — 3. Bénédictines du Calvaire. — 4. Bénédictines du S. Cœur de Marie. — 5. Bénédictines adoratrices de Tyburn. — 6. Chartreuses. — 7. Norbertines. — 8. Cisterciennes. — 9. Cisterciennes de Port-Royal. — 10. Cisterciennes de Senanque. — 11. Dominicaines du second ordre. — 12. Annonciades de la B. Jeanne de Valois. — 13. Clarisses. — 14. Capucines de Bourbourg. — 15. Franciscaines pénitentes de Ste-Élisabeth (Paris). — 16. Franciscaines pénitentes de Ste-Élisabeth (Lyon). — 17. Franciscaines de Champfleur (Le Mans). — 18. Carmélites. — 19. Visitation. — 20. Verbe incarné (Azerables). — 21 Annonciades célestes. — 22. Rédemptoristines. — 23. Passionistines. — 24. Ordre du T. S. Sacrement. — 25. Adoration perpétuelle (Picpus). — 26. Marie Réparatrice. — 27. Adoration réparatrice. — 28. Franciscaines de Ste-Marie-des-Anges. — 29. Sœurs Servantes du T. S. Sacrement. — 30. Victimes du Cœur de Jésus (Marseille). — 31. Victimes du Cœur de Jésus (Avenières). — 32. Filles du Cœur de Jésus. — 33. Sœurs du Cœur agonisant de Jésus. — 34. Action de grâces de Mauron. — 35. Adoration perpétuelle (Lyon-Chartreux). — 36. Présentation (Saint-Laurent d'Olt). — 37. Adoration perpétuelle (Bellemagny). — 38. Orantes de l'Assomption. — 39. Orantes de l'Ave Maria. — 40. Ursulines. — 41. Ursulines ermites de St-Augustin. — 42. Congrégation de N.-Dame (chan. rég. de St-Augustin). — 43. Congrégation de N.-Dame (de Lestonac). — 44. St-Enfant Jésus (Dames de St-Maur). — 45. Retraite du Sacré-Cœur. — 46. Présentation de Tours. — 47. Mère de Dieu (Légion d'honneur). — 48. St-Paul de Chartres. — 49. SS. CC. de Jésus et de Marie (Louvencourt). — 50. Bernardines d'Esquermes. — 51. St-Joseph de Cluny. — 52. Fidèles Compagnes de Jésus. — 53. Sœurs de Nazareth. — 54. Éducation chrétienne d'Argentan. — 55. Compassion de la sainte Vierge. — 56. Union des SS. CC. — 57. La Vierge Fidèle. — 58. N.-Dame de Sion. — 59. Auxiliatrices des Ames du Purgatoire. — 60. Institution de N.-D. des Missions. — 61. Sœurs Oblates de St-François de Sales. — 62. Sœurs Blanches de N.-D. d'Afrique. — 63. N.-Dame des Apôtres. — 64. Franciscaines Missionnaires de Marie. — 65. Sainte Famille du S.-Cœur. — 66. Missionnaires du Saint-Esprit. — 67. Dames de l'Assomption. — 68. Enfant Jésus.

T. III (HOSPITALIÈRES)